ZHIYE JINENG PEIXUN JIANDING JIAOCAI

■ 职业技能培训鉴定教材 ■

主　编　刘素萍
编　者　郑　颖　池德英　杨小兵
审　稿　郭丽安

电工（高级）

中国劳动社会保障出版社

图书在版编目（CIP）数据

电工：高级/人力资源和社会保障部教材办公室组织编写．—北京：中国劳动社会保障出版社，2010

职业技能培训鉴定教材

ISBN 978-7-5045-8107-5

Ⅰ．电… Ⅱ．人… Ⅲ．电工-职业技能鉴定-教材 Ⅳ．TM

中国版本图书馆 CIP 数据核字（2010）第 001438 号

中国劳动社会保障出版社出版发行

（北京市惠新东街1号 邮政编码：100029）

出 版 人：张梦欣

*

北京市科星印刷有限责任公司印刷装订　新华书店经销
787毫米×1092毫米　16开本　14.25印张　307千字
2010年1月第1版　2025年5月第22次印刷

定价：25.00元

营销中心电话：400-606-6496
出版社网址：http://www.class.com.cn

版权专有　　侵权必究

如有印装差错，请与本社联系调换：（010）81211666
我社将与版权执法机关配合，大力打击盗印、销售和使用盗版图书活动，敬请广大读者协助举报，经查实将给予举报者奖励。

举报电话：（010）64954652

内容简介

本教材由人力资源和社会保障部教材办公室组织编写。教材以《国家职业标准·维修电工》和《国家职业标准·农网配电营业工》为依据，紧紧围绕"以企业需求为导向，以职业能力为核心"的编写理念，力求突出职业技能培训特色，满足职业技能培训与鉴定考核的需要。

本教材详细介绍了高级电工要求掌握的最新实用知识和技术。全书分为5个模块单元，主要内容包括：电能计量装置的安装与接线检查、三相异步电动机的保护和故障处理、单相异步电动机的拆装与维修、工厂常用机床控制线路及维修和三菱FX系列可编程序控制器。每一单元后安排了单元测试题及答案，书末提供了理论知识和操作技能考核试卷，供读者巩固、检验学习效果时参考使用。

本教材是高级电工职业技能培训与鉴定考核用书，也可供相关人员参加在职培训、岗位培训使用。

前　言

　　1994年以来，劳动和社会保障部职业技能鉴定中心、教材办公室和中国劳动社会保障出版社组织有关方面专家，依据《中华人民共和国职业技能鉴定规范》，编写出版了职业技能鉴定教材及其配套的职业技能鉴定指导200余种，作为考前培训的权威性教材，受到全国各级培训、鉴定机构的欢迎，有力地推动了职业技能鉴定工作的开展。

　　劳动保障部从2000年开始陆续制定并颁布了国家职业标准。同时，社会经济、技术不断发展，企业对劳动力素质提出了更高的要求。为了适应新形势，为各级培训、鉴定部门和广大受培训者提供优质服务，教材办公室组织有关专家、技术人员和职业培训教学管理人员、教师，依据国家职业标准和企业对各类技能人才的需求，研发了职业技能培训鉴定教材。

　　新编写的教材具有以下主要特点：

　　在编写原则上，突出以职业能力为核心。教材编写贯穿"以职业标准为依据，以企业需求为导向，以职业能力为核心"的理念，依据国家职业标准，结合企业实际，反映岗位需求，突出新知识、新技术、新工艺、新方法，注重职业能力培养。凡是职业岗位工作中要求掌握的知识和技能，均作详细介绍。

　　在使用功能上，注重服务于培训和鉴定。根据职业发展的实际情况和培训需求，教材力求体现职业培训的规律，反映职业技能鉴定考核的基本要求，满足培训对象参加各级各类鉴定考试的需要。

　　在编写模式上，采用分级模块化编写。纵向上，教材按照国家职业资格等级单独成册，各等级合理衔接、步步提升，为技能人才培养搭建科学的阶梯型培训架构。横向上，教材按照职业功能分模块展开，安排足量、适用的内容，贴近生产实际，贴近培训对象需要，贴近市场需求。

　　在内容安排上，增强教材的可读性。为便于培训、鉴定部门在有限的时间内把最重要的知识和技能传授给培训对象，同时也便于培训对象迅速抓住重点，提高学习效率，在教材中精心设置了"培训目标""特别提示"等栏目，以提示应该达到的目标，需要掌握的重点、难点、鉴定点和有关的扩展知识。另外，每个学习单元后安排了单元测试题，每个级别的教材都提供了理论知识和操作技能考核试卷，方便培训对象及时巩固、检验学习效果。

本书由刘素萍主编，郭丽安审稿，各单元编写分工为：第1单元由郑颖编写，第2单元、第3单元由池德英编写，第4单元、第5单元由杨小兵编写。

本书在编写过程中得到福建省技工教育研究室的大力支持和热情帮助，在此一并致以诚挚的谢意。

编写教材有相当的难度，是一项探索性工作。由于时间仓促，不足之处在所难免，恳切希望各使用单位和个人对教材提出宝贵意见，以便修订时加以完善。

人力资源和社会保障部教材办公室

目 录

第1单元 电能计量装置的安装与接线检查/1-38

第一节 三相三线制电路电能计量装置/3
一、三相三线有功电能表
二、三相三线无功电能表
三、与计量电能有关的其他设备

第二节 电能计量装置的选择/9
一、三相三线电能表的选择
二、电压互感器的选择
三、中、高压电能计量柜（箱）的选择

第三节 电能计量装置的安装与接线检查/14
一、电能计量装置的安装
二、三相三线制电能表的接线方式
三、三相三线制电能计量的接线检查

单元测试题/31
单元测试题答案/37

第2单元 三相异步电动机的保护和故障处理/39-62

第一节 三相异步电动机的保护/41
一、短路保护
二、过载（过负荷）保护
三、失压保护和欠压保护
四、缺相运行保护

第二节 三相异步电动机常见故障分析/43
一、检查、分析故障的步骤
二、常见故障及处理方法

第三节　定子绕组局部故障的检查与排除/46

　　一、绕组修理基本常识

　　二、绕组绝缘不良的处理

　　三、绕组短路故障的处理

　　四、绕组断路故障的处理

　　五、绕组接地故障的处理

　　六、绕组接线错误或嵌反故障的处理

第四节　笼型异步电动机机械故障的检查与排除/52

　　一、电动机转轴的检查与故障处理

　　二、轴承磨损的检查和故障处理

　　三、笼型转子故障的检查及排除

　　四、三相异步电动机的维护

单元测试题/59

单元测试题答案/62

第3单元　单相异步电动机的拆装与维修/63-81

第一节　单相异步电动机的基本知识/65

　　一、单相电动机的特点及应用

　　二、单相异步电动机的工作原理

　　三、分相式单相异步电动机

　　四、罩极式单相异步电动机

第二节　单相异步电动机的反转与调速/71

　　一、单相异步电动机的反转

　　二、单相异步电动机调速

第三节　单相异步电动机的检修/74

　　一、单相异步电动机的拆卸

　　二、单相异步电动机的安装

　　三、单相异步电动机的常见故障分析

　　四、启动电路故障检修

单元测试题/79

第4单元 工厂常用机床控制线路及维修/83-131

第一节 机床电气控制线路维修要求和维修方法/85

    一、机床电气设备维修要求

    二、机床电气设备的日常维修

    三、机床电气设备故障检修的一般方法

    四、机床电气设备常用测量故障点方法

第二节 CY6140型车床电气控制线路检修/91

    一、CY6140型车床概述

    二、CY6140型车床电气控制原理

    三、CY6140型车床电气控制线路典型故障分析

第三节 X62W型万能铣床电气控制线路检修/98

    一、X62W型万能铣床概述

    二、X62W型万能铣床电气控制原理

    三、X62W型万能铣床电气控制线路典型故障分析

第四节 Z3040型摇臂钻床电气控制线路检修/109

    一、Z3040型摇臂钻床概述

    二、Z3040型摇臂钻床电气控制原理

    三、电气控制线路典型故障分析

第五节 数控机床自动控制系统检修/118

    一、数控机床概述

    二、数控机床检修与维护常识

单元测试题/127

单元测试题答案/131

第5单元 三菱FX系列可编程序控制器/133-197

第一节 PLC的基本组成和工作原理/135

    一、PLC的基本组成

    二、PLC的工作原理

    三、PLC技术应用

第二节　PLC的编程技术基础/143

一、PLC的编程语言

二、PLC软器件（软继电器）

三、PLC指令系统

第三节　PLC典型程序识读/158

一、识读PLC梯形图和指令语句表的方法和步骤

二、典型PLC控制程序识读

三、PLC梯形图和指令语句表识读

第四节　PLC控制程序的设计/172

一、PLC编程器和编程软件

二、PLC控制程序的设计

三、程序设计实例

第五节　PLC控制系统的安装、调试与维护/188

一、安装环境

二、安装调试

三、日常维护

单元测试题/191

单元测试题答案/195

理论知识考核试卷（一）/198

理论知识考核试卷（二）/201

理论知识考核试卷（一）答案/205

理论知识考核试卷（二）答案/207

操作技能考核试卷（一）/209

操作技能考核试卷（二）/214

第 1 单元

电能计量装置的安装与接线检查

- 第一节 三相三线制电路电能计量装置 /3
- 第二节 电能计量装置的选择 /9
- 第三节 电能计量装置的安装与接线检查 /14

电能作为现代社会中不可缺少的二次能源，其计量装置在发、供、用电环节中的地位十分重要，它能够客观地显现给定时间内电能的生产与消费的关系，也是国民经济中加强企业管理、考量经济指标、实现成本核算的必不可少的重要工具。

第一节　三相三线制电路电能计量装置

→ 掌握三相三线有功、无功电能表的工作原理
→ 了解三相三线电能表的用途

一、三相三线有功电能表

1. 三相三线交流感应式电能表的工作原理及用途

三相三线交流感应式电能表与三相四线交流感应式电能表一样，主要由驱动元件、转动元件、制动元件和计度器等部件组成。根据它的转动元件数量不同，三相三线交流感应式电能表可分为双转盘式和单转盘式两种。其中单转盘三相三线交流感应式电能表现在已很少使用。

图1—1是两元件双转盘式三相三线交流感应式电能表的结构示意图。它的特点是：两组电磁元件各自作用在一个转盘上，两个转盘同轴，作用在转动元件上的驱动力矩取决于两组电磁元件产生的驱动力矩的代数和，并由一个计度器显示三相电路消耗的总电能。

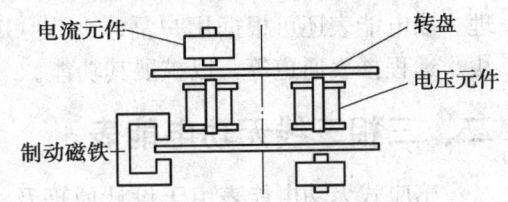

图1—1　三相三线两元件电能表元件结构示意图（双转盘式）

三相三线交流感应式电能表与三相四线交流感应式电能表的主要结构区别是：三相四线交流感应式电能表有三组电磁元件，三相三线交流感应式电能表只有两组电磁元件。

三相三线交流感应式电能表适用于35 kV、10 kV电压等级、中性点绝缘的城乡配电网，经常安装在用户配电变压器的一次高压侧，俗称"高供高计"。一般与Vv接线方式的电压互感器及两元件电流互感器配合使用，实现用户用电量的计量。

2. 三相三线电子式多功能电能表的工作原理及用途

三相三线电子式多功能电能表是采用当今最先进的电能表专用集成电路，按国际电工委员会（IEC）标准制造的换代型电能表。它的特点是不需要转动圆盘、转动轴承等机械零件，具有损耗小、寿命长等优点。为与三相三线感应式电能表区别，三相三线电子式多功能电能表也称静止式电能表。

（1）三相三线电子式多功能电能表的工作原理。U、V、W三相电压、电流信号经电能表采样电路、缓冲器和功率计量处理器，转换成相应的数字信息，传送给数据处理中心，通过程序计算并显示各相电压、电流、功率、电量、需量、功率因数等参数，分析、判断和显示各相电压、电流有无失压、失流等异常状态。其工作原理框图如图1—2所示。

（2）三相三线电子式多功能电能表的用途。三相三线电子式多功能电能表具备有功

电工（高级）

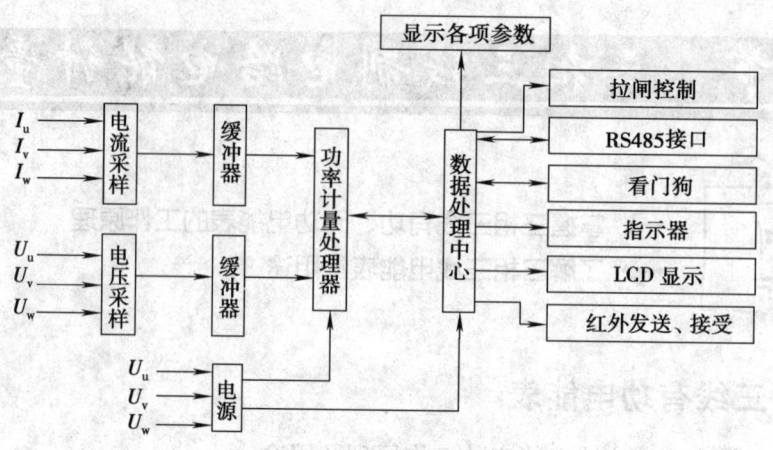

图1—2 工作原理框图

双向分时电能计量、需量计量、正弦式无功计量、功率因数计量等功能；可实现显示和远程传送实时电压、电流、功率、负载曲线等功能；可按电力部门标准实现失压、失流、电压合格率记录、报警和显示等功能；能有效杜绝窃电行为，实现对用户的科学管理。该电能表还可根据用户需求加装GPRS模块（内置或外配）、无线模块、GSM模块、远程抄表通道等，以扩展其功能。

二、三相三线无功电能表

感应式无功电能表由于设计原理及结构的原因，准确度等级较低，一般为3.0级。电子式无功电能表的准确度等级一般为2.0级，比电子式有功电能表低。

1. 60°内相角无功电能表

60°内相角三相三线无功电能表必须配以电流互感器和电压互感器，仅能测量三相三线制电路的无功电能，一般多用于高压供电系统中的无功电能测量。图1—3为经电压、电流互感器接入的内相角为60°的三相三线无功电能表接线图和相量图。

从图1—3a中可见，60°内相角无功电能表为两元件无功电能表，其接线方式记为第一元件：$\dot{U}_{VW}$、$\dot{I}_U$；第二元件：$\dot{U}_{UW}$、$\dot{I}_W$。其特点是在电压线圈的首端人为地串联一个附加电阻R，使电压线圈的电阻成分增加。

从图1—3b中可见，电压线圈的阻抗角从原来的90°减少为60°，使得电压工作磁通$\dot{\Phi}_U$仅滞后$\dot{U}$60°，而不像有功电能表的电压工作磁通滞后于电压90°。

为防止现场接线错误，无功电能表与有功电能表外部接线盒的接线方式完全一致，线接入表后，在表内改变线路走向，达到不同的计量目的。

2. 三相三线正弦式无功电能表

三相三线正弦式无功电能表适用于三相三线制供电系统，这种接线方式能正确测量三相三线制电路的无功电能，而不论其负载是否三相对称。其正确接线如图1—4所示，它实际上是两只单相正弦型无功电能表的组合体，在电压回路中串联一个电阻R_U，在电流回路中并联一个电阻R_I，其接线原则与两元件三相有功电能表相同。

电能计量装置的安装与接线检查

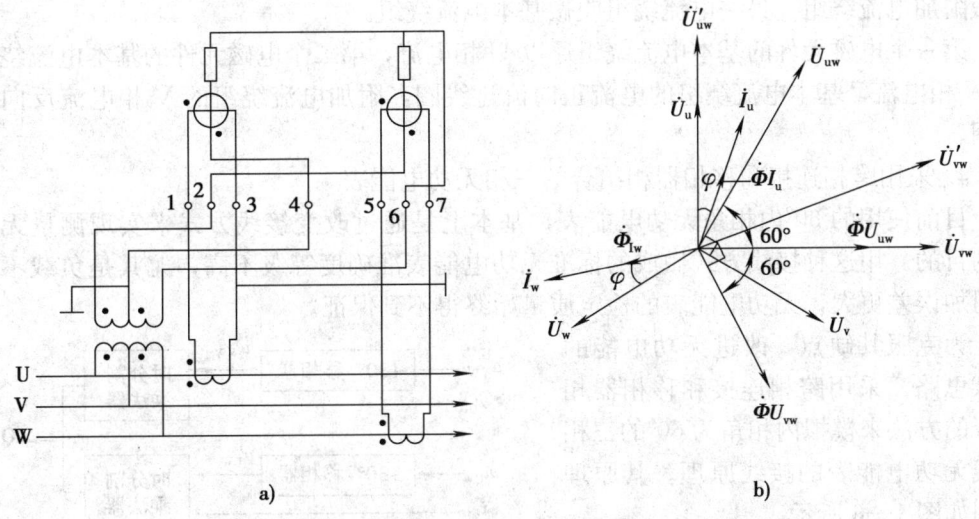

图 1—3 60°内相角无功电能表的正确接线和相量图
a) 内相角为60°的三相三线无功电能表接线图 b) 相量图

> **特别提示**
> 这种接线方式不能用来测量三相四线制电路的无功电能。

图中第一元件取电压 $\dot{U}_{UV}$，取电流 $-\dot{I}_U$；第二元件取电压 $\dot{U}_{WV}$，取电流 $-\dot{I}_W$。

3. 带有附加电流绕组的三相无功电能表

带有附加电流绕组的三相无功电能表接线较为复杂，它不仅能测量三相三线制电路的无功电能，同时也能测量三相四线制电路的无功电能。其直接接入式、经电流互感器接入式接线如图1—5所示。

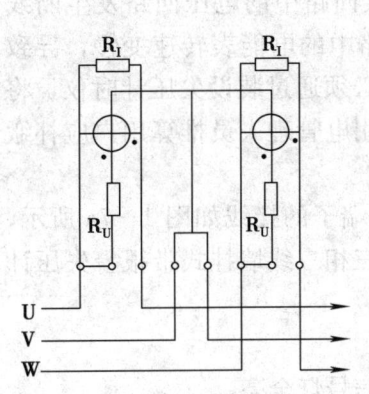

图 1—4 三相三线正弦式无功
电能表接线图

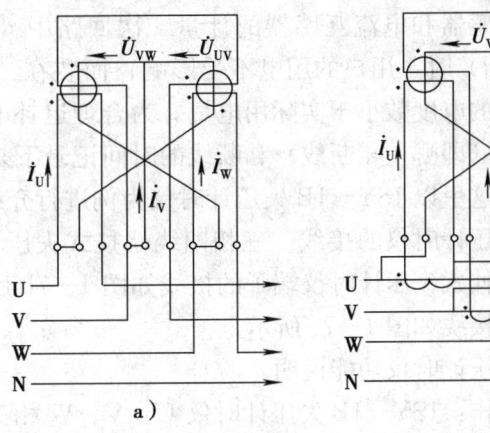

图 1—5 带有附加电流绕组的三相无功电能表接线图
a) 直接接入式 b) 经电流互感器接入式

带有附加电流绕组的三相无功电能表有两个电磁元件，每个电磁元件各有一个电压线圈、两个电流线圈。两个电流线圈的匝数和绕制方向相同，其中通有V相电流的绕组

— 5 —

叫做附加电流绕组，另一电流绕组叫做基本电流绕组。

第一个电磁元件的基本电流绕组通以 U 相电流，第二个电磁元件的基本电流绕组通以 W 相电流，基本电流绕组的电流正向流过线圈，附加电流绕组的 V 相电流反向流过线圈。

4. 采用跨相连接和移相器相结合的三相无功电能表

目前使用的 60°内相角无功电能表，基本上是通过改变接线方式来实现测量无功电能的目的。用这种接线方式做成的标准无功电能表准确度等级不高，尤其是负载不对称时附加误差更大，无功电能表的检定质量始终得不到保证。

为克服其缺点，改进无功电能的测试思路，采用跨相连接和移相器相结合的方法来模拟内相角为 60°的三相三线无功电能表的接线原理。其原理框图如图 1—6 所示。

用这种方式检定内相角为 60°的无功电能表，检定时可减小接线误差。

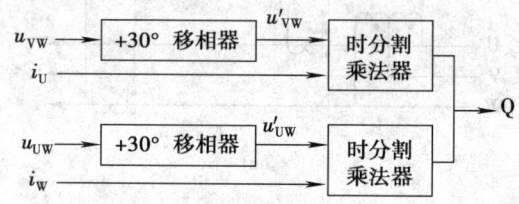

图 1—6 模拟内相角为 60°的三相三线无功电能表

其接线方式记为第一元件：$\dot{U}_{VW}$、$\dot{I}_U$；第二元件：$\dot{U}_{UW}$、$\dot{I}_W$。瞬时值 u_{VW} 经移相器超前了 30°，变为 u'_{VW}；瞬时值 u_{UW} 经移相器也超前了 30°，变为 u'_{UW}。其有效值未变，因此这种接线方式的无功电能表和接线方式为 60°内相角的无功电能表完全一样。

三、与计量电能有关的其他设备

1. 失压计时仪

根据中华人民共和国电力行业标准规定，在电能计量回路中必须装设失压计时仪。因为在大电力用户计量回路中一般都装有电压互感器和电流互感器，电能表实际上是接在经电压互感器和电流互感器的计量二次回路中。当二次回路中的电压回路发生断线（如熔丝熔断）时，用户的用电不受影响，而装在二次回路中的电能表转速变慢，导致电能表记录的电度数小于实际用电量。为合理追补电量，必须通过装设失压计时仪，将断线的类别（即哪一相断线）和断线的时间记录下来，供用电管理人员推算用户应补缴的电费数。这里以 JSY—1B 失压计时仪为例进行介绍。

（1）失压计时仪的接线。三相四线墙挂式失压计时仪端子的接线如图 1—7a 所示，三相三线墙挂式失压计时仪端子的接线如图 1—7b 所示，三相三线墙挂式带报警失压计时仪端子的接线如图 1—7c 所示。

（2）失压计时仪功能说明

正常工作：JSY—1B 失压计时仪 U、V、W 相三相的信号灯全亮。

逆相序指示：当失压计时仪接线接成逆相序时，失压计时仪的 U、V、W 相信号灯不是全亮，而是以 W、V、U 相次序每隔 0.5 s 轮流点亮，此时应改正接线。

失压计时显示：对三相三线失压计时仪而言，失压显示有 "U" "V" "W" "UVW" 四种方式。例如当失压计时仪 U 相断线失压时，U 相指示灯熄灭（V、W 相指示灯仍点

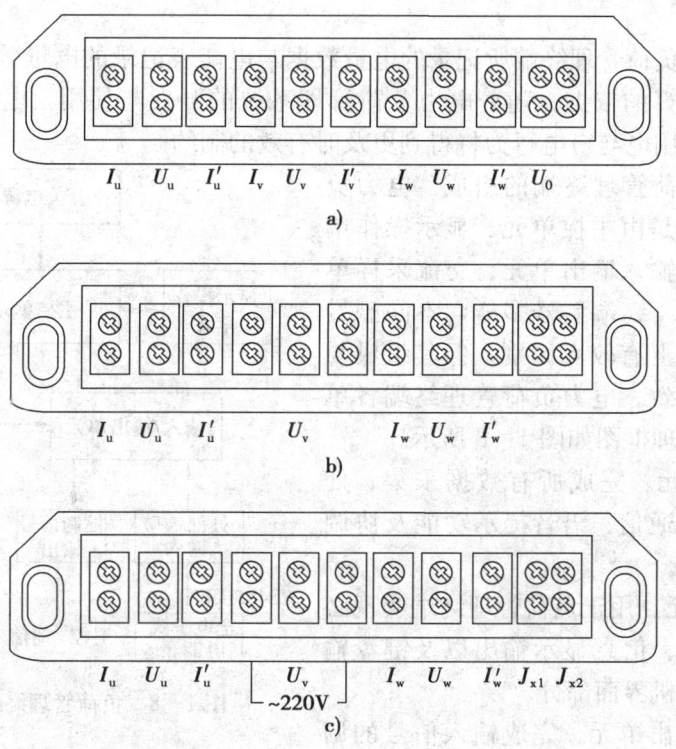

图1—7 失压计时仪的接线
a) 三相四线墙挂式失压计时仪端子的接线　b) 三相三线墙挂式失压计时仪端子的接线
c) 三相三线墙挂式带报警失压计时仪端子的接线

亮),液晶显示屏上最末一位数字闪烁,每经过36 s累计数字加1,直至失压故障消除,此时液晶显示屏上的数字即为U相失压时间。如果液晶显示屏轮番显示的最低位数字不闪烁,说明失压计时仪记录的参数为以往发生的失压情况。

失流显示:失压计时仪增加了失流显示功能,其目的是监视计量装置电流回路是否存在开路故障。如果液晶屏显示"I_u""no",说明计量装置电流回路U相开路,应及时检查并进行处理。三相三线失压计时仪,失流显示有"I_u""I_v""I_w""I_{uvw}"四种。

2. 电力负荷管理终端

电力负荷管理系统是这几年在全国范围内大力建设的系统。它以计算机应用技术、现代通信技术、电力负荷控制技术为基础,能实现信息采集、信息处理和实时监控。

(1) 电力负荷管理终端采集计量数据的类别。电力负荷管理终端能实现对用户端实时用电数据、计量工况和事件的采集,其采集计量数据的信息主要有以下几类:

1) 负荷数据。包括实时有功功率总加、实时无功功率总加、每日和当前有功及无功功率曲线、功率最大/最小值及其出现时间、最大需量及其出现时间等。

2) 电能量数据。包括每月、每日和当前有功及无功电能量累积值、分时有功电能量累积值、有功及无功电能量曲线等。通过终端与电能表直接通信,可远程读取电能表的计量数据。

3) 电能质量数据。包括每日和当前电压、功率因数、谐波、停电时间及相关统计数据等。

由此可见，负荷管理终端所记录的电量数据与电能表记录的电量数据是一致的，可作为电能贸易结算的依据。随着电力负荷管理系统的开发与使用，电力分配将更为合理，用户的违章用电与窃电行为将得到更及时有效的制约。

(2) 电力负荷管理终端的组成。电力负荷管理终端一般是由主控单元、显示操作单元、通信单元、输入输出单元、交流采样单元及电源等组成。终端型号多样，不同型号终端在电路设计上有较大区别，但其组成与工作原理基本一致。电力负荷管理终端各单元间的关系和原理框图如图1—8所示。

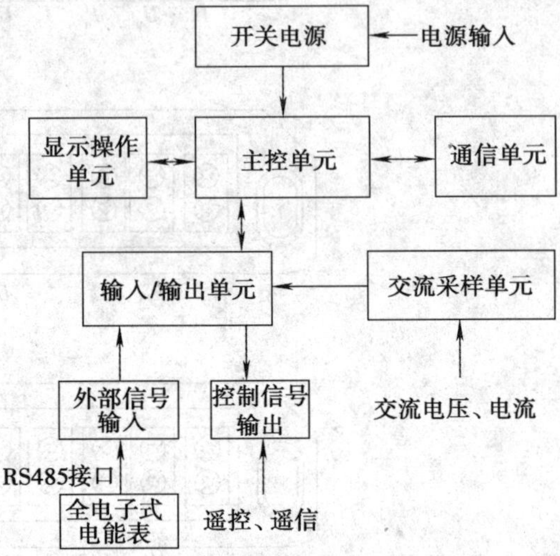

1) 主控单元。完成所有数据采集、处理、控制、数据通信、语音提示功能及协调其他模块的工作。

2) 显示单元。用于负荷管理终端实现必要的数据、状态、信息显示输出以及键盘输入，是终端的人机界面部分。

3) 输入/输出单元。完成输入信号的调理及隔离、输出信号的驱动及隔离。这里所说的输入、输出信号主要是指遥控、状态量、脉冲量、模拟量和抄表等。

图1—8 负荷管理终端原理框图

4) 通信单元。实现数据通信的单元。通信单元可以是230M电台、GPRS模块、CDMA模块、Modem及以太网卡等。

5) 交流采样单元。通过电流或电压互感器采集实时电网交流信号，用以计算电压、电流、功率、电量、相角、周波、谐波等。

6) 电源系统。由高可靠性电源将交流输入转换为各模块所需的直流供电，一般有开关电源和线性电源两种。电源要求有较高的可靠性和转换效率。

(3) 电力负荷管理终端采集计量数据的方式

1) 通过交流采样单元直接记录电能量。与电能表的驱动元件一样，交流采样部分分为电压通道和电流通道，分别连接被测电路的电压和电流回路。特别需要注意的是，高压环境电压互感器和电流互感器各有两个，电压互感器和电流互感器都应有两个绕组，一个绕组用于电能表计量，另一个绕组用于电力负荷管理系统终端的交流采样单元。电压和电流数值通过电压、电流通道缓冲放大，经A/D变换转化为数字信号，单片机的CPU读取数字信号，计算出相关电能量数值。交流采样单元原理框图见图1—9。

2) 通过抄表接口远程抄录电能量。终端可通过抄表接口远程抄录具有相应匹配接口的全电子式电能表的数据。终端与电能表的接口连接包括RS485接口（或CS接口）和脉冲接口两种。

信号接线为：终端→终端接线端子排（36端子）→电能表信号接线盒（16端子）→相应电能表。

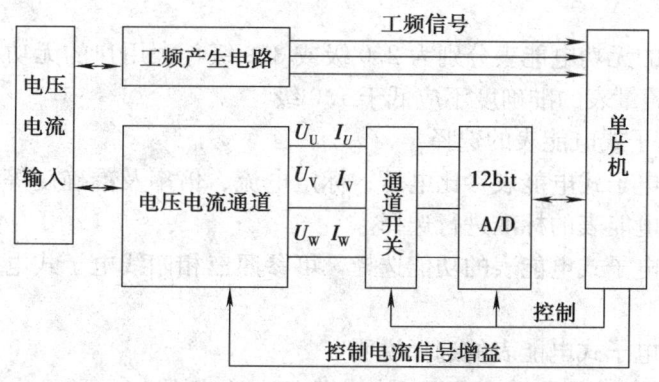

图 1—9　交流采样单元原理框图

电力负荷管理终端可抄读 8 只电能表数据，多只电能表通过并接方式接入终端。

第二节　电能计量装置的选择

→ 能根据现场实际情况正确选择电能表
→ 能根据现场实际情况正确选择电流互感器
→ 能根据现场实际情况正确选择计量柜

一、三相三线电能表的选择

1. 三相三线感应式电能表的选择

（1）感应式电能表参比电压的选择。电能表的参比电压是：高压表 3×100 V、3×57.5/100 V，低压表 3×220/380 V。可根据电能表所在系统的接线方式，来确定参比电压。

（2）感应式电能表标定电流的选择。电能表的标定电流有 3（6）A，1.5（6）A，0.3（1.2）A，0.5（2.0）A 等。在选择电能表的标定电流时，可根据电流互感器二次电流和负荷电流，确定其电流的取值范围，使其低限为二次额定电流的 30%，对应于 5 A 和 1 A 分别为 1.5 A 和 0.3 A，其高限为二次额定电流的 120%，对应于 5 A 和 1 A 分别为 6 A 和 1.2 A。

（3）感应式电能表倍率的选择。倍率是根据负荷的变动范围，或者一次设备的规划容量来确定，可取 2 倍、3 倍或 4 倍，目前一般选 4 倍。

（4）感应式电能表准确度等级的选择。电能表的准确度等级共分为 0.05、0.1、0.2、0.5、1.0、2.0 及 3.0 共七级。可根据计量的电量、用电设备容量、贸易结算或内部考核等规定来选择电能表的准确度等级。

按规定要求，三相电能表（固定式）为 1.0 级或 2.0 级表，一般用户选用 2.0 级表，大电力用户应采用 1.0 级表，月用电量在 100 万千瓦时以上的大用户，则需使用 0.5 级固定式电能表。

用于一般现场的无功电能表分别为 2.0 级或 3.0 级，大用户的无功电能表不应低于 2.0 级，用户最大需量表的准确度不应低于 1.0 级。

2. 三相三线电子式电能表的选择

(1) 三相三线电子式电能表参比电压、标定电流、倍率及准确度等级的选择，可参照三相三线感应式电能表的标准进行选择。

(2) 三相三线电子式电能表的功能选择，可参照三相四线电子式电能表的特殊功能选择。

(3) 三相三线电子式电能表的选择说明

1) 对于Ⅰ、Ⅱ类计量装置可选用宽负荷 S 级电能表。

2) 用于计量终端用户的电子式电能表应具有多终端用户公用传输通道的功能。

3) 用于计量电网联络线电能量交换的电子式电能表应：具有内存容量 5 Mb 左右、采样字长不少于 16 bit、采样频率不小于 4 MHz 的数采系统；具有备用电池，且备用电池寿命在 10 年以上等。

二、电压互感器的选择

1. 电压互感器主要参数的选择

(1) 额定电压的选择。电压互感器线圈的一次额定电压是指允许长期工作的接入电网的额定电压；线圈的二次额定电压规定为 100 V；额定变比指一次额定电压 U_{1N} 与二次额定电压 U_{2N} 的比值，用符号 K_N 表示，如 $K_N=10\,000/100$ V。

电压互感器一次绕组的额定电压按下式来选择：

$$0.9U_X < U_{1N} < 1.1U_X$$

式中　U_X——被测电压，kV；

U_{1N}——电压互感器一次绕组的额定电压，kV。

(2) 准确度的选择。在规定的使用条件下，电压互感器的误差应在规定的限度之内，这个规定的限度称为电压互感器的准确度。它以在额定电压及规定的二次负载下最大允许比值误差的百分数表示，有 0.1、0.2、0.5、1 和 3 级的电压互感器。

我国部颁标准 DL/T 448—2000《电能计量装置技术管理规程》规定：对第Ⅰ、第Ⅱ类计量对象，应选用 0.2 级的电压互感器；对第Ⅲ、第Ⅳ类计量对象，应选用 0.5 级的电压互感器。

(3) 额定容量的选择。电压互感器额定容量应满足下式要求：

$$0.25S_N < S < S_N$$

式中　S_N——电压互感器额定容量，VA

S——二次总负载视在功率，VA。

注意：由于电压互感器每相二次负载并不一定相等，因此各相的额定容量均应按二次负载最大的一相来选择。

2. 电压互感器接线方式的选择

电压互感器的接线方式有 Vv 接线、Yyn 接线和 YNyn 三种接线方式。根据不同的测量目的，可选择不同的接线方式，电能计量多选用 Vv 接线和 Yyn 接线两种。下面介绍电压互感器接线方式的特点和适用范围。

（1）电压互感器的 Vv 接线。Vv 接线广泛用于中性点绝缘系统或经消弧线圈接地的 35 kV 及以下的高压三相系统，特别是 10 kV 三相系统，但不能用于测量相电压，不能接入监视系统绝缘状况的电压表。

两台相互绝缘接于相与相之间的单相电压互感器的连接如图 1—10 所示，接线图中上面两个线圈属于一套单相电压互感器，共用一个铁心；下面两个线圈属于另一套单相电压互感器；两个单相电压互感器之间没有磁的联系。这种接线能节省一台电压互感器，可满足三相三线有功、无功电能计量的要求。

（2）电压互感器的 Yyn 接线。Yyn 接线多用于小电流接地的高压三相系统，由二次侧中性线引出并接地。这种接法采用一台三铁心柱的三相电压互感器，也可用三台单相电压互感器构成一台三相电压互感器 Yyn 接线，如图 1—11 所示。

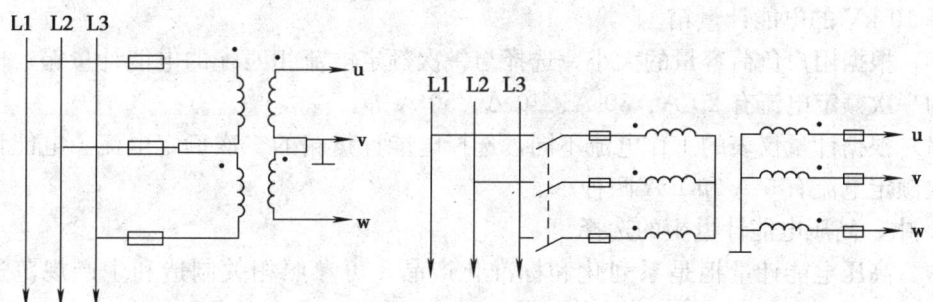

图 1—10　电压互感器的 Vv 接线　　　图 1—11　电压互感器的 Yyn 接线

为了防止高压侧单相接地故障，Yyn 接线高压侧中性点不允许接地，故不能测量对地电压。当二次负载不平衡时，这种接线会引起较大的测量误差。

（3）电压互感器的 YNyn 接线。YNyn 接线多用于大电流接地系统，常采用三台单相电压互感器构成三相电压互感器组，如图 1—12 所示。

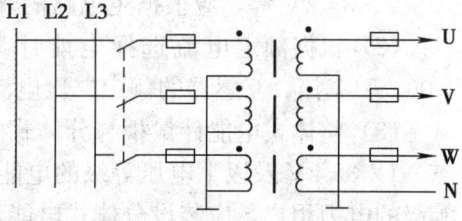

图 1—12　电压互感器的 YNyn 接线

此种接线由于高压侧中性点接地，每相绕组上所加电压为相电压，故可降低绝缘水平，使成本下降。互感器绕组是按相电压设计的，所以既可测量线电压，又可测量相电压。

电压互感器接线时一次侧应装设隔离开关，供检修之用；还应装设熔断器，以免二次侧发生短路事故后扩大事故波及面，造成用户大面积停电。

35 kV 以上贸易结算用电能计量装置中的电压互感器二次回路，应不装设隔离开关辅助接点，但可装设熔断器。

35 kV 及以下贸易结算用电能计量装置中的电压互感器二次回路，应不装设隔离开关辅助接点和熔断器。因为二次侧装设隔离开关，可能为窃电提供方便，也会增加二次连线上的总电阻，从而增加二次连线上的压降，增加计量误差。同样，二次侧装设熔断器也有类似问题存在，尤其是对电压等级较低的计量装置。

三、中、高压电能计量柜（箱）的选择

根据 DL/T 5137—2001《电测量及电能计量装置设计技术规程》和 DL/T 448—2000《电能计量装置技术管理规程》的规定，凡用电容量在 315 kVA 及以上的用户，必须采用中、高压电能计量；中、高压电能计量，应选用全国统一标准的电能计量柜。

1. 中、高压电能计量箱的选择

中、高压电能计量箱一般应用于与配电变压器配套使用的小容量的城网或农网中，其选择原则如下：

（1）直接安装于杆上配电变压器下方的，应选择悬挂式电压计量箱；安装于配电室或专用平台的，应选择平台式电能计量箱。

（2）6 kV 配电系统，应选择一次额定电压为 6 kV 的电能计量箱；10 kV 配电系统，应选择 10 kV 的电能计量箱。

（3）根据用户负荷容量的大小，选择与一次额定电流相匹配的电能计量箱。电能计量箱的一次额定电流有 20 A、30 A、40 A、50 A 等。

（4）根据计量仪表的工作电流不同，选择电能计量箱的二次额定电流。电能计量箱的二次额定电流有 5 A 和 1 A 两种。

2. 中、高压电能计量柜的选择

中、高压电能计量柜是系列化和标准化产品，可参照相关制造和生产规范进行选择。

（1）根据主电路的额定电压等级选择电能计量柜。主电路的额定电压等级有 6 kV、10 kV、35 kV 等，应根据主电路的额定电压选用相应额定电压等级的电能计量柜。

（2）根据额定电流选择电能计量柜。主电路的额定电流标示有 630 A、800 A、1 000 A 三挡；互感器的额定二次电流标示有 1 A、5 A 两种。

（3）整体式电能计量柜与分体式电能计量柜的选择

1）35 kV 及以下电压等级的电能计量柜宜采用整体式电能计量柜；35 kV 以上电压等级的电力用户，应装设分体式电能计量柜。

2）35 kV 及以下电压等级的电力用户，当装设整体式电能计量柜困难，且用户处设有专人值班的集中控制室或便于维护的场所时，可采用分体式计量柜。

3）使用 100 V 额定二次电压计量的或对 0.38~220 kV 电力用户供电线路进行远程计量的电能计量柜宜采用分体式电能计量柜。

4）一次额定电流为 20~1 000 A 的电能计量柜，宜选用整体式电能计量柜。

5）已建成的用户配电所进行计量改造或新建用户配电所场地狭小，计量柜装设困难时，可采用计量装置用和普通测量保护用电压互感器合一的整体式电能计量柜。

（4）固定式电能计量柜与移开式电能计量柜的选择

1）35 kV 及以下电压等级的电能计量柜，采用屋内安装时，考虑经济性可选择固定式电能计量柜。

2) 安装于"潮湿及污秽地区"或有"封闭要求"的电能计量柜,应选用密封性较好的固定式电能计量柜。

3) 安装于有"加强绝缘"要求场所的电能计量柜,应选用绝缘性较好的固定式电能计量柜。

4) 有"检修方便"要求的,可选用移开式电能计量柜,如手车式柜或抽出式柜(柜中部分或全部电气设备和元器件装在小车上或抽屉中,小车或抽屉可以拉出,离开柜体)。

(5) 根据接线方案及配套开关柜确定电能计量柜的结构类别。根据现场实际情况,在设计中选用PJ型电能计量柜的结构类别,可参见表1—1。

表1—1　　　　　　　　PJ型电能计量柜的结构类别

分类	电压等级(kV)	结构类别代号	结构特点
1	6~10	A	与GG—1A(F)开关柜配合,上(下)进线,下(上)出线
		B	与GG—1A(F)柜配合,上进线、上出线
		C	与JYN2移开式开关柜配合
		D	与GG—1A(F)开关柜配合
		E	与KGN开关柜配合
		F	与KYN开关柜配合
	35	A	与GBC开关柜配合
		B	与JYN1开关柜配合
2	0.1	A	与PK控制屏配合使用
		E	单独安装使用(立屏)
		X	单独安装使用(嵌入式)

(6) 电能计量柜布置位置的确定

1) 对6~10 kV不设进线断路器、采用屋外跌落式熔断器的配电所,计量柜可布置在第一柜。

2) 对6~35 kV的用户配电所,当采用屋内配电成套开关柜进线时,应采用相同电压等级的整体式电能计量柜,并布置在进线开关柜之后(即第二柜)。

3) 当用户配电所采用双电源供电时,在每个电源回路均应设置计量柜(两套计量装置)。

第三节 电能计量装置的安装与接线检查

培训目标
→ 能够安装电能计量装置
→ 能够正确选择三相三线制电能表的接线方式
→ 能够检查三相三线制电能表的接线

一、电能计量装置的安装

1. 三相三线电能表的安装

(1) 安装要求。参见三相四线电能表的安装要求。

(2) 安装步骤

1) 核对装表接电工作单上所列的计量装置是否与用户的供电方式和申请容量相适应,如有疑问应及时向有关部门提出。

2) 凭工作单到表库领用电能表、互感器,并核对所领用的电能表、互感器是否与工作单一致。

3) 检查电能表的校验封印、接线图、检定合格证、资产标记是否齐全,校验日期是否在6个月以内,外壳是否完好,圆盘是否卡住等。

4) 检查互感器的铭牌、极性标志是否完整、清晰,接线螺钉是否完好,检定合格证是否齐全。

5) 检查所需的材料及工具、仪表等是否配足带齐。

6) 电能表在运输途中应注意防震、防摔,应放入专用防震箱内;在路面不平、震动较大时,应采取有效措施减小震动。

7) 在装表时,必须严格按照接线盒内的图样施工。对无图样的电能表,应先查明内部接线。现场检查时可使用万用表测量各端钮之间的电阻值,一般电压线圈阻值在4欧级,而电流线圈的阻值近似为零。若在现场难以查明电能表的内部接线,应将表退回。

8) 装表后通电检查,运用"瓦秒法"检查电能表接线是否正确。

9) 清理现场,收拾工具。

2. 电压互感器的安装

(1) 安装要求

1) 电压互感器安装必须牢固,互感器外壳的金属外露部分应可靠接地。

2) 同一组电压互感器应按同一方向安装,以保证该组电压互感器一次及二次回路电流的正方向均一致,并尽可能易于观察铭牌。

3) 电压互感器二次侧不允许短路。

(2) 安装步骤

1) 核对电压互感器规格、型号是否与设计一致,检查电压互感器铭牌、接线柱、螺钉是否完好，检定合格证是否齐全。

2) 检查电压互感器的安装位置是否符合安装规定，其安装位置是否便于检查、更换。

3) 将电压互感器固定在电能计量柜（箱）内，旋紧螺钉。

4) 正确连接电压互感器一次侧接线。

5) 正确连接电压互感器二次侧接线，加装端钮盒盖。

6) 用万用表检查电压互感器一次侧、二次侧接线是否通路、正确。

7) 工作负责人检查电压互感器安装情况，确认安装正确。

二、三相三线制电能表的接线方式

1. 三相三线电能表直接接入式的接线方式

从外观上看，三相三线电能表共有 7 个端子，从左至右的编号分别为 1、2、3、4、5、6、7。其中 1、4、5 端子是相线的进线端子，用来连接从电源引来的三根相线；3、7 是 U、W 相线的出线端子，与 V 相分别接到总开关的三个进线端子上。实际接线方法如图 1—13 所示，接线图如图 1—14 所示。

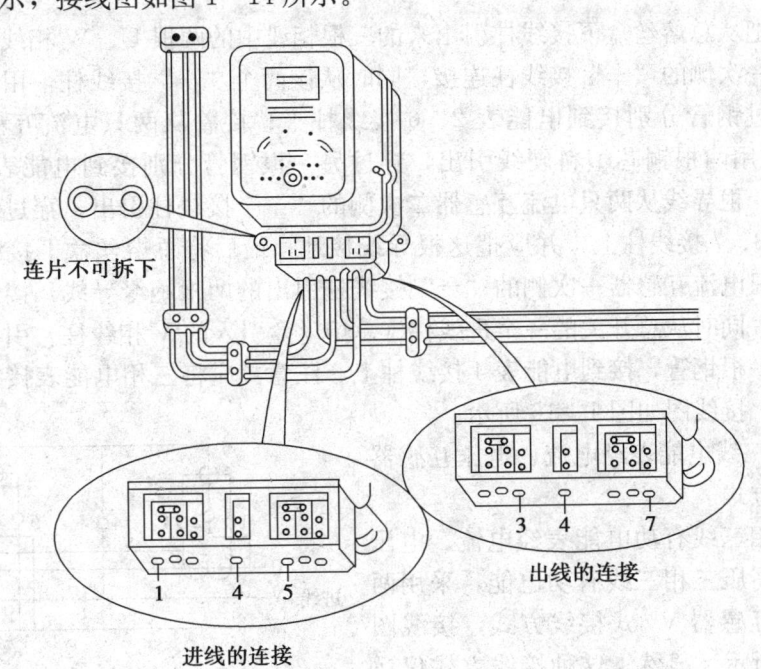

图 1—13 三相三线电能表直接接入式的实际接线方法

2. 三相三线电能表经电流互感器接入的接线方式

三相三线电能表经电流互感器接入电路中，一般要配用规格相同、变比适当的两只单相电流互感器，以扩大电能表的量程。实际接线方法如图 1—15 所示。

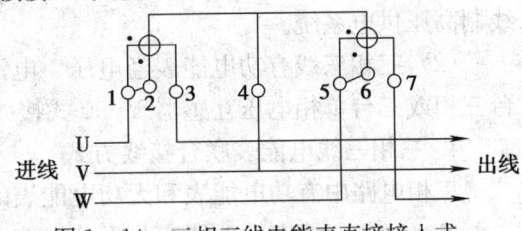

图 1—14 三相三线电能表直接接入式

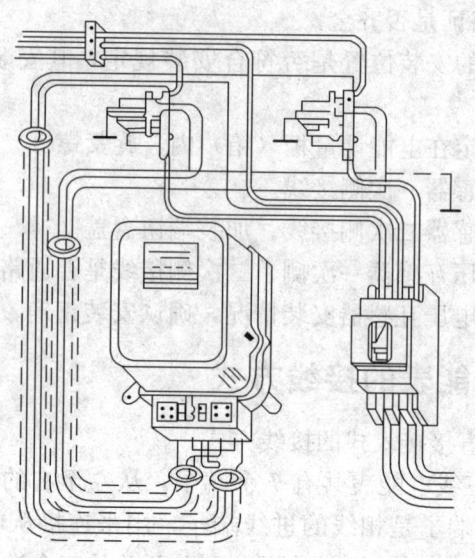

图1—15 三相三线电能表经电流互感器接入实际接线方法

接线时把从总熔丝盒下接线柱引出来的三根相线中的两根 U、W 相线，分别与两只电流互感器一次侧的"+"接线柱连接，同时从该两个"+"接线柱，用铜芯塑料硬线引出，并穿过钢管分别接到电能表 2、6 接线柱上；接着从两只电流互感器二次侧的"+"接线柱用两根铜芯塑料硬线引出，穿过另一根钢管分别接到电能表 1、5 接线柱上；然后用一根导线从两只电流互感器二次侧的"—"接线柱引出，穿过后一根钢管接到电能表的 3、7 接线柱上，并应把这根导线接地；最后将总熔丝盒下接线柱余下的 V 相线和从两只电流互感器一次侧的"—"接线柱引出的两根绝缘导线，接到总开关的三个进线柱上，同时从总开关的一个进线柱（总熔丝盒引入的 V 相线柱）引出一根绝缘导线，穿过前一根钢管，接到电能表 4 接线柱上。注意：应将三相电能表接线盒内的两块连片都拆下。接线图如图 1—16 所示。

3. 三相三线电能表经电流、电压互感器接入的接线方式

（1）三相三线有功电能表经电流、电压互感器计量高压三相三线有功电能，采用两台单相电压互感器 Vv 式接线方式，接线图如图 1—17 所示。显然，这种接线方式仅适用于中性点不接地且无中性线引出的三相三线制高压供电系统。

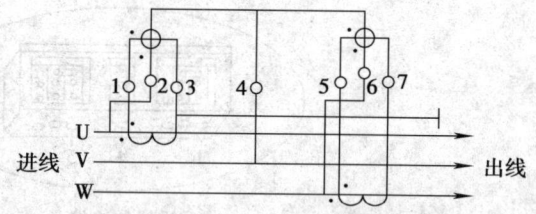

图1—16 三相三线电能表经电流互感器接入

（2）三相三线有功电能表经电压、电流互感器计量高压三相三线有功电能，采用一台三相或三台单相电压互感器 Yyn0 式接线方式，接线图如图 1—18 所示。

4. 三相三线电能表联合接线方式

三相电路中有功电能表和无功电能表的联合接线，常用的联合接线方式有：

（1）三相三线有功电能表与无功电能表经电流互感器与电压互感器接入的联合接线

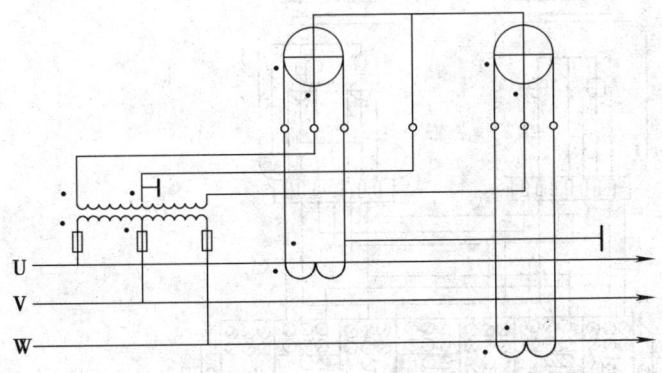

图 1—17 经电压、电流互感器计量高压三相三线有功电能、Vv 式接线的接线图

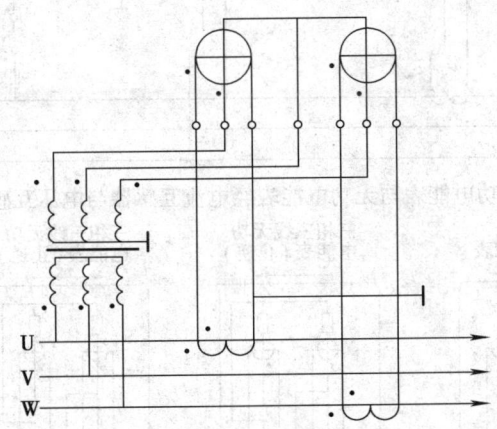

图 1—18 经电压、电流互感器计量高压三相三线有功电能 Yyn0 式接线的接线图

方式。适用于没有中性点直接接地的高压三相三线系统中有功电能与无功电能的计量，如图 1—19 所示。电流互感器采用分相接线，电压互感器采用 Vv 接线。

（2）一块三相三线有功电能表与两块装有止逆器的无功电能表经电流互感器与电压互感器接入的联合接线方式。适用于具有无功补偿的单方向感性负载的高压三相三线系统中有功电能与无功电能的计量，如图 1—20 所示。电流互感器采用分相接线，电压互感器采用 Vv 接线。

（3）三相三线全电子式电能表的接线。全电子式电能表的接线如图 1—21 所示。

5. 三相三线电能表接线方式的选择

（1）接入中性点绝缘系统的电能计量装置，应采用三相三线有功、无功电能表。

（2）Ⅰ类、Ⅱ类、Ⅲ类贸易结算用电能计量装置，应按计量点配置计量专用电压、电流互感器或者专用二次绕组。电能计量专用电压、电流互感器或专用二次绕组及其二次回路，不得接入与电能计量无关的设备。

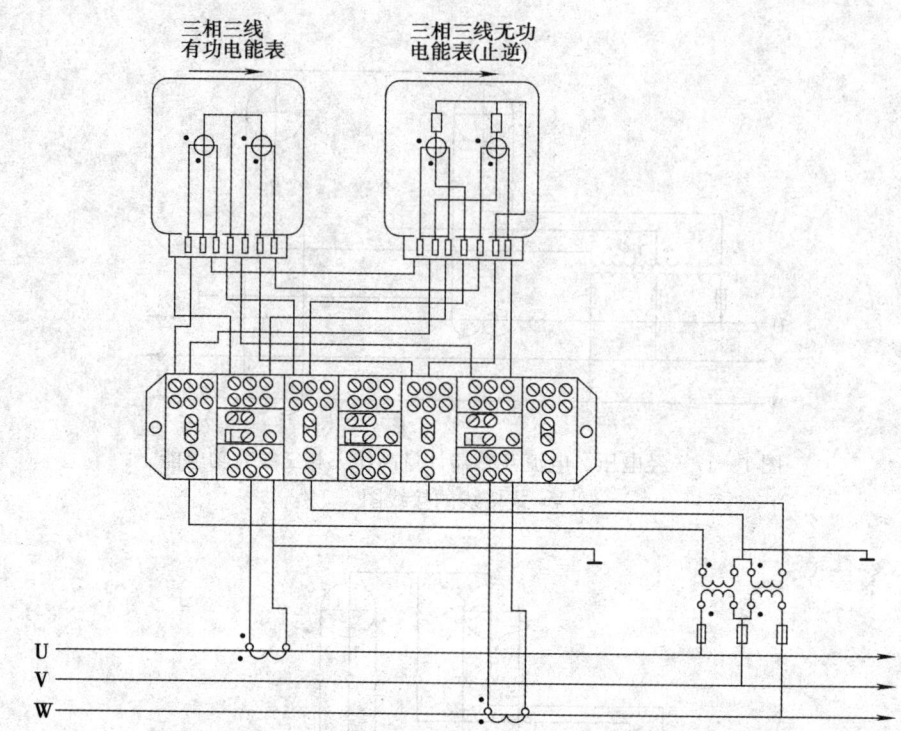

图1—19 三相三线有功电能表与无功电能表经电流互感器与电压互感器接入的联合接线图

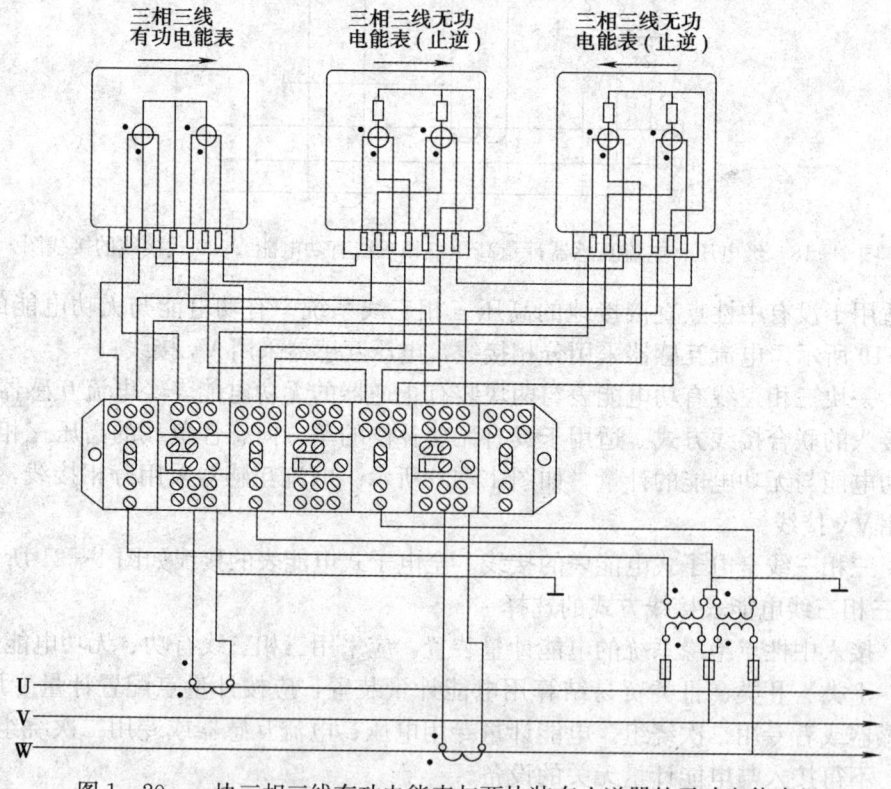

图1—20 一块三相三线有功电能表与两块装有止逆器的无功电能表经电流互感器与电压互感器接入的联合接线

电能计量装置的安装与接线检查

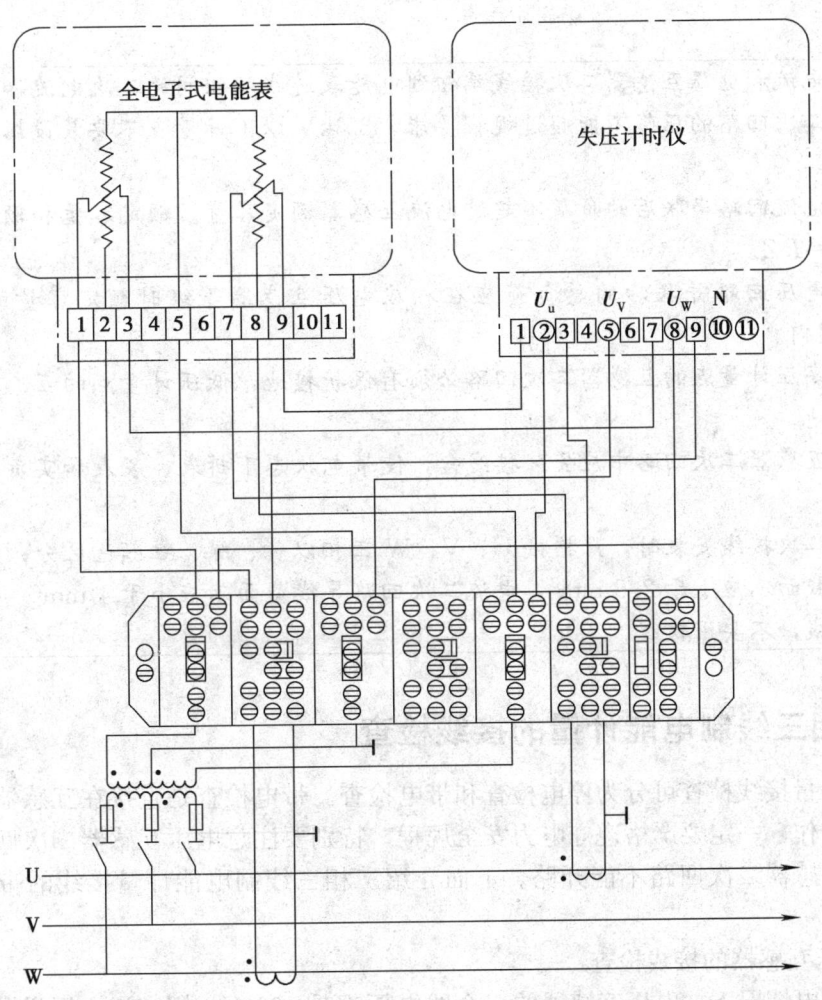

图1—21 三相三线全电子式电能表的接线

(3) 对于Ⅰ类计量装置，在设计中应考虑安装主、副两套准确度等级相同或不相同的电能表。当采用准确度等级不同的电能表时，主表原则上应为准确度等级高的表，并应以合同的形式明确。

(4) 贸易结算用高压电能计量装置应装设电压失压计时仪。

特别提示

接线时应注意的事项：

(1) 所有电能表在联合接线时，必须按照各自相应的接线方式，使电压线圈并联、电流线圈串联。

(2) 电压互感器应接在电流互感器的电源侧，通常不允许将电压互感器接在电流互感器的负载侧。如果电压互感器装在负载侧，则电压互感器消耗的电能计入电能表内，容易引起电能表正向潜动，在系统负载功率和电流互感器变化较小时形成附加误差。

(3) 电流和电压互感器二次接线端钮到电能表进线端钮间的二次电流和电压回路应专设。二次回路的压降不能超过规程要求, 35 kV 以下计量点不要装设熔断器、切换开关等。

(4) 电流回路串联后的负荷不超过电流互感器额定容量。额定容量和额定阻抗的关系是 $S=I^2Z$。

(5) 电压回路并联后的总负荷应在相应电压互感器等级时额定容量的 25%~100%范围内。

(6) 高压计量点的互感器二次回路必须有保护接地,低压计量点的互感器二次回路可不接地。

(7) 互感器二次回路中应安装接线盒,使带电状态下拆表、装表和实负荷校表方便安全。

(8) 二次接线安装时,严格按 U、V、W 三相以黄、绿、红颜色区分;电压二次回路导线截面不应小于 2.5 mm², 电流二次回路导线截面不应小于 4 mm²; 应采用铜芯绝缘导线, 不要用软线。

三、三相三线制电能计量的接线检查

电能计量接线检查可分为停电检查和带电检查。带电检查是直接在互感器二次回路上进行的工作,一定要严格遵守电力安全规程,特别要注意电压互感器二次回路不能短路, 电流互感器二次回路不能开路。下面介绍三相三线制电能计量接线的带电检查方法。

1. 电压互感器的接线检查

正常带电情况下, 电压互感器的三个线电压都是 100 V, 用交流电压量限为 250 V 的万用表依次测量 U_{uv}、U_{wv}、U_{wu} 这三个二次线电压的有效值, 若三次测量结果相差许多, 如出现 0 V、50 V、170 V, 就说明有故障。根据测量结果的不同组合, 可判断是什么错误类型。

(1) 电压互感器断路的带电检查

1) Vv 或 YNyn 接线二次回路断路。电压互感器二次回路断线时, 二次线电压值与电压互感器的接线方式无关, 但和电压互感器二次回路是否接有负载及所接负载的情况有关。下面分别研究电压互感器二次回路空载和带负载的情况下, u 相、v 相、w 相断线时的二次线电压。

①断 u 相。空载时, 因为 u 相断开, uv 间不构成回路, 故 $U_{uv}=0$ V; vw 间为正常电压回路, 故 $U_{wv}=100$ V; wu 间也不构成回路, 故 $U_{wu}=0$ V。

带负载时, 其接线图见表 1—2。假定所接负载为一只三相三线有功电能表 (u—v、w—v 间各接一个电压线圈) 和一只 60°内相角三相三线无功电能表 (u—w、v—w 间各接一个电压线圈), 并假设各电压线圈阻抗相等, 测量用电压表为高内阻, 其等值电路见表 1—2。从等值电路图中可以清楚地看到, $U_{wv}=100$ V, 而 v→u→w 在这个串联支路中,负载阻抗的电压与阻抗值成正比,而各电压线圈阻抗相等,故 $U_{uv}=U_{wu}=50$ V。

②断 v 相。空载时,$U_{uv}=0$ V,$U_{wv}=0$ V,$U_{wu}=100$ V。

带负载时,接线图和等值电路见表 1—2。U_{uv} 和 U_{wv} 按阻抗的比例分配 100 V 电压,u—v 间为一个电压线圈,阻抗为 Z,v—w 间为两个电压线圈并联,阻抗为 $Z/2$,故 $U_{uv}=2U_{wv}$,即:

$$U_{wu}=100 \text{ V}$$

$$U_{uv}=\frac{2}{3}\times 100 \text{ V}=66.7 \text{ V}$$

$$U_{wv}=\frac{1}{3}\times 100 \text{ V}=33.3 \text{ V}$$

③断 w 相。空载时,$U_{uv}=100$ V,$U_{wv}=0$ V,$U_{wu}=0$ V。

带负载时,接线图和等值电路见表 1—2。U_{wu} 和 U_{wv} 按阻抗的比例分配 100 V 电压,u—w 间为一个电压线圈,阻抗为 Z,v—w 间为两个电压线圈并联,阻抗为 $Z/2$,故 $U_{wu}=2U_{wv}$,即:

$$U_{uv}=100 \text{ V}$$

$$U_{wu}=\frac{2}{3}\times 100 \text{ V}=66.7 \text{ V}$$

$$U_{wv}=\frac{1}{3}\times 100 \text{ V}=33.3 \text{ V}$$

表 1—2 给出了 Vv 或 YNyn 接线二次回路断路,二次回路空载时、二次回路接一只有功表、二次回路接一只有功表和一只无功表的测试结果。

表 1—2 Vv 或 YNyn 接线二次回路断路带电检查测试结果

故障类型	断路示意图	故障位置	在电压互感器二次侧测量的结论(电压值 V)								
			二次侧空载时			二次侧接一只有功表			二次侧接一只有功表和一只无功表		
			U_{uv}	U_{vw}	U_{wu}	U_{vu}	U_{vw}	U_{wu}	U_{uv}	U_{vw}	U_{wu}
Vv 或 YNyn 接线二次回路断路		u 相断	0	100	0	0	100	100	50	100	50
		v 相断	0	0	100	50	50	100	66.7	33.3	100
		w 相断	100	0	0	100	0	100	100	33.3	66.7

2) Vv 接线回路一次断路。这种接线由两个单相电压互感器组成，一次回路 U 相和 W 相断线的接线图见表1—3。在正常情况下，三个线电压都是 100 V，当一次回路 U 相断线时，UV 间没有电压，二次回路 uv 间也没有感应电势，即 $U_{uv}=0$ V。一次回路 VW 间电压正常，故 $U_{vw}=100$ V。此时，二次 uv 绕组只起一个导线的作用，即 u、v 两点等电位，所以，$U_{vw}=U_{wu}=100$ V。同理，当一次回路 W 相断线时，$U_{uv}=100$ V，$U_{vw}=0$ V，$U_{wu}=100$ V。

但一次回路 V 相断线，情况特殊一些。V 相断开后，一次回路两个绕组就简单地串联在一起了，V′点相当于 U 与 W 之间的一个中间点，二次回路的 v 点也就变为 u 与 w 之间的中间点。断路前 $U_{wu}=100$ V，那么 U_{uv}、U_{vw} 就只有断路前的一半，即 100/2 = 50 V。

Vv 接线一次回路断路示意图及在二次回路的测量结果见表1—3。

表 1—3　　　　　Vv 接线一次断路带电检查测试结果

故障类型	断路示意图	故障位置	在电压互感器二次侧测量的结论（电压值 V）								
			二次侧空载时			二次侧接一只有功表			二次侧接一只有功表和一只无功表		
			U_{uv}	U_{vw}	U_{wu}	U_{uv}	U_{vw}	U_{wu}	U_{uv}	U_{vw}	U_{wu}
Vv 接线一次回路断路	（有功表 无功表 接线图）	U 相一次回路断	0	100	100	0	100	100	50	100	50
		V 相一次回路断	50	50	100	50	50	100	50	50	100
		W 相一次回路断	100	0	100	100	0	100	100	33	67

3) YNyn 接线一次回路断路。电压互感器 YNyn 接线时，一次回路断线的接线图见表1—4。

如一次回路 V 相断线，即一次、二次回路都缺少了一相电压，二次 v 相绕组无感应电势，此时 v 点和中性点等电位。即二次 v 点与地之间短路，没有电压，U_{wu} 还是正常电压 100 V，和 V 相有关的两个线电压 U_{uv}、U_{vw} 均降为 $100/\sqrt{3}=57.7$ V（相电压）。

一次回路断 U 相时，$U_{wu}=57.7$ V，$U_{uv}=57.7$ V，$U_{vw}=100$ V。

一次回路断 W 相时，$U_{wu}=57.7$ V，$U_{uv}=100$ V，$U_{vw}=57.7$ V。

YNyn 接线一次回路断路示意图及测量结果见表1—4。

表 1—4　　　　　YNyn 接线一次回路断路带电检查测试结果

故障类型	断路示意图	故障位置	在电压互感器二次侧测量的结论（电压值 V）								
			二次侧空载时			二次侧接一只有功表			二次侧接一只有功表和一只无功表		
			U_{uv}	U_{vw}	U_{wu}	U_{vu}	U_{vw}	U_{wu}	U_{uv}	U_{vw}	U_{wu}
YNyn 接线一次回路断路		U 相断	$\frac{100}{\sqrt{3}}$	100	$\frac{100}{\sqrt{3}}$	$\frac{100}{\sqrt{3}}$	100	$\frac{100}{\sqrt{3}}$	$\frac{100}{\sqrt{3}}$	100	$\frac{100}{\sqrt{3}}$
		V 相断	$\frac{100}{\sqrt{3}}$	$\frac{100}{\sqrt{3}}$	100	$\frac{100}{\sqrt{3}}$	$\frac{100}{\sqrt{3}}$	100	$\frac{100}{\sqrt{3}}$	$\frac{100}{\sqrt{3}}$	100
		W 相断	100	$\frac{100}{\sqrt{3}}$	$\frac{100}{\sqrt{3}}$	100	$\frac{100}{\sqrt{3}}$	$\frac{100}{\sqrt{3}}$	100	$\frac{100}{\sqrt{3}}$	$\frac{100}{\sqrt{3}}$

（2）电压互感器接地线的带电检查。检查电压互感器是否有接地点，用万用表的交流电压挡，将其一端接地，另一端依次接向电能表的三个电压端子。若两次指示 100 V，一次指示为零，说明为 Vv 接线，指示为零的那一相就是 V 相；若三次指示为 57.7 V，说明是 YNyn 接线；若全部指示为零，说明无接地点。

（3）电压互感器极性的带电检查。用以下方法可检查电压互感器的极性错误。

1）Vv 接线一次或二次绕组极性接反。当一台电压互感器极性接反时，其原理接线图和相量图见表 1—5。如，互感器二次侧 v－w 相极性接反，则二次侧 $\dot{U}_{vw}$ 与一次侧 $\dot{U}_{VW}$ 方向相反。从相量图上看，$\dot{U}_{uw}=\dot{U}_{uv}+\dot{U}_{vw}$，所以 $U_{uw}=\sqrt{3}U_{uv}=\sqrt{3}U_{vw}=173.2$ V，u－v 相极性接反结果也是一样的。由此可知：

Vv 接线有任一个线圈单独极性接反，均会使 U_{uw} 上升为 $100\sqrt{3}$ V。一次或二次回路极性接反，两者结论一样。二次回路极性接反的接线示意图、测量结果见表 1—5。这种测量方法在二次（或一次）回路两个线圈同时接反时，检查不出来错误，因电压表只能指示有效值。

表 1—5　　　　　电压互感器 Vv 接线一次或二次绕组极性接反

极性接反类型	接线示意图	相量图	在电压互感器二次侧测量的结论（电压值 V）		
			U_{uv}	U_{vw}	U_{wu}
W 或 w 相极性接反			100	100	173

续表

极性接反类型	接线示意图	相量图	在电压互感器二次侧测量的结论（电压值 V）		
			U_{uv}	U_{vw}	U_{wu}
U 或 u 相极性接反		—	100	100	173
U、W 或 u、w 相极性接反		—	100	100	100

2）YNyn 接线一次或二次绕组极性接反。当 U 相极性接反时，其原理接线图和相量图见表 1—6。根据相量图，可知二次侧 $\dot{U}_u$ 与一次侧 $\dot{U}_U$ 相位相反，已知 $U_{vw}=100$ V，则 $U_{uv}=100/\sqrt{3}=57.7$ V，$U_{wu}=100/\sqrt{3}=57.7$ V。

同理，当 V 相极性接反时，$U_{wu}=100$ V，$U_{uv}=100/\sqrt{3}=57.7$ V，$U_{vw}=100/\sqrt{3}=57.7$ V。

当 W 相极性接反时，$U_{uv}=100$ V，$U_{wu}=100/\sqrt{3}=57.7$ V，$U_{vw}=100/\sqrt{3}=57.7$ V。

由上可见，YNyn 接线有任一线圈单独接反，均会使与这个绕组有关的线电压下降为 $100/\sqrt{3}=57.7$ V。一次侧或二次侧极性接反，两者结论一样。YNyn 接线极性接反的接线示意图、测量结果见表 1—6。

表 1—6　电压互感器 YNyn 接线一次或二次绕组极性接反

极性接反类型	接线图及相量图		在电压互感器二次侧测量的结论（电压值 V）		
			U_{uv}	U_{vw}	U_{wu}
U 或 u 相极性接反			$\dfrac{100}{\sqrt{3}}$	100	$\dfrac{100}{\sqrt{3}}$

续表

极性接反类型	接线图及相量图	在电压互感器二次侧测量的结论（电压值 V）		
		U_{uv}	U_{vw}	U_{wu}
V 或 v 相极性接反		$\frac{100}{\sqrt{3}}$	$\frac{100}{\sqrt{3}}$	100
W 或 w 相极性接反		100	$\frac{100}{\sqrt{3}}$	$\frac{100}{\sqrt{3}}$
U、V 或 u、v 相极性接反		100	$\frac{100}{\sqrt{3}}$	$\frac{100}{\sqrt{3}}$
V、W 或 v、w 相极性接反		$\frac{100}{\sqrt{3}}$	100	$\frac{100}{\sqrt{3}}$
U、W 或 u、w 相极性接反		$\frac{100}{\sqrt{3}}$	$\frac{100}{\sqrt{3}}$	100
U、V、W 或 u、v、w 相极性接反		100	100	100

2. 三相三线有功电能表的接线检查

现在普遍采用相量图法判断三相三线有功电能表接线正确与否。在三相三线供电方式中，正确的计量方式是：第一元件：$\dot{U}_{uv}$、$\dot{I}_u$；第二元件：$\dot{U}_{wv}$、$\dot{I}_w$。相量图法是根据U、W两相电流滞后于对应相电压一定感性角度或者超前对应相电压一定容性角度，绘制出相量图，根据相量图判断接线方式的错误，进而准确地追补电量。现以三相三线有功电能表经电压、电流互感器接线为例说明其判断步骤。

(1) 测量电压值。用万能表或相位伏安表的电压挡，测量电能表进线端钮电压端子2、4、6之间的线电压并做好记录，如图1—22所示。三相线电压值如接近相等，约为100 V，说明三相电压正常；若数值发生变动，则说明电压回路存在断线或接触不良、极性接反的故障，详见表1—2至表1—6。

(2) 测量电流值

1) 测量三相电流值

①用电流表或相位伏安表的电流挡测量由电流互感器引至电能表接线端钮1、5两根导线的电流值，其目的是检查两只电流互感器是否有开路或短路故障。如两相电流值接近相等，则说明电流互感器接线完好。如有一相电流值接近零，则说明这相电流互感器开路或短路。

②根据 $\dot{I}_v = -|\dot{I}_u + \dot{I}_w|$，将表尾U、W两相电流的进线，即表尾1、5端子的接线同时夹入钳形电流表的钳口，测量 $\dot{I}_v$ 的数值，判断表尾电流进线是否有接反的现象。正常接线时，三相电流数值相等，当有某相电流进线接反时，$\dot{I}_u + \dot{I}_w = \sqrt{3}\dot{I}_v$，而具体是哪一相电流进线接反则有待通过下一步检查相位确定。

2) 核对电流互感器的变比。对于高压供电的用户，高供高计的可用钳形电流表测量变压器出口总电流，通过换算后加以比较；对于无法通过直接或间接测量一次电流的高压电流互感器，其变比可通过单独做电流互感器变比试验确定；若已知其他相关电流互感器的实际变比，测量相关电流互感器的二次电流经换算后比较也可确定。

例如，检查110 kV/10 kV变压器的110 kV侧的电流互感器变比，当已知其10 kV侧电流互感器变比时，则可通过测量其10 kV侧电流互感器的二次电流，然后换算成110 kV侧一次电流及其二次电流，再与110 kV侧电流互感器的二次电流的实测值比较，判断是否有误。

(3) 确定三相电压的相序

1) 用相位伏安表。以 $\dot{U}_{12}$ 为参考相量，测出 $\dot{U}_{32}$ 相对于 $\dot{U}_{12}$ 的相位差，如图1—23所

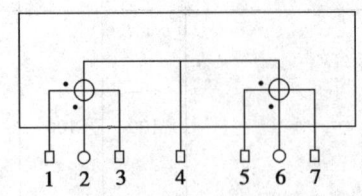

图1—22 电能表进线盒端子编号

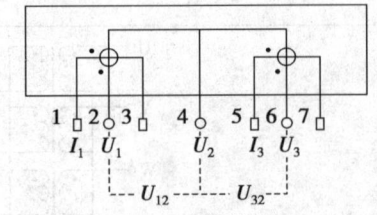

图1—23 电能表表尾电压、电流编号

示。若落后300°,则三相电压为正相序排列;若落后60°,则三相电压为反相序排列。

2)用相序表。将相序表的黄、绿、红三条导线分别对应接上电能表电压端子2、4、6,也可测出相序。

(4)测定两相电流的相位差。用相位伏安表测量电能表表尾进线两相电流 $\dot{I}_1$、$\dot{I}_3$ ($\dot{I}_2$ 是电流 $\dot{I}_v$,不进电能表,而是直接进回路)与电压 $\dot{U}_{12}$ 之间的相位差,图1—24表示正确接线时的线电压与相电流的相量图。

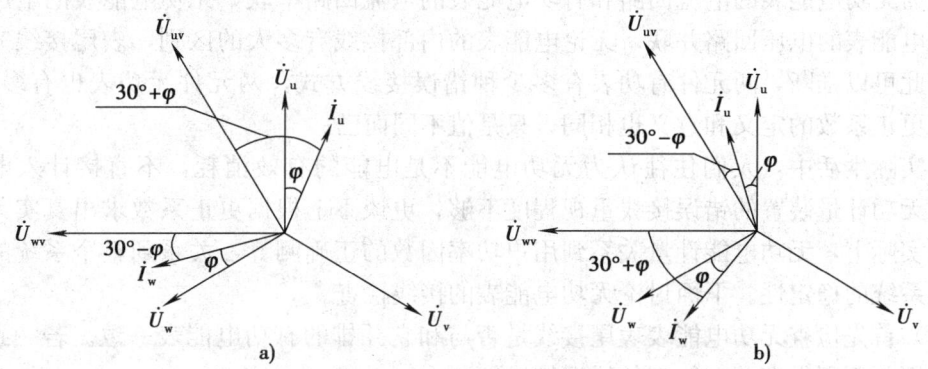

图1—24 正确接线相量图
a)感性元件功率因素(滞后) b)容性元件功率因数(超前)

(5)根据测得的数值画出错误时的相量图

1)电能表表尾电压端子2、4、6在画相量图时记作 $\dot{U}_1$、$\dot{U}_2$、$\dot{U}_3$,如图1—23所示。在画相量图时,以 $\dot{U}_{12}$ 为基准,画出 $\dot{I}_1$、$\dot{I}_3$ 相对于 $\dot{U}_{12}$ 的相位差。

2)三相感性负载平衡时,根据 $\dot{I}_w$ 超前 $\dot{I}_u$ 120°这一规律,可以判断出 $\dot{I}_1$、$\dot{I}_3$ 分别是哪一相电流。

3)根据感性元件相电流滞后相电压一定的功率因数角,可以判断出 $\dot{U}_1$、$\dot{U}_3$ 分别是哪一相电压,最后判断 $\dot{U}_2$。

(6)写出错误接线时的结论。即电能表的两个元件分别通入的实际电压与电流。

(7)根据结论画出错误的接线图,以便纠正。

(8)导出错误时的功率表达式,计算更正系数,更正系数 $G_X = \dfrac{P_{正确}}{P_{错误}}$。

正确计量方式下的 $P_{正确}$ 是固定不变的,三相三线两元件有功计量的 $P_{正确} = \sqrt{3} U_{线} I_{线} \cos\varphi$。

> **特别提示**
>
> 另外还有以下规律存在:
> - $G_X > 1$,表明装置少记电量;
> - $G_X = 1$,表明装置计量正确;
> - $0 < G_X < 1$,表明装置多记电量;
> - $G_X < 0$,表明装置表盘反转。

完成上述前七项检查测量工作后，首先，通过停电检查，对已查出的误接线或故障进一步确诊；其次，着手校正并做记录，画出错误接线图和更正接线图；第三，更正错误接线，并注意观察校正前后电表的转向；最后，重复上述前七项检测，确认无误后，计算更正系数，完成电能表计量检查工作。

3. 无功电能表的接线检查

前面分析的有功电能表接线错误时三相电压、两相电流的结论同样适用于无功电能表。因为无功电能表的电流回路和有功电能表的电流回路串联，无功电能表的电压回路和有功电能表的电压回路并联，无论电能表的内部接线有多大的区别，表尾接线完全相同。因此可以推断，两元件有功表有多少种错误接线方式，两元件无功表也有多少种；同理，更正系数的定义和意义也相同，只是值不同而已。

在实际生活中，人们往往认为无功电能不是电能的有效消耗，不直接计入电度计费，对无功计量装置的错误接线重视程度不够，更谈不上根据更正系数求出真实无功电能。而实际上，无功电能计量关系到用户功率因数的正确测算，关系到整个系统的无功平衡及系统的稳定性。下面讨论无功电能表的接线检查。

（1）首先检查无功电能表表尾接线是否与和它并排的有功电能表一致。若一致，则可以利用前面所得有功电能表的错误接线结论。

（2）根据无功电能表种类的不同，判断内部元件的接线错误，得出结论。下面以三相三线 60°内相角两元件无功电能表为例说明。

假设通过对三相三线有功电能表的接线检查已经得出接线结论：电压为负相序 W、V、U，电流接入方式为 $\dot{I}_w$、$\dot{I}_u$。则 60°内相角两元件无功电能表错误接线方式为第一元件：$\dot{U}_{vu}$、$\dot{I}_w$；第二元件：$\dot{U}_{wu}$、$\dot{I}_u$。接线图及相量图如图 1—25 所示。

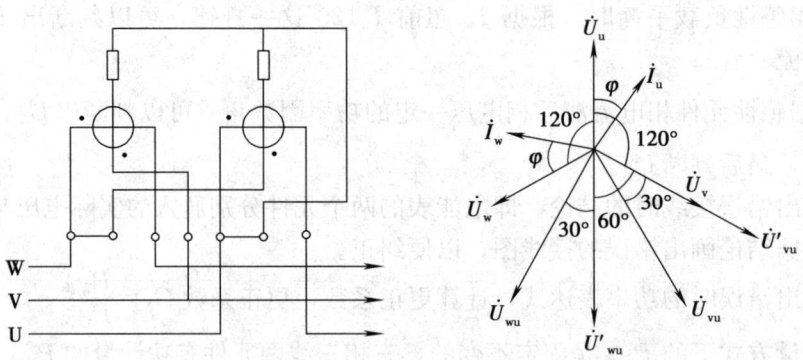

图 1—25 60°内相角两元件无功电能表错误接线相量图

$$G_X = \frac{\sqrt{3}U_\text{线} I_\text{线} \cos\varphi}{U_\text{线} I_\text{线} [\cos(120°+120°-\varphi) - \cos\varphi]}$$

$$= -\frac{2\sqrt{3}\cos\varphi}{\cos\varphi + \sqrt{3}\sin\varphi} < 0$$

对于参加功率因数考核的用户，无功电能表反转意味着用户可以少交甚至不交功率因数调整电费，造成供电企业的电费损失，所以无功电能表的接线正确与否和有功表一样重要。

4. 三相三线有功电能计量装置的误接线综合分析

【例题】某三相三线高压供电用户是感性负载，变压器变比 220/10 kV，功率因数 $\cos\varphi=0.88$，变压器高压侧电流互感器变比 10/5 A，变压器低压侧电压互感器变比 10 000/100 V，$\dot{I}_v$ 进回路。分析该接线方式是否有错误，如有错误，确定错在哪里。

(1) 测量电压、电流值

1) 首先用万能表或相位伏安表的电压挡，测量电能表进线端钮电压端子 2、4、6 之间的线电压并做好记录；其次用电流表或相位伏安表的电流挡测量由电流互感器引至电能表接线端钮 1、4 两根导线的 U、W 相电流值；最后测量 $\dot{I}_v$ 的数值。测得的数值见表 1—7。

表 1—7　　　　　　　　　测量电压、电流值

TA 二次电流（A）		电压（V）	
$\dot{I}_1$	4.02	$\dot{U}_{12}$	99.9
$\dot{I}_v=-\|\dot{I}_u+\dot{I}_w\|$	6.95	$\dot{U}_{32}$	100.2
$\dot{I}_3$	4.05	—	

两个线电压值接近相等，约为 100 V，则说明三相电压正常。

$\dot{I}_1$、$\dot{I}_3$ 电流值接近相等，且同为 4 A 左右，说明 TA 接线完好。

由于 $\dot{I}_v\approx\sqrt{3}\dot{I}_1=\sqrt{3}\dot{I}_3$，说明表尾有一相电流接反，至于哪一相则有待通过下一步画图确定。

2) 核对电流互感器的变比。检查 220/10 kV 变压器的 220 kV 侧的 TA 变比，已知其 10 kV 侧 TA 变比 300/5 A，测量其 10 kV 侧 TA 的二次电流为 4 A，则 10 kV 侧 TA 的一次电流是 4×300/5＝240 A，然后换算成 220 kV 侧一次电流为 240×10/220＝10.91 A，其二次电流 10.91×10/5＝21.8 A，再与 220 kV 侧 TA 的二次电流的实测值比较。实测值为 22.1 A，说明电流互感器的变比正确。

(2) 确定三相电压的相序

1) 用相位伏安表。以 $\dot{U}_{12}$ 为参考相量，测出 $\dot{U}_{32}$ 相对于 $\dot{U}_{12}$ 的相位差（见图 1—23）滞后 300°，则三相电压为正相序排列。

2) 用相序表。将相序表的黄、绿、红三条导线分别对应接上电能表电压端子 2、4、6，测出相序表沿正相序方向转动。

(3) 测定三相电流的相位差。用相位伏安表测量电能表表尾进线两相电流 $\dot{I}_1$、$\dot{I}_3$（见图 1—23）与电压 $\dot{U}_{12}$ 之间的相位差，结果如下：

$$\dot{U}_{12}\dot{I}_1\quad 178°$$
$$\dot{U}_{12}\dot{I}_3\quad 237°$$

(4) 根据测得的数值画出错误时的相量图

1) 先画 $\dot{U}_1$、$\dot{U}_2$、$\dot{U}_3$，再以 $\dot{U}_{12}$ 为基准，画出 $\dot{I}_1$、$\dot{I}_3$ 滞后于 $\dot{U}_{12}$ 的相位差。如图

1—26 所示。

2) 根据 $\dot{I}_w$ 超前 $\dot{I}_u 120°$ 这一规律,可以判断出 $\dot{I}_1$、$\dot{I}_3$ 是哪一相电流,见图 1—27。首先判断 $\dot{I}_1$、$\dot{I}_3$ 是否需要反相,根据感性负载的特点和功率因数 $\cos\varphi = 0.88$(即相电流滞后于相电压 $27° \sim 29°$),$\dot{I}_1$ 滞后 $\dot{U}_2 178° - 150° = 28° \approx \varphi$,符合功率因数规律;$\dot{I}_3$ 超前 $\dot{U}_3 270° - 237° = 33°$,不符合功率因数规律,所以为反相。

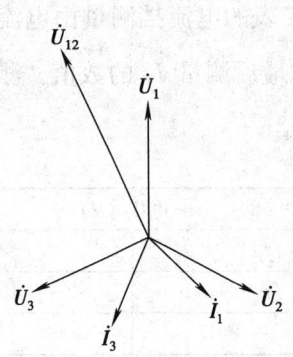

图 1—26 画出错误时的相量图　　　　图 1—27 判断出电流 $\dot{I}_1$、$\dot{I}_3$

其次,反相后的 $\dot{I}_3$ 滞后于 $\dot{U}_1 237° - 210° = 27° \approx \varphi$,且 $-\dot{I}_3$ 恰好超前 $\dot{I}_1 120°$,所以可以判断 $-\dot{I}_3$ 是 $\dot{I}_w$,$\dot{I}_1$ 是 $\dot{I}_u$。

3) 判断出 $\dot{U}_1$、$\dot{U}_2$、$\dot{U}_3$ 分别是哪一相电压。从步骤 2 的判断中可以得出:$\dot{U}_1$ 等于 $\dot{U}_w$、$\dot{U}_2$ 等于 $\dot{U}_u$,那么剩下 $\dot{U}_3$ 一定等于 $\dot{U}_v$,如图 1—28 所示。

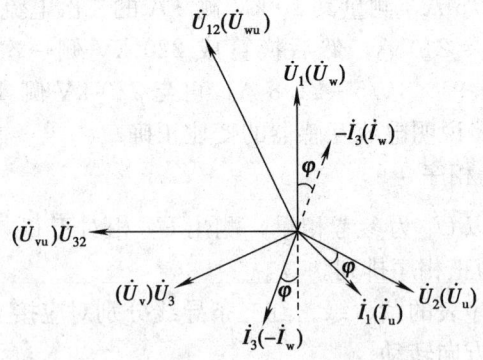

图 1—28 判断出电压 $\dot{U}_1$、$\dot{U}_2$、$\dot{U}_3$

(5) 写出错误接线时的结论。即电能表的两个元件分别通入的实际电压与电流,见表 1—8。

表 1—8　　　　　　　　　　　错误接线时的结论

第一元件	$\dot{U}_{wu}$　$\dot{I}_u$
第二元件	$\dot{U}_{vu}$　$-\dot{I}_w$

(6) 根据结论画出错误的接线图，以便纠正，如图1—29所示。

(7) 导出错误时的功率表达式，计算更正系数。图1—30中$\dot{U}_{12}$与$\dot{U}_2$间相位差为150°，再加一个φ角；$\dot{U}_{12}$与$\dot{I}_1$间相位差为150°+φ；$\dot{U}_{32}$与$\dot{I}_3$间夹角为90°−φ，所以更正系数为：

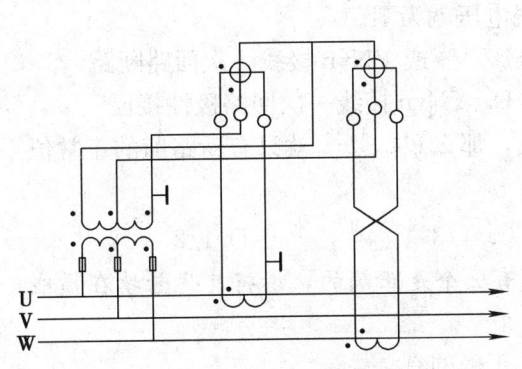

图1—29 错误的接线图

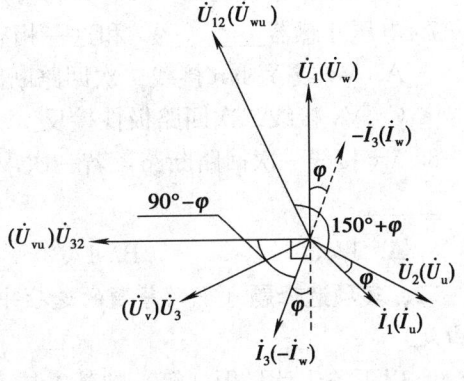

图1—30 功率表达式中线电压与电流的夹角

$$G_x = \frac{\sqrt{3}U_{线}I_{线}\cos\varphi}{U_{线}I_{线}[\cos(150°+\varphi)+\cos(90°-\varphi)]}$$

$$= \frac{\sqrt{3}\cos\varphi}{-\cos(30°-\varphi)+\cos(90°-\varphi)}$$

$$= \frac{\sqrt{3}\cos\varphi}{-\frac{\sqrt{3}}{2}\cos\varphi+\frac{1}{2}\sin\varphi} = \frac{2}{\frac{1}{\sqrt{3}}\tan\varphi-1}$$

单元测试题

一、单项选择题（下列每题的选项中，只有1个是正确的，请将其代号填写在横线空白处）

1. 电能计量柜是专用的，_____不得装在里面。
   A. 电能表　　B. 互感器　　C. 高压断路器　　D. 联合接线盒

2. 高供低计的用户，计量点到变压器低压侧的电气距离不宜超过_____m。
   A. 15　　B. 25　　C. 20　　D. 30

3. 电能表的安装高度：对计量屏和安装于墙壁的计量箱，应分别使电能表水平中心线距地面_____。
   A. 0.8~2.0 m 和 1.6~2.0 m　　　B. 0.6~1.8 m 和 1.8~2.0 m
   C. 0.5~1.5 m 和 1.6~2.0 m　　　D. 0.6~1.8 m 和 1.6~2.0 m

4. 装在计量屏（箱）内及电能表板上的开关、熔断器等设备应垂直安装，上端、下端分别接_____。
   A. 电源、负荷　　B. 负荷、电源　　C. 负荷、负荷　　D. 电源、电源

5. 电压互感器的二次回路应专设，二次回路的压降不能超过规程要求。对于_____kV 以下电压等级计量点不要装设保险器、切换开关等。
   A. 10　　　　　　B. 35　　　　　　C. 6.3　　　　　　D. 3.5
6. 电压互感器二次回路的导线截面不应小于_____mm^2，并应采用_____导线。
   A. 2.5；聚氯乙烯　　B. 4.0；橡胶　　C. 2.5；铜芯绝缘　　D. 2.0；软
7. 电压互感器_____，和这一相有关的线电压就为零。
   A. Vv 或 YNyn 接线二次回路断路　　B. Vv 或 YNyn 接线一次回路断路
   C. Vv 接线二次回路极性接反　　　　D. YNyn 接线一次回路极性接反
8. Vv 接线一次回路断路，若一次 V 相断线，那么 U_{uv}、U_{wv} 就只有断路前的正常值的_____。
   A. $1/\sqrt{3}$　　　　B. $1/\sqrt{2}$　　　　C. $1/3$　　　　D. $1/2$

二、多项选择题（下列每题的选项中，至少有 2 个是正确的，请将其代号填在横线空白处）

1. 以下关于计量柜（箱）的基本技术要求，正确的有_____。
   A. 计量柜（箱）是计量设备的承载场所，其设计应符合国家标准、电力行业标准及电能计量装置规程的要求
   B. 计量装置电源进线，必须采用电缆或穿管绝缘导线，且不得有破口或裸露部分
   C. 计量柜（箱）内电能表、互感器的安装位置，只需考虑现场检查及拆换工作的方便即可
   D. 计量箱与墙壁的固定点不少于三个，使箱体不能前后左右移动
   E. 计量与配电合一的开关柜，安装的开关电气应具有防震措施，以免影响计量装置的正常工作
   F. 计量柜（箱）的活动门最好能加封
2. 关于电能表接线错误时的更正系数，正确的是_____。
   A. $G_x > 1$，表明装置表盘反转　　　B. $G_x > 1$，表明装置少记电量
   C. $G_x = 1$，表明装置计量正确　　　D. $G_x < 0$，表明装置多记电量
   E. $0 < G_x < 1$，表明装置多记电量　F. $G_x < 0$，表明装置表盘反转
3. 将三相三线有功电能表表尾 U、W 两相电流的进线，即 1、5 端子的接线同时夹入钳形电流表的钳口时，将测得的数值和 $\dot{I}_u$、$\dot{I}_w$ 比较，以下说法正确的是_____。
   A. 当有某相电流进线接反时，$\dot{I}_u + \dot{I}_w = -\sqrt{3}\dot{I}_v$
   B. 正常接线时，$\dot{I}_v = -|\dot{I}_u + \dot{I}_w|$
   C. 可以确定哪一相 TA 接反
   D. 正常接线时，三相电流数值相等
   E. 不能判断表尾电流是否有反接的现象
   F. 不能得出 $\dot{I}_v$ 的数值

4. 关于电能表安装的要求，正确的是_____。
   A. 周围环境应干净明亮，不易受损、受震
   B. 无腐蚀性气体、易蒸发液体的侵蚀
   C. 运行安全可靠，抄表读数、校验、检查、轮换方便
   D. 电能表原则上装于室外的走廊、过道内及公共的楼梯间，或装于专用配电间内（二楼及以下）
   E. 高层住宅一户一表，宜集中安装于二楼及以下的公共楼梯间内
   F. 周围环境应无磁场及烟灰影响

5. 检查电压互感器是否有接地点时，以下说法错误的是_____。
   A. 用万用表的交流电压挡，将其一端接地，另一端依次接向电能表的三个电压端子，若两次指示 100 V、一次指示为零，说明为 Vv 接线，指示为零的那一相就是 V 相
   B. 若三次指示为 57.7 V，说明是 YNyn 接线
   C. 用万用表的交流电压挡，将其一端接中性线，另一端依次接向电能表的三个电压端子，若两次指示 100 V、一次指示为零，说明为 Vv 接线，指示为零的那一相就是 V 相
   D. 若全部无指示，说明无接地点
   E. 若三次指示为 100 V，说明是 YNyn 接线
   F. 若全部指示 100 V，说明无接地点

三、判断题（下列判断正确的请在括号内打"√"，错误的打"×"）

1. 在规定的使用条件下，电压互感器的误差应在规定的限度之内，这个规定的限度称为电压互感器的准确度。（ ）
2. 电压互感器额定容量应满足 $0.3S_n < S < S_n$。（ ）
3. 在电压互感器的 Vv 接线中，两个单相电压互感器之间存在磁的联系。（ ）
4. 为防止电压互感器一次侧、二次侧之间绝缘击穿，高电压窜入低压侧造成人身伤亡或设备损坏，电压互感器二次侧必须设保护性接地点。（ ）
5. 当用户配电所采用双电源供电时，只在主电源回路设置计量装置。（ ）
6. 高层建筑及住宅小区中的商业等其他用电，应按不同用电类别分装电能计量装置。（ ）
7. 110 kV 以上电压等级的电力用户，宜装设分体式电能计量柜。（ ）
8. 35 kV 电压等级的电力用户，应安装符合 GB/T 16934 规定的整体式电能计量柜（或高压计量箱）。（ ）
9. 计量柜内计量专用电流和电压互感器、电能表的准确度等级、专用电能表的功能等由当地供电部门确定，设计部门选型时须取得当地供电部门的认可。（ ）

四、简答题

1. 说明 YNyn 接线一次或二次绕组极性接反的测量结果。
2. 简述电压互感器的安装步骤。
3. 说明电压互感器 YNyn 接线形式的特点。

五、绘图题

1. 画出三相三线电能表经电流互感器插入的接线图。

2. 画出三相三线 60°内相角两元件无功电能表的接线图。

3. 画出下图接线错误时的相量图。

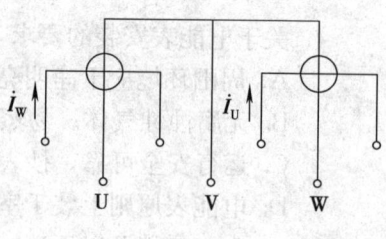

图 1—31

六、技能操作题

【第1题】 三相三线制电能计量装置的安装接线

1. 操作准备

工具、材料、安全准备如下：

序号	名称	型号与规格	单位	数量	备注
1	万用表	500 V	只	1	—
2	十字旋具	—	把	1	—
3	一字旋具	—	把	1	—
4	活动扳手	—	把	1	—
5	尖嘴钳	—	把	1	—
6	钢丝钳	—	把	1	—
7	剥线钳	—	把	1	—
8	安全帽	—	个	1	—
9	工作服	—	套	1	—

2. 操作要求

（1）在电能计量装置安装模拟盘柜上操作。

（2）不带电作业。

3. 操作时限

操作时限为 40 min。

4. 技术标准

（1）弯圈直径不大于螺栓直径 0.5 mm。

（2）扎带间距为 50～100 mm。

（3）转弯半径不大于 30 mm。

5. 配分及评分标准

序号	考核项目	考核内容	配分	评分标准
1	准备工作	材料准备齐全	5	（1）材料准备错、漏一项扣1分 （2）工作服、安全帽、绝缘鞋不符合要求，扣2分/处
2	安装计量装置	元件布置合理、整齐、牢固、匀称、安装符合规定	20	（1）电能表、互感器安装不牢固，扣2分/处 （2）电能表、互感器布置不合理，扣2分/处 （3）电能表、互感器布置不整齐，扣2分/处

续表

序号	考核项目	考核内容	配分	评分标准
3	布线、接线工艺	(1) 选料正确、下料适当	5	(1) U、V、W、N 相色线选择错,扣 2 分/处 (2) 下料长度超 5 cm,扣 0.5 分/处
		(2) 线头弯圈、转向合理	20	(1) 弯圈直径比螺栓直径大 0.5~1.0 mm,扣 1 分/处 (2) 剥绝缘伤金属线,扣 1 分/处 (3) 弯圈有开口、碰到绝缘、转向错误,扣 1 分/处
		(3) 接线正确、走线合理	20	(1) 接线错误或漏接,扣 2 分/处 (2) 导线转弯不符合规范,扣 0.5 分/处 (3) 布线、走线不合理,扣 2 分/处
		(4) 扎线工艺	15	(1) 漏扎、扎带,扣 1/处 (2) 扎带间距(50~100 mm)及与转弯处距离不符合规定,扣 1 分/处
		(5) 布线整体是否对称美观	5	不美观扣 1~5 分
3	安全文明生产	正确选择、使用工器具;完工后工器具、材料、场地收拾干净	10	(1) 未正确选择、使用工器具,扣 1 分/处 (2) 元件损坏或破坏,扣 2 分/处 (3) 工器具、材料整理、场地未收拾干净,扣 2 分/处
	合计		100	

【第 2 题】 三相三线制有功电能表的接线检查

1. 操作准备

工具、材料、安全准备如下:

序号	名称	型号与规格	单位	数量	备注
1	相序表	500 V	只	1	—
2	钳形相位伏安表	—	只	1	—
3	旋具	—	套	1	—
4	验电笔	低压	只	1	—
5	第二种工作票	—	张	若干	—
6	手套	—	副	1	—
7	安全帽	—	个	1	—
8	工作服	—	套	1	—

2. 操作要求

(1) 在电能计量柜上带电检查计量错误。

(2) 个人单独完成。

3. 操作时限

操作时限为 40 min。

4. 技术标准

电压、电流值保留仪表能显示的小数位;相量角度偏差不超过 5°。

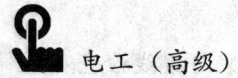

5. 配分及评分标准

序号	考核项目	考核内容	配分	评分标准
1	准备工作	（1）根据工作任务和现场实际情况正确填写第二种工作票 （2）穿着规范 （3）工作前，应先对计量装置柜体进行验电，验电步骤正确	8	（1）工作任务、地点、人员、时间等填写错误或缺漏，扣1分/项；安全措施填写不规范扣1分，不正确扣2.5分 （2）穿戴不规范（帽、衣服、裤子、鞋子），扣1分/处 （3）工作前，未对计量装置柜体进行验电，扣2分；验电步骤不正确，扣1分
2	检查步骤	（1）检查电压、电流接线	10	（1）仪表挡位或量程选择错误，扣2.5分/次；测量方法错，扣2.5分/次；测量不准确或小数位保留不够，扣1分/类；单位符号错误或缺漏，扣1分/类 （2）记录表填写错误或缺漏，扣2分/处
		（2）使用相序表正确测定相序	5	相序测定错误或记录表填写错误，扣2分
		（3）测定电压、电流的相位角	10	（1）未正确检查，扣1分/项 （2）仪表挡位选择错误，扣2分/次；测量接线错误，扣2分/次；测量不准确，扣2分/类；单位符号错误或缺漏，扣1分 （3）记录表填写错误或缺漏，扣2分/处
		（4）根据测定的电压、电流相位角，正确画出相量图	15	（1）电压、电流相量缺，扣3分/处 （2）相量、相位角及其下标标注错误或缺漏，扣2分/类 （3）相量符号不规范，扣1分/项 （4）相量角度偏差超过5°，扣1分/处
		（5）根据相量图分析判断，写出错误接线的接线方式、判断结论	10	（1）错误接线的接线方式、判断结论描述错误或缺漏，扣2分/类 （2）符号标注不正确或不完整，扣1分/项
		（6）根据错误接线的判断结论，画出电能表、电压、电流互感器及一、二次接线等错误接线图	12	（1）未画出错误接线图，扣12分 （2）电能表及电压、电流互感器等画图错误或缺漏，扣3分/处 （3）一、二次接线图连接错误或缺漏，扣3分/处 （4）相别、极性、电源电流方向、高压熔断管、接地标志等漏标注或标注错误，扣2分/类
		（7）根据相量图和错误接线的判断结论，正确写出错误接线的功率表达式，并化简	10	（1）表达式未写或错误，扣10分 （2）公式推导过程错误，扣3分 （3）公式未化简，扣2分 （4）符号标注不正确或不完整，扣1分/处
		（8）正确列出更正系数计算公式，正确化简计算公式，准确计算更正系数	10	（1）未写公式（$G=P/P'$），扣2分 （2）无分元件错误功率表达式，扣5分；功率表达式错误，扣10分 （3）无公式推导过程，扣2分；推导错误或未化简，扣2分 （4）计算结果错误，扣2分；计算结果保留有效位数不正确，扣1分 （5）符号标注不正确或不完整，扣1分/类

续表

序号	考核项目	考核内容	配分	评分标准
3	安全文明生产	（1）不能出现可能损坏仪器、工具的操作 （2）电流二次回路严禁开路，电压二次回路不得短路 （3）不得出现严重危及人身安全的操作 （4）工作完毕，应清理现场	10	（1）出现可能损坏仪器的操作，扣2.5分/次；工具掉落地面，扣1分/次 （2）电流二次回路开路或电压二次回路短路，扣10分 （3）出现严重危及人身安全的操作，扣10分 （4）工作完毕，未清理现场，扣2.5分
	合计		100	

注：若步骤2.5、2.7、2.8其中一步结果错误，则检查步骤的其余项目均不得分

单元测试题答案

一、单项选择题

1. C　2. C　3. D　4. A　5. B　6. C　7. A　8. D

二、多项选择题

1. ABDE　2. BCEF　3. AD　4. ABCDEF　5. CEF

三、判断题

1. √　2. ×　3. ×　4. √　5. ×　6. √　7. √　8. ×　9. √

四、简答题

1. 答：YNyn接线有任一线圈单独接反，均会使与这个绕组有关的线电压下降为 $100/\sqrt{3}=57.7$ V，等于相电压。一次或二次绕组极性接反，两者结论一样。

YNyn接线极性接反	U_{uv}	U_{vw}	U_{wu}
U（或u接反）	57.7	100	57.7
V（或v接反）	57.7	57.7	100
W（或w接反）	100	57.7	57.7

2. 答：（1）核对电压互感器规格、型号是否与设计一致，检查电压互感器铭牌、接线柱、螺钉是否完好，是否有检定合格证。

（2）检查电压互感器的安装位置是否符合安装规定，其安装位置是否便于检查、更换。

（3）将电压互感器固定在电能计量柜（箱）内，旋紧螺钉。

（4）正确连接电压互感器一次侧接线。

（5）正确连接电压互感器二次侧接线，加装端钮盒盖。

（6）用万用表检查电压互感器一次侧、二次侧接线是否通路、正确。

（7）工作负责人检查电压互感器安装情况，确认安装正确。

3. 答：YNyn 接线多用于大电流接地系统，常采用三台单相电压互感器构成三相电压互感器组。此种接线由于高压侧中性点接地，每相绕组上所加电压为相电压，故可降低绝缘水平，使成本下降。互感器绕组是按相电压设计的，所以既可测量线电压，又可测量相电压。

五、绘图题

1.

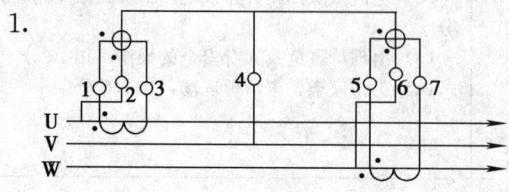

2.

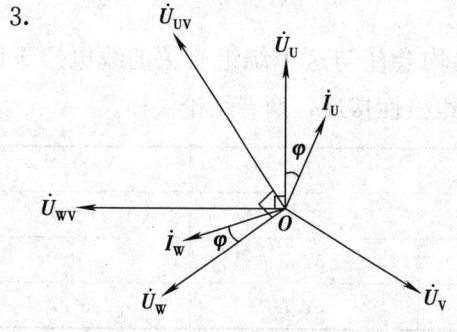

3.

第 2 单元

三相异步电动机的保护和故障处理

- 第一节　三相异步电动机的保护/41
- 第二节　三相异步电动机常见故障分析/43
- 第三节　定子绕组局部故障的检查与排除/46
- 第四节　笼型异步电动机机械故障的检查与排除/52

在电动机控制系统中需要采取多种保护措施以保护电动机、控制设备及操作人员的人身安全,常用的保护措施有短路保护、过负荷保护、失压保护等。

电动机长期运行,一些结构、部件会逐渐劣化,逐渐失去原有性能和功能,产生一些不正常的状态。电动机的故障可分为机械故障和电气故障,本单元对电动机各部分可能产生的故障、发生原因、故障现象、处理的方法进行分析,所述电动机均为三相异步电动机。

第一节 三相异步电动机的保护

→ 了解三相异步电动机各种保护的工作原理及作用
→ 能选用三相异步电动机的保护

一、短路保护

电动机长时间过载、单相运行或导线绝缘性能下降，可能造成绕组匝间短路，相间绝缘损坏会造成相间短路。短路时电流会急剧增大，烧坏电动机和线路，因此要设置短路保护。当电动机在工作过程中发生短路时，保护装置能迅速切断电源和电动机之间的电路，避免产生严重的后果。常用的短路保护元件有熔断器和断路器等。

1. 熔断器（熔丝）作为短路保护

额定电压为 500 V 及以下、容量为 15 kW 及以下的电动机的保护，可采用熔断器（熔丝）作为短路保护，熔丝或熔体额定电流的选择方法如下：

(1) 对于单台电动机，可按 1.5～2.5 倍电动机的额定电流来选用，重载启动的取值较大，轻载或降压启动的取值较小。

(2) 绕线型三相异步电动机一般取 1.25 倍额定电流即可。

(3) 对于多台电动机，熔体的额定电流应大于或等于额定电流最大一台电动机的 1.5～2.5 倍，再加上同时使用的其他电动机额定电流之和。

2. 低压断路器（空气开关）作为短路保护

额定电压为 500 V 及以下、容量为 15 kW 以上且重载启动电动机的保护，可采用低压断路器作为短路保护。一般每台电动机单独装设一台低压断路器。但符合下列条件之一时，数台电动机可共用一台低压断路器：

(1) 计算总电流不超过 20 A 且允许无选择切断的不重要负荷；

(2) 工艺上密切相关的一组电动机且允许同时启、停。

二、过载（过负荷）保护

导致三相异步电动机过载的原因较多，如果属于选用不当（电动机的额定功率与拖动的生产机械功率不匹配），使电动机长期运行于过载状态，要重新选择合适的电动机。这里所讲的过载是指在选择了合适的电动机后，下述几种情况下产生的过载：启动时间过长；供电电压过低；机械性故障（如轴承损坏，造成定、转子相互摩擦或卡死）；缺相运行。

三相异步电动机都有一定的过载能力，在运行过程中若发生短时过载（如电动机的启动），虽然电流超过了额定值，但时间短暂不至于损坏电动机。如果过载时间较长，电动机温升过高，就会使绝缘遭到损坏，影响电动机的使用寿命，严重的甚至会烧坏电动机。这就要求所采用的保护装置具有短时过载不动作、长时过载才动作的选择性,即过载保护。常用的过载保护元件是热继电器。

1. 三相异步电动机需装设过载(过负荷)保护的几种情况
(1) 容易过载的;
(2) 由于启动或自启动条件差可能启动失败或需要限制启动时间的;
(3) 功率在 30 kW 及以上的;
(4) 长时间运行且无人监视的。

2. 三相异步电动机过载(过负荷)保护措施
(1) 容量为 30 kW 以下的电动机一般采用热继电器保护。将热继电器的三相主触点串入电动机接线主回路中,将热继电器(动断触点)串入到电动机启动控制回路中,利用膨胀系数不同的两片金属在过载运行时受热膨胀而弯曲的特点,推动一套机构动作,使热继电器的一对动断触点断开,起到过载保护作用。一般选择热元件时,其动作电流按电动机额定电流的 1.11～1.25 倍选择。
(2) 容量为 30 kW 及以上的电动机一般采用带热脱扣器的低压断路器。

三、失压保护和欠压保护

欠压指电网供电电压过低,失压指电压完全消失(如突然停电)。电动机若长时间处于欠压运行状态会引起过载发热,导致电动机的损坏;若遇突然停电,虽然电动机不工作,但并未脱离电源,如果来电,电动机就会自行启动,极易引发人身安全事故和机械事故。为了防止电动机在过低电压下启动和运行,以及电动机在运行中突然断电后又恢复供电时的自启动,一般均采用失压和欠压保护。

交流接触器的电磁机构、断路器的失压脱扣器、自耦减压启动器的欠压脱扣器及电压继电器等都可起失压和欠压保护作用。当电源电压低到额定电压的 35%～70%时,电磁铁会释放,失压脱扣器会动作而切断电源。

四、缺相运行保护

三相异步电动机的缺相运行,是指三相供电电源缺少一相或电动机三相绕组中有一相从电源断开而造成的一种电动机故障运行状态。由于三相异步电动机在运行中断开一相仍能转动,因而不易察觉而成为"带病"运行隐患,从而造成电动机的三相电压及三相电流严重不平衡、绕组过热、转速下降等。若发现不及时,时间稍长便会烧毁电动机,损坏设备,给生产造成重大损失。

缺相运行保护(又称断相运行保护或两相运行保护),也是一种过载保护,而一般的热继电器不能可靠地保护电动机免于缺相运行(带断相保护装置的热继电器除外),所以在条件允许时,应单独设置缺相运行保护装置。

电动机缺相保护的方法和装置很多,利用热元件动作的缺相保护常用的保护方法有:
(1) 采用带断相保护装置的热继电器作缺相保护;
(2) 采用欠电流继电器作缺相保护;

(3) 采用零序电压继电器作缺相保护；
(4) 利用速饱和电流互感器进行断相保护等。

第二节　三相异步电动机常见故障分析

→ 能对三相异步电动机的常见故障进行分析与处理

三相异步电动机在长期的运行中，会发生各种故障，这些故障综合起来可分为电气故障和机械故障两大类。电气方面主要有定子绕组、转子绕组、定子铁心、开关及启动设备故障等；机械方面有轴承、转轴、风扇、机座、端盖、负载机械设备故障等。及时判断故障原因并进行相应处理，可防止故障扩大、保证设备正常运行。本节以三相笼型电动机常见故障为例，介绍常见故障分析的步骤、可能的原因及相应处理方法。

一、检查、分析故障的步骤

1. 现场检查

对电动机的外观和周围环境进行检查，查看电动机的外壳、端盖、机座等是否损坏、启动设备是否完好，控制设备上的电压表、电流表指示值是否超出规定范围，线路上的指示、信号装置（例如熔断器的信号器等）是否正常等；然后用手转动转子，检查电动机转动是否灵活，有无卡涩现象。

（1）看。观察电动机和所拖动的机械设备转速是否正常；看控制设备上的电压表、电流表指示数值有无超出规定范围；看控制线路中的指示、信号装置是否正常。

（2）听。必须熟悉电动机启动、轻载、重载的声音特征；应能辨别电动机单相、过载等故障时的声音及转子扫膛、笼型转子断条、轴承故障时的特殊声响，以此帮助查找故障部位。

（3）摸。电动机过载及发生其他故障时，温升显著增加，造成工作温度上升，用手摸电动机外壳各部位即可判断温升情况以确认是否有故障。

（4）闻。电动机严重发热或过载时间较长，会引起绝缘受损而散发出特殊气味；轴承发热严重时也可挥发出油脂气味。闻到特殊气味时，便可确认电动机有故障。

2. 了解情况

查看电动机的铭牌和产品说明书，了解电动机的型号、规格和运行特点，向操作人员询问出故障前电动机和配套生产机械的运行情况、故障发生过程及故障现象。

3. 检查绝缘

用绝缘电阻表测量绕组的绝缘电阻，检查绕组是否接地，有无相间短路现象。

4. 试车鉴别

上述检查完成后，如果未发现电动机及其附属设备的严重缺陷，则可以空载试车，仔细观察电动机的运行情况，据此做出进一步判断。同时，还可以在试车过程中断电，大致判断出电动机的故障性质。例如：切断电源后，若故障消失，则可判定是电气方面的故障；若故障仍然存在，则可判定是机械方面的故障。

在试车过程中，一旦出现严重震动、异常声音或有焦煳味等异常现象，应立即切断电源，以免故障进一步扩大。

二、常见故障及处理方法

三相笼型电动机的常见故障现象、故障的可能原因以及相应的故障排除方法见表2—1。

表2—1　　　　　　　　　三相笼型电动机常见故障分析与处理

故障现象	可能原因	故障排除方法
合闸后电动机无任何动静	(1) 电源未接通 (2) 熔断器熔体熔断两相以上 (3) 电源线有两相或三相断线或接触不良 (4) 开关或启动设备有两相以上接触不良	(1) 接通电源 (2) 更换熔丝 (3) 找出故障处，重新刮净、接好 (4) 查出接触不良处，予以修复
合闸后电动机不动，但有嗡嗡声	(1) 电源线有一相断线 (2) 熔丝熔断一相 (3) Y形接法电机绕组有一相断线，△形接法绕组有一相或两相断线 (4) 定子、转子相擦 (5) 负载机械卡死 (6) 轴承损坏 (7) 电压太低	(1) 查出断线处，重新接好 (2) 更换熔丝 (3) 检查绕组断线处，重新修好 (4) 找出相擦的原因，予以排除 (5) 检查负载机械及传动装置 (6) 更换轴承 (7) 电源线太细，启动压降太大，应更换粗导线，设法提高电压
电动机启动时熔丝熔断	(1) 定子绕组一相接反 (2) 定子绕组有短路或接地故障 (3) 负载机械卡住 (4) 启动设备操作不当 (5) 传动带太紧 (6) 轴承损坏 (7) 熔丝过细	(1) 分清三相首尾，重新接好 (2) 检查绕组短路和接地处，重新修好 (3) 检查负载机械和传动装置 (4) 纠正操作方法 (5) 把传动带调整得松紧适当 (6) 更换轴承 (7) 合理选用熔丝
启动困难，启动后转速严重低于正常值	(1) 电源电压过低 (2) 定子绕组有短路 (3) 转子笼条或端环断裂 (4) 电动机过载 (5) 将△形接法的电动机错接为Y形接法，电源电压严重偏低	(1) 调整电压或等线路电压正常时再使用电动机 (2) 检查绕组短路处，重新修好 (3) 更换转子 (4) 减轻负载 (5) 按正确接法改接
电动机三相电流不平衡，且温度过高，甚至冒烟	(1) 电源电压不平衡 (2) 绕组有短路和接地 (3) 重换绕组后，部分绕组接线错误 (4) 电动机单相运转	(1) 查出线路电压不平衡的原因，予以排除 (2) 检查短路、接地处，并予以修复 (3) 查出错误接线处，并予以修复 (4) 检查线路或绕组的中断或接触不良处，并重新接好

续表

故障现象	可能原因	故障排除方法
电动机三相电流同时增大，温度过高，甚至冒烟	(1) 电源电压过高 (2) 电动机过载 (3) 绕组接法错误 (4) 启动频繁	(1) 调整线路电压或等电压正常时再工作 (2) 减轻负载 (3) 按正确方法改接 (4) 减少启动次数或改用其他合适类型的电动机
电流没有超过额定值，但电动机温度过高	(1) 环境温度过高 (2) 电动机受太阳直接暴晒 (3) 通风不畅 (4) 电动机灰尘、油泥过多，影响散热	(1) 设法降低环境温度或降低电动机容量使用 (2) 应增加遮阳设施 (3) 清理风道或搬开影响通风的障碍物 (4) 清除灰尘、油泥
电动机有不正常的震动	(1) 电动机基础不稳固或校正不好 (2) 风扇叶片损坏造成转子不平衡 (3) 轴弯或有裂纹 (4) 传动带接头不好 (5) 电动机单相运转 (6) 绕组有短路或接地 (7) 并联绕组有支路断路 (8) 转子笼条或端环断裂	(1) 加固基础或重新校正 (2) 更换风扇或设法校正转子 (3) 校正弯轴或更换新轴 (4) 重新接好 (5) 查找线路或绕组的断线和接触不良处，并予以修复 (6) 查找短路、接地处，并予以修复 (7) 查出断线处，并予以修复 (8) 更换转子
电动机运行时声音不正常	(1) 轴承损坏或润滑油严重缺少、油中有杂质等 (2) 定子、转子相擦 (3) 风罩或转轴上零件（风扇、联轴器等）松动 (4) 风罩内有杂物 (5) 轴承内圈和轴配合太松 (6) 电动机单相运转 (7) 有绕组短路或接地 (8) 有绕组接错 (9) 并联绕组中有支路断路 (10) 电源电压过低 (11) 电动机过载 (12) 转子笼条和端环断裂	(1) 更换或清洗轴承并换新油 (2) 找出相擦原因，予以排除 (3) 紧固风罩或其他零件 (4) 清除杂物 (5) 堆焊转轴轴承挡，并按规定尺寸车好，使其配合紧密 (6) 检查线路、绕组的断线或接触不良处，予以排除 (7) 检查短路、接地处，并予以修复 (8) 更正接线 (9) 检查断路点，并予以修复 (10) 设法调整电压或等线路电压正常时再使用 (11) 减轻负载 (12) 更换转子
轴承过热	(1) 传动带过紧 (2) 轴弯 (3) 端盖松动或没有装好 (4) 润滑油太脏或变质 (5) 润滑油过多或过少 (6) 润滑油牌号不符 (7) 轴承损坏 (8) 端盖轴承室太紧	(1) 调整传动带使之松紧适当 (2) 校正弯轴或更换新轴 (3) 上紧螺栓，合严止口 (4) 清洗轴承更换新油 (5) 润滑油应加到油腔的 $\frac{2}{3}$ (6) 按要求牌号更换润滑油 (7) 更换轴承 (8) 按正常尺寸扩大轴承室

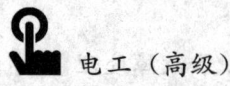

续表

故障现象	可能原因	故障排除方法
机壳带电	(1) 引出线或接线盒接头的绝缘损坏、接地 (2) 定子槽两端的槽口绝缘损坏 (3) 内有铁屑等杂物未除尽，导线嵌入后即接地 (4) 外壳没有可靠接地	(1) 套一绝缘套管或包扎绝缘布 (2) 耐心找出绝缘损坏处，然后垫上绝缘纸再涂上绝缘漆 (3) 拆开每个绕组接头，用淘汰法找出接地绕组，进行局部修理 (4) 将外壳可靠接地
绝缘电阻降低	(1) 潮气浸入或雨水滴入电动机内部 (2) 绕组上灰尘污垢太多 (3) 引出线和接线盒接头的绝缘损坏 (4) 电动机过热后绝缘老化	(1) 绝缘电阻表检查后，进行烘干处理 (2) 清除灰尘油污后，浸渍处理 (3) 重新包扎引出线接头 (4) 7 kW 以下电动机可重新浸渍处理

第三节 定子绕组局部故障的检查与排除

→ 能对定子绕组各种局部故障进行检查与处理

在日常的检修中，维修人员应按照由外到里、先机械后电气的检查顺序，通过看、听、闻、摸等方法充分了解电动机的运行情况，进行针对性的检查。机械故障一般比较直观，而电动机绕组故障往往需要采用电工仪表和一些专用仪器加以检测。

三相异步电动机绕组的故障率很高，常见的有绕组短路、绕组断路、绕组接地、绕组头尾接错等。

一、绕组修理基本常识

1. 定子绕组分布的对称性

为了使定子绕组分布对称，要求做到以下几点：

(1) 每相绕组线圈的形状、尺寸、个数以及嵌放和连接方法必须完全相同。

(2) 三相绕组排列顺序相同，相与相之间要间隔120°电气角。

2. 定子绕组相关术语

(1) 线圈、极相组、绕组。线圈是以绝缘导线（如漆包线）按一定形状绕制而成，线圈可由一匝或多匝导线组成，如图2—1所示。同一相中多个线圈构成的一组单元称为极相组，而由多个线圈或极相组构成的一相或整个电磁电路的组合称绕组。

线圈有两个直线边，它们嵌入铁心槽内，进行电磁能量转换，是线圈的有效部分（边）；线圈两端伸出铁心槽外，不参加能量转换，仅起连接两个有效边的作用，这部分

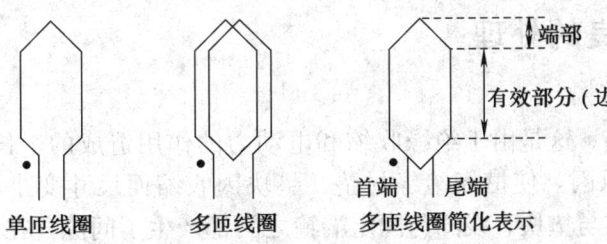

图 2—1 线圈的表示方法

称为端部，为了便于绘制绕组图，一般用简化方法来表示一个多匝线图。

（2）极距。极距是指沿定子铁心内圆每极所占的圆周长度或槽数。用槽数的表达式为：

$$\tau = \frac{Z}{2p} \tag{2—1}$$

式中 Z——定子总槽数；
p——磁极对数。

例如：一台24槽的4极（$p=2$）三相异步电动机的极距为：

$$\tau = \frac{Z}{2p} = 24/4 = 6 \text{ 槽}$$

（3）节距。节距是指一个线圈两个有效边之间的距离，也就是线圈两个有效边所跨的槽数，用 y 表示。如果线圈的一个有效边在第一槽，另一个有效边在第八槽，则节距 $y=7$。

节距又分为整节距（或称全节距）、短节距和长节矩。节距与极距相等（即 $y=\tau$）称整节距，节距小于极距（即 $y<\tau$）称短节距，节距大于极距（即 $y>\tau$）称长节距。为了使线圈的感应电动势尽可能大些，一般要求节距等于或接近等于极距。

（4）每极每相槽数。每极每相槽数是指每相绕组在一个磁极下所占的槽数，用 q 表示，即：

$$q = \frac{Z}{2pm} \tag{2—2}$$

式中 m——相数。

24槽4极三相异步电动机的每极每相槽数即为2。

（5）机械角度和电角度。一个圆周所对应的几何角度为360°，该几何角度称为机械角度。而一对磁极占有的是360°电角度，若电机有 p 对磁极，则相应的电角度为 $p \times 360°$。因此：

$$\text{电角度} = p \times \text{机械角度} \tag{2—3}$$

（6）绕组的分类。定子绕组按绕组相数可分单相绕组和三相绕组；按槽内层数可分单层绕组和双层绕组；按绕组形状可分同心式绕组、交叉式绕组、叠绕式绕组和波绕式绕组。

二、绕组绝缘不良的处理

1. 故障原因

(1) 绕组绝缘磨损。这是由于绝缘收缩和电动力的作用造成的。长期受高温作用,绝缘层内溶剂挥发等原因,使槽楔绝缘衬垫、垫块因收缩而尺寸变小,绑扎绳变得松弛,线圈和槽壁、线圈与垫块、线圈与固定端箍之间都产生了间隙,在启动冲击负载引起的电动力的作用下,将发生相对位移,时间久了就会产生磨损,使绝缘变薄。其伴随征兆是槽楔窜位、绑扎垫块脱落、端部绑扎松弛、端部震动增大,检查时发现绝缘电阻降低、泄漏电流增加、耐压水平明显降低。

(2) 绝缘破损。通常是线圈受到了碰撞,或转子部件脱落碰刮导致绝缘局部损伤,运行时往往表现为对地击穿。

(3) 绝缘电阻降低。多数情况是由于绕组吸潮或导电性物质黏结在线圈表面,或渗入绝缘层的裂纹所致。

2. 检查方法

对于额定电压 500 V 以下的电动机,一般用 500 V 绝缘摇表进行测量;500～3 000 V 之间的电动机用 1 000 V 摇表;3 kV 及以上的电机用 2 500 V 摇表。500 V 以下的电动机,绝缘电阻应不低于 0.5 MΩ。

3. 故障排除方法

绝缘电阻降低到不允许的程度,一般需拆卸电动机,用专门清洗剂清洁、干燥、浸漆进行修复。

三、绕组短路故障的处理

1. 故障原因

三相异步电动机绕组短路主要是由于电动机过流或过压、绕组过热、绝缘老化、导线绝缘损伤和电动机受潮等原因引起的。

定子绕组短路主要有相间短路和匝间短路。相间短路是三相绕组之间因绝缘损坏而形成的短路,如图 2—2 中 a 点和 b 点之间的短路。匝间短路是同一极相绕组中相邻线匝之间因绝缘损伤而形成的短路。如图 2—3a 为一正常线圈,图 2—3b 中线匝 2 的 a 处和线匝 3 的 b 处短接便形成匝间短路。

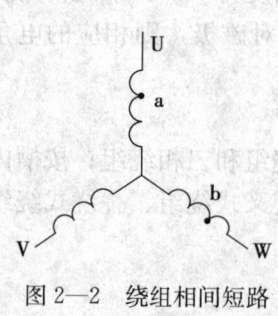

图 2—2 绕组相间短路

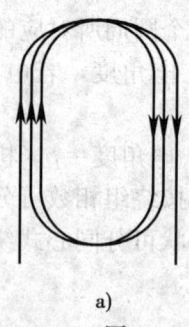 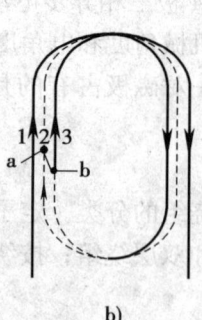

图 2—3 绕组匝间短路
a) 正常 b) 短路

2. 检查方法

(1) 外部检查。使电动机空载运行约 20 min，观察绕组有无冒烟（短路匝数很少时，不冒烟），然后迅速拆卸电动机，手摸绕组探查出较热的绕组，同时观察绝缘物的变色处，即可找出故障点。

(2) 用绝缘电阻表测试。测量每两相之间的绝缘电阻，如果阻值很低，说明该两相间有短路现象。

(3) 电阻检查法。用电桥测量每相绕组的直流电阻，电阻较小的一相即可能有短路故障。但短路匝数很少时很难测出。

(4) 短路探测器检查法。短路探测器是利用变压器的原理来检查绕组匝间短路的，它有一个不闭合的铁心磁路，上面绕有励磁线圈，相当于变压器的一次绕组，将接通交流电源的短路探测器放在定子铁心槽口并沿着各个槽口移动，当它经过一个短路线圈时，这个短路线圈便相当于变压器的二次绕组，如果短路探测器励磁线圈回路中串联有电流表，如图 2—4a 所示，此时表上会指示出较大电流。

若不用电流表，也可将薄钢片或锯条放在被测线圈另一边所在槽口上，如图 2—4b 所示，如果被测线圈短路，则薄钢片或锯条就会振动。

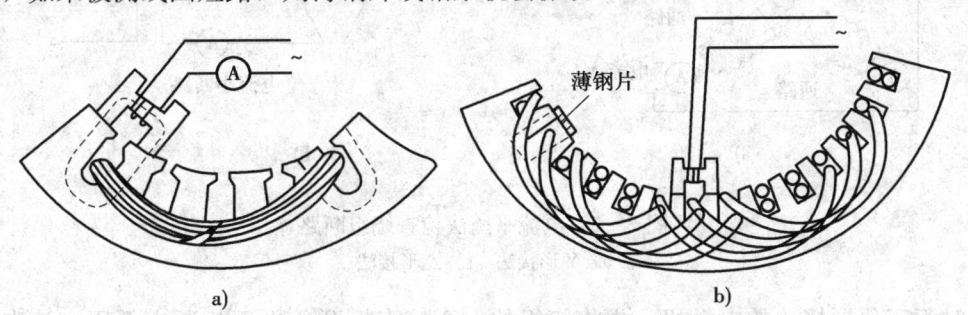

图 2—4 短路侦察器检查绕组匝间短路
a) 用安培表检查 b) 用薄钢片或锯条检查

使用此方法时应注意以下几点：一是电动机为三角形接法时，应将绕组的一个接点拆开；二是绕组为多路并联时，应拆开并联支路；三是电动机为双层绕组时，因被测槽中有两个线圈，它们分别隔一个线圈节距跨于左右两边，所以要将探测器（或钢锯片）在左右两个槽口都试一下，以便确定哪个是线圈短路。

3. 故障排除方法

绕组容易发生短路的地方是线圈的槽口部位以及双层绕组的上下层线圈之间。如果短路点在槽外，可将绕组加热软化，用刮板将短路处分开，再垫上绝缘垫或套上绝缘套管。如果短路点在槽内，可将绕组加热软化后翻出短路的线匝，在短路处包上新绝缘，再重新嵌入槽内并浸渍绝缘漆。

四、绕组断路故障的处理

1. 故障原因

绕组断路大多发生在绕组的端部，通常是由于绕组导线受外力作用而断开、引出线焊接不良、压接端子压接不牢、接线盒接线端紧固件未拧紧、电动机电流过大导致烧断等引起的。

2. 检查方法

（1）用万用表测试。检查时，将电动机三相绕组的头尾全部拆开，用万用表电阻挡测量各相绕组的通、断，表不动的一相便是断路相。

（2）电流平衡法。对于采用多根导线并绕或多路并联的绕组，有时只有一根导线或一条支路断路，可采用三相电流平衡法检查。对于星形接法的电动机，可将三相绕组并联后通入低电压的交流电（一般采用单相交流电），如果三相电流相差5%以上，则电流小的一相即为断路相，如图2—5a所示。此时再将断路相的并联支路拆开，用万用表逐路检查，表不通的即为断路支路。

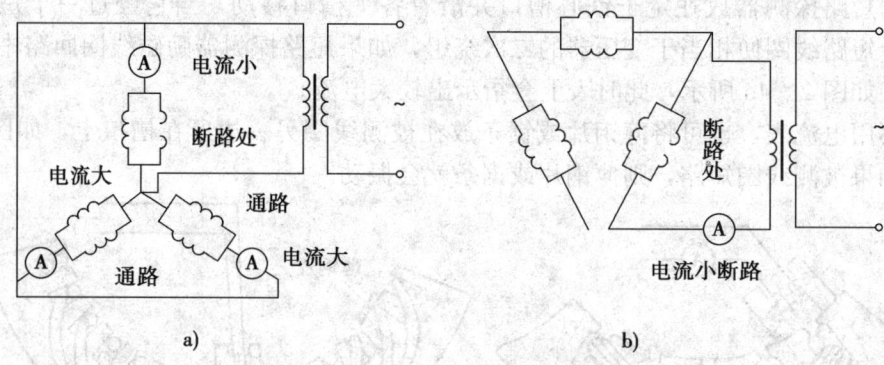

图2—5　电流平衡法检查绕组断路
a) Y形接法　b) △形接法

对于三角形接法的电动机，先将绕组的一个接点拆开，再逐相通入低压交流电并测量其电流，其中电流小的一相即为断路相，如图2—5b所示。然后，将断路相的并联支路拆开，逐路检查，找出断路支路。

（3）电桥检查法。绕组断路故障也可用双臂电桥来检查，若三相绕组的电阻相差5%以上，则电阻大的一相即为断路相。

3. 故障排除方法

找出断路处后，将其连接处重新焊牢，包扎绝缘，再浸渍绝缘漆即可。

五、绕组接地故障的处理

1. 故障原因

绕组接地是由于绕组绝缘老化、电动机受潮等原因造成的。

2. 检查方法

（1）用绝缘电阻表测试。根据电动机的电压等级选择相应等级的绝缘电阻表。测试时把绝缘电阻表的"L"端（线路端）接在电动机接线盒的接线端上，把"E"端（接地端）接在电动机的机壳上，测量电动机绕组对地（即机壳）绝缘电阻。如绝缘电阻低于0.5 MΩ，说明电动机受潮或绝缘很差；如绝缘电阻为零，则说明三相绕组接地，此时可拆开电动机绕组的接线端，逐相测量，找出三相绕组的接地相。

(2) 用校灯检查。拆开各绕组间的连接线，将灯泡与 36 V 低压电源串联，逐相测量相与机座的绝缘情况。若灯光不亮，说明绕组绝缘良好；若灯泡微亮，说明绕组已击穿。

3. 故障排除方法

(1) 如果查出的是绕组受潮而不是接地故障，则可以通过干燥处理使之恢复绝缘水平。

(2) 若为接地故障，则接地点通常是在定子绕组端部，或只是个别地方绝缘没垫好，一般只需局部修补。先将定子绕组加热，待绝缘软化后，用工具将定子绕组撬开，垫入适当的绝缘材料或将接地处局部包扎，然后涂上自干绝缘漆。如接地点在槽内，一般应更换绕组。

六、绕组接线错误或嵌反故障的处理

1. 故障原因

在新换绕组时，检修人员往往因粗心大意将绕组出线接错。这时电动机三相电流严重不平衡，噪声大，振动厉害，发热严重，转速降低，有时无法启动，若不及时停机，甚至还将烧毁电动机。

绕组接线错误往往有两种，一种是绕组引出线头尾接反，另一种是绕组内部个别线圈或极相组接错。

2. 检查方法

(1) 用万用表检查。如图 2—6a 所示，先把 36 V 交流电通入其中一相，用万用表电压挡测出其余两相的电压，记下有无读数，然后换成图 2—6b 所示接法，再记下有无读数。若两次均无读数，表示绕组头尾端正确；若两次都有读数，表示两次中没有接电源的那一相绕组头尾端接反；若两次中有一次有读数而另一次无读数，表示无读数那一次接电源的那一相绕组头尾端接反。

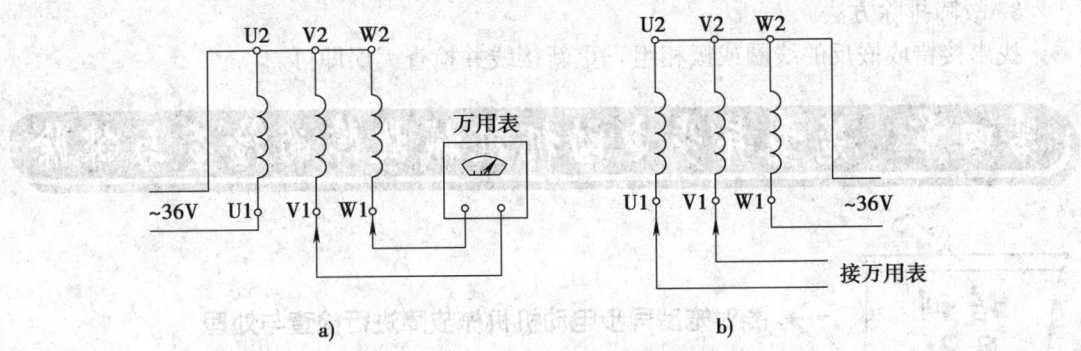

图 2—6 用万用表判别绕组头尾端示意图

(2) 干电池检查法。如图 2—7a 所示，在接通电源瞬间，电压表（或用万用表的毫安挡）的指针摆向大于零的一边，否则应将两表笔调换，使指针正向摆动。这时，干电池的"+"极和表头"-"极为同名端（同为头或同为尾）；同理，把表接到另一未测相绕组，如图2—7b所示。经过两次测试，便可找出三相绕组的头尾端。

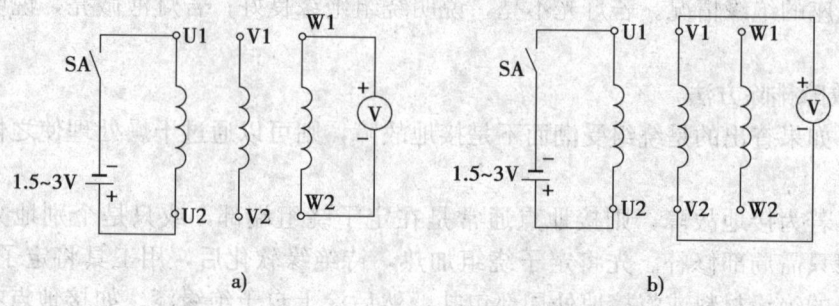

图2—7 用干电池判别绕组头尾端示意图

（3）指南针检查法。若绕组内部个别线圈或极相组接错或嵌反，可用指南针法检查。如图2—8所示，将低压直流电通入某相绕组，用指南针沿定子铁心逐槽检查，如果指南针每经过一个极相组便交替改变方向，表示接线正确；如果经过邻近的极相组时指南针方向与图2—8所示方向相反，表示极相组接错；若在某一极相组内指南针方向交替变化，则说明该极相组中有个别线圈嵌反。

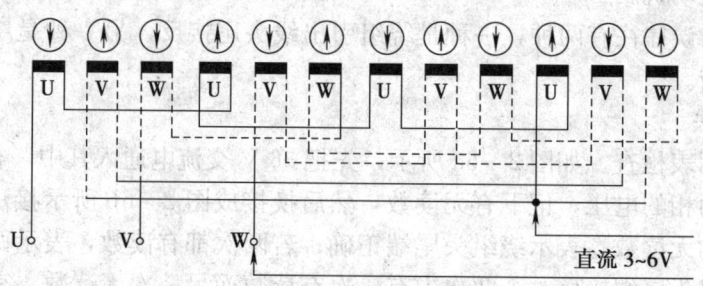

图2—8 用指南针检查绕组接错示意图

3. 故障排除方法

找出接错或嵌反的线圈或极相组，重新接线并检查无误即可。

第四节 笼型异步电动机机械故障的检查与排除

→ 能对笼型异步电动机机械故障进行检查与处理

一、电动机转轴的检查与故障处理

电动机的转轴是传递转矩、带动机械负载的部件，一般用 35 或 45 钢制成。它支持转子铁心旋转，保持定子、转子之间有适当的均匀气隙。因此，转轴除应具有足够的机械强度外，还要求它的几何中心线呈直线；轴颈保持正圆；表面光滑，无穴坑、波纹或刮痕；键槽工作面平整、垂直，没有裂痕和损伤。只有这样，才能保证电动机在运行中不会发生较大的震动，定子、转子也不会相擦。

电动机转轴常见的故障有：弯曲、裂纹、断裂、轴颈磨损等。

1. 转轴弯曲的检查和故障排除

若发现转轴弯曲，可按下述方法进行检查和排除故障。

(1) 转轴弯曲的检查。将电动机转子放在平整的工作台上，用两个 V 形架支住轴承，缓慢盘动转子，如图 2—9 所示。或将电动机转子放到车床上，用百分表或划线盘测量，如图 2—10 所示。

(2) 转轴弯曲的处理

1) 若弯曲不大，可采用磨光轴颈、集电环或换向器法等。对于小型异步电动机，也可以磨光转子铁心段，但定子铁心与转子铁心之间的气隙增大值不应超过正常气隙值的 10%。

2) 若弯曲度超过 0.2 mm，就需要加以矫正。其矫正的方法有冷态矫轴法、捻打矫轴法等。

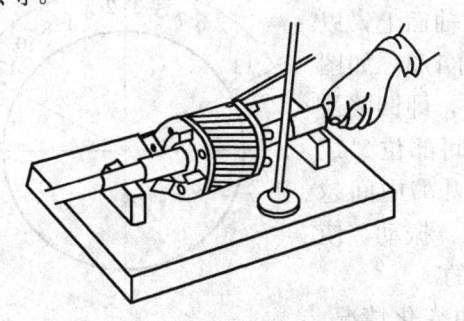
图 2—9 用划线针检查转轴曲度

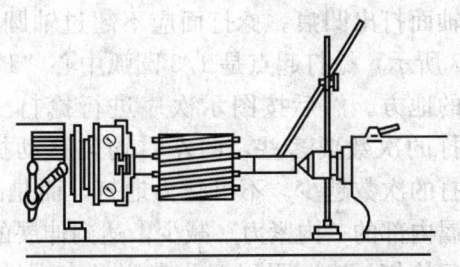
图 2—10 在车床上检查转轴弯曲度

① 冷态矫轴法。若小型电动机的转轴弯曲，可在油压机或螺旋压力机上冷态矫直，如图 2—11 所示。矫直时，不需压出转子铁心，首先将弯曲转子置于两个棱柱形的支座上，然后将转子转动 360°，用百分表找出铁心或轴的凸出面，将凸出面朝上，使压力机的压杆对此凸面施加压力，在测量点用百分表检测轴的弯曲度。施加的压力使百分表指示轴已反向弯曲为止，再慢慢卸去压力，记录百分表的变化值。

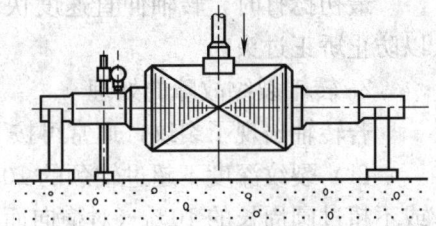
图 2—11 冷态直轴法

如此反复并逐渐加大压力矫正，使轴在除去压力后，百分表指示轴已反向弯曲 0.03~0.05 mm 即可。一般对于弯曲程度轻微的转轴，要求矫直后的精度不低于 0.05 mm/m；对于严重弯曲的转轴，要求矫直后的精度不低于 0.2 mm/m。检查合格后，取下转轴，再复查一次。

②捻打矫轴法。若直径较大的转轴发生弯曲时，可采用捻打矫轴法。如图 2—12 所示，将凹侧朝上放置，支架 A 处垫放一块 8～10 mm 厚、80～100 mm 宽的铝板，铝板上放两根直径 20～30 mm 的锡条，铝板和锡条成圆弧状。捻打是用 1～2 kg 的手锤敲打由直径 25 mm 黄铜棒制成的捻棒，振动转轴弯曲部位。距捻打位置最近的一端用螺栓压板向下加压，转轴的弯曲处受捻打力，使弯曲部位的金属在凹处承受拉伸力，在凸起处承受压缩。

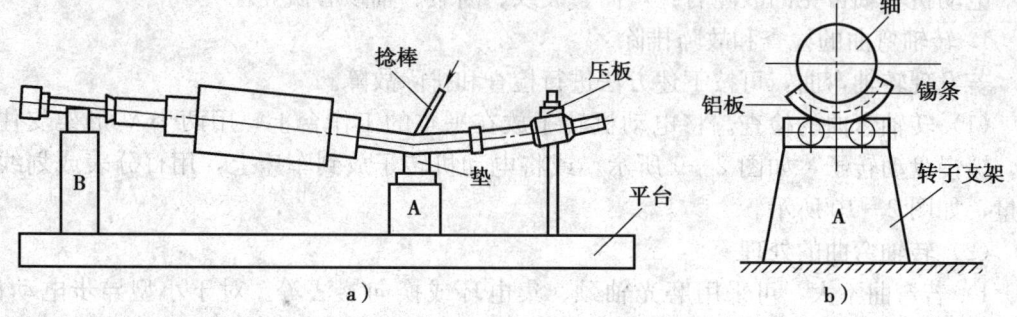

图 2—12 捻打矫轴法
a）转子固定在支架 A、B 上　b）支架 A 上装置

捻棒长度约 350 mm，下端有与轴面相吻合的弧形，以免捻打时损伤轴面。切勿将捻打力直接打在轴面上，以防将轴面打出凹痕。捻打面应不超过轴圆周的 1/3。如图 2—13 所示，捻打起点是 1/3 圆弧中心 "1" 处，即凹陷最严重的地方。然后按图示次序进行捻打。中间部位 "1" 处捻打的次数要多些，向左右均匀移动捻棒，离中间越远，打的次数越少。不可猛力地打，而是敲打、振动，使轴金属内部的 "内紧力" 减少，达到伸展的目的。

每捻打一遍，要用百分表测量一次轴弯曲变化情况，并记录下来。

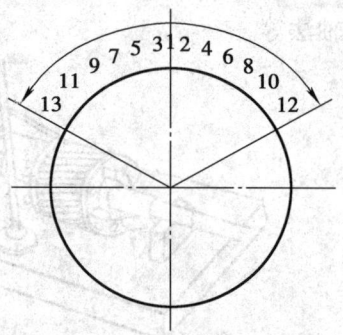

图 2—13 捻打范围和顺序

最初捻打时，转轴伸直速度快，以后速度减慢。在最后接近校直时，要特别注意，以防止矫正过头。

2. 转轴裂纹故障的处理

若转轴出现了裂纹，通常可按下述方法予以修理。

(1) 裂纹深度不超过轴颈的 10%～15%，其长度不超过轴长的 10%（对轴向而言）或不超过圆周长的 10%（对横向而言）的转轴，可用补焊法进行修理。

先将转轴裂纹的两端钻好止裂孔，再用机械加工或钳工方法在裂纹处开好坡口，对开好的坡口进行堆焊或补焊。施焊时，焊接电流不宜过大。焊接后应进行退火，然后在车床上车圆磨光。

(2) 转轴横向裂纹深度大于 15%，纵向裂纹长度大于 10%，则应调换新轴。

3. 轴颈轻微磨损的修理

(1) 若轴颈表面只是轻微的刮伤、凹陷或锈斑,则可用细锉或 0 号砂纸加机油进行打磨,并用千分尺检查轴颈的圆度,随时纠正偏差,将轴颈的圆度控制在允许范围之内。轴颈圆度公差允许值见表 2—4。

表 2—4　　　　　　　　　　　轴颈圆度公差允许值　　　　　　　　　　　　　　mm

轴颈	新加工品		旧品	
	高速 1 000 r/min 以上	低速 1 000 r/min 以下	高速 1 000 r/min 以下	低速 1 000 r/min 以下
50～70	0.01	0.03	0.03	0.05
70～150	0.02	0.04	0.04	0.06

(2) 若轴颈局部的损伤面积不大于轴颈总面积的 4%,可不必车削整个轴颈,只需将损伤部位手工磨光或在机床上抛光即能装配使用。

(3) 若轴颈磨损不大,但已超出了表 2—4 的范围,则可用电镀法在轴颈部位镀一层铬,再磨至图样尺寸。

二、轴承磨损的检查和故障处理

1. 故障原因

电动机经过一段时间的使用后,会因润滑脂变质、渗漏等造成轴承磨损、间隙增大。此时轴承温度过高,运转噪声增大,严重时还可能使定子与转子相擦。

2. 检查方法

在电动机运行时用手触摸前轴承外盖,其温度应与电动机机壳温度大致相同,无明显的温差(前轴承是电动机的载荷端,最容易损坏)。另外,也可以听电动机的声音有无异常。将旋具或听诊棒的一头顶在轴承外盖上,另一头贴到耳边,仔细听轴承滚珠或滚珠沿轴承滚道滚动的声音,正常时声音是单一、均匀的,如有异常应将轴承拆卸下来检查。

将轴承拆卸下来后,一定要清洗干净,并仔细检查以免清洗时棉纱或刷毛遗留在轴承滚道内。可以用手转动轴承外圈,观察其转动是否灵活。再用一只手捏住轴承外圈,另一只手转动轴承内圈,检查轴承内外圈之间轴向窜动和径向晃动是否正常,转动是否灵活。

3. 故障排除方法

对于有锈迹的轴承,可将其放在煤油中浸泡便可除去铁锈。若轴承有明显伤痕,则必须加以更换,同时,还应根据电动机的负载情况、工作环境选择合适的润滑脂,以改善轴承的润滑并延长其使用寿命。

三、笼型转子故障的检查及排除

1. 故障原因

笼型转子的常见故障是导条断裂(断条)和端环断裂(断环)。产生转子断条的原因有:制造质量差、电动机启动频繁、操作不当、频繁作正反转运行等。

2. 检查方法

（1）观察法。仔细观察检查转子铁心表面，特别是导条与端环连接处。若有裂纹或过热变色痕迹，说明该处断条。

（2）电流检测法。用三相调压器对定子绕组施加低压电源进行检查（额定电压为380 V 的电动机可施加100 V 左右的电压）。在一相中串入一只电流表，用手使转子慢慢转动，如果转子笼条是完好的，则电流表只有均匀的微弱摆动；如果转子断条，则电流表就会出现指针突然下降的现象。

（3）铁粉检查法。用升流器或电焊机从转子两端端环通入低压大电流（约150～500 A，逐渐增大到使撒在转子表面的铁粉排列成行即可），通过导条的电流不会在导条周围产生磁通，将铁粉撒在转子表面，导条周围的铁心便吸引住铁粉。电流足够大时，铁粉便会清晰地沿着导条方向向直线排列，如图2—14 所示。如果某导条断裂，就没有电流通过，其周围吸引的铁粉便很少甚至没有。

（4）断路侦察器检查。如图2—15 所示，用硅钢片做一个截面约6～8 cm^2 的"门"形铁心"1"，在铁心上用直径约0.17 mm 的高强度漆包线绕制约900 匝线圈，做成转子断路侦察器。用升流器从转子两端端环通入200～400 A 大电流，将侦察器线圈接上万用表，并调在万用表交流低压挡。将侦察器铁心开口处对着转子铁心圆表面上，逐槽移动侦察器，如果导条是完好的，万用表读数较大。如果槽内导条断裂，万用表读数就会很小或为零。

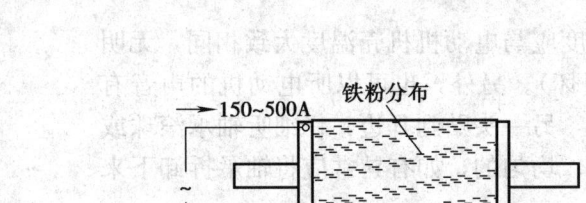
图2—14 用铁粉检查转子断条

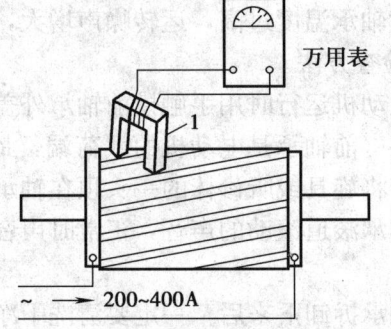
图2—15 断路侦察器检查转子断条

3. 故障处理方法

根据断条的不同情况，采取不同的修理方法。

（1）如果是铜条，并且断条发生在端部（槽内部分不易断裂），可在断裂处打成坡口，用银焊焊接。焊接前应用经水浇湿后的耐火石棉等物将铁心保护好，以免高温烧伤铁心。

（2）如果是铸铝转子，且断条较多不能使用，可将铝条熔化后再重新铸铝或换为紫铜条。如果铸铝转子导条断裂处不多，可以用下面两种方法修补：

1）焊补。将导条断裂处挖大，然后把转子加热到450℃左右；再用63%的锡、33%的锌和4%的铝合金合成的焊料，用气焊法进行补焊。

2）冷接法。在导条断裂处，用钻头打一个与槽宽相近的圆孔。然后攻丝，再拧上一个合适的铝螺钉，用车床或铲刀除去多余部分。

四、三相异步电动机的维护

正确使用和维护好电动机，可以减少电动机故障发生，延长电动机的寿命。

1. 电动机运行前的检查与维护

新装和长期未用的电动机在启动前应作如下检查与维护，以保证电动机的安全运行。

（1）检查电动机的清洁情况。如果内部有灰尘或脏物时，则应先将电动机拆开，用不大于2个大气压的干燥压缩空气吹净各部分的污物。如无压缩空气也可用手风箱吹或用干抹布去抹，但不能用湿布或沾有汽油、煤油、机油的布擦拭电动机的内部。

（2）检查电动机的紧固情况，看端盖、轴承压盖及机座等各处螺钉有无松动现象。

（3）检查熔断器、开关和导线接触情况是否紧密，有无松动、断股等现象。

（4）用手拨动转子，检查转动是否灵活、有无摩擦杂音，并检查传动装置是否运转灵活可靠、轴承润滑情况是否良好。

（5）检查接地线接触是否可靠。

（6）启动前应测量绝缘电阻，看其是否符合绝缘标准。一般对于低压电动机可以用摇表进行测量，高压电动机要进行耐压试验。按要求，电动机每 1 kV 工作电压，绝缘电阻不得低于 1 MΩ。一般额定电压为 380 V 的三相异步电动机，用 500 V 的兆欧表测量绝缘电阻应大 0.5 MΩ 才可使用（测量时拆除该电动机引出线端子上的所有外部接线及引出线端子本身之间接线）。

若发现绝缘电阻较低，则为电动机受潮所致，可对电动机进行烘干处理，然后再测绝缘电阻，合格后才可通电使用。如测出绝缘电阻为零，则说明该电动机定子绕组有接地故障或绝缘损坏，这时绝不允许通电运行，必须查明故障点并排除故障后才可通电使用。绝缘测试合格后，再将所有的连接线复原。

（7）检查三相电源电压是否对称，电压是否控制在铭牌标注电压值的±5%以内。

（8）检查电动机绕组连接方式是否与铭牌标注一致。

2. 电动机运行中的监视

（1）通过电压表监视电源电压的变化。电压变化范围不宜超过电动机额定电压的±10%，若电压低于额定电压的90%时，必须减少负载，以免温升过高。三相电压不平衡也会引起电动机的额外发热，任意两相电压差不得超过5%。

（2）通过电流表监视电动机的三相电流。要求电流不能超过电动机铭牌上规定的额定电流值。没有安装电流表的电动机，可以利用钳形电流表定时检查三相电流是否平衡或过载。

（3）监视电动机的温升。电动机在运行中都不能超过制造厂所规定的温升限度。一般用温度计监视，没有温度计的电动机一般可以用手摸其外壳的方法来判断，注意应该在经检验外壳不带电后进行。若没有烫得要缩手的感觉，则电动机不过热；若烫得需立即缩手，说明电动机已经过热；当手感觉非常烫以致难以忍受时，说明电动机温度已超过 90%，此外还要注意轴承温度是否正常。也可在机壳上滴水滴检验，如果水滴只冒热气而没有声音，表明电动机不过热；如果既冒热气又伴有咝咝声，则表明已经过热。

（4）在运行中要经常检查电动机有无不正常的震动或响声。在正常运行时电动机产生一种均匀的响声，没有杂音和怪叫声。若运行中电动机发出特别大的嗡嗡声，表示电流过大，这是由于过载或三相电流显著不平衡引起的；发出时高时低的嗡嗡声，而且机身震动，表示转子出现断条；如发出咝咝声，表示轴承润滑油不足；发出咕噜咕噜声，表示轴承中钢珠损坏；若从定子外壳上听到嘶嘶声，表示定子硅钢片松弛；若有不均匀的嚓嚓声，表示定子与转子有相擦现象。运行人员发现电动机有不正常的响声后，应立即停机，对电动机进行检查、修理，校正安装。

（5）在电动机运行中如运行人员闻到有绝缘漆的焦糊味，应立即切断电源，停机检查。另外还应注意电动机的通风情况是否良好。

3. 电动机的定期检查

三相异步电动机的定期检查可分日常检查、月度检查和年度检查。

（1）日常检查

1）听声音。用听诊棒与电动机机壳、轴承外盖相接触，听磁噪声、通风声、机械摩擦声及轴承运转声是否正常。

2）闻气味。若电动机过载、通风不畅或有其他故障而过热，便会发出绝缘烧焦的臭味。

3）检查温升。用手触摸电动机机壳、轴承等部位，检查电动机是否过热。

4）外观检查。检查电动机各部件有无损坏，螺钉是否松动，震动是否过大，通风是否良好，等等。

（2）月度检查

1）测量电动机绝缘电阻是否正常。

2）检查电动机接地装置是否良好。

3）检查润滑油（脂）变质情况。

4）检查各个紧固件是否松动。

5）检查有无损坏部位（件）。

6）检查接线是否完好。

7）检查电动机的清洁情况。

（3）年度检查

1）清洗轴承和精密度检查。除去轴承盖及钢珠上的旧润滑脂，进行轴承的精密度检查。若发现轴承有毛病或精密度达不到要求，应及时更换。对于完好的轴承，要用汽油或煤油清洗，然后用布或棉纱擦干或者直接放在纸上让汽油或煤油挥发干燥，再加入新的润滑脂。

2）静止部分的检查。如果铁心和绕组上有油污或灰尘，应予以清除。有锈的地方要把铁锈去掉。若导线或引出线破损，应予以修补或更换。

3）拆开修理。若发现电动机有较严重的故障，就要拆开电动机进行修理。

单元测试题

一、单项选择题（下列每题的选项中，只有1个是正确的，请将其代号填写在横线空白处）

1. 三相异步电动机的_____保护，一般用于定子绕组的相间短路保护。
   A. 过时负荷　　　B. 短路　　　C. 缺相　　　D. 失压

2. 对于单台交流电动机线路上熔体的额定电流，应等于电动机额定电流的_____倍。
   A. 1.5~2.5　　　B. 3　　　C. 4　　　D. 5

3. 容量在_____kW及以上的电动机需装设过载（过负荷）保护。
   A. 10　　　B. 20　　　C. 30　　　D. 40

4. 下列故障现象中_____不是由于三相异步电动机在运行中断相造成的。
   A. 绕组过热，温升上升很快　　　B. 三相电流严重不平衡
   C. 电动机转速下降　　　D. 电动机维持转速上升

5. 下列原因中不是引起电动机转动速度低于额定转速的是_____。
   A. 电源电压过低　　　B. 转子导条或端环断裂
   C. 电动机转子回路电阻过小　　　D. 三角形连接的绕组错接为星形连接

6. 交流电动机三相电流不平衡的原因是_____。
   A. 三相负载过重　　　B. 定子绕组发生三相短路
   C. 定子绕组发生匝间短路　　　D. 传动机械被卡住

7. 启动多台三相异步电动机时，可以_____。
   A. 一起启动　　　B. 由小容量到大容量逐台启动
   C. 由大容量到小容量逐台启动　　　D. 无顺序地依次将各台电动机启动

8. 清洗拆卸下的电动机轴承时，应使用_____。
   A. 甲苯　　　B. 绝缘漆　　　C. 清水　　　D. 煤油

9. 交流电动机定子绕组一个线圈两个边所跨的距离称为_____。
   A. 节距　　　B. 长距　　　C. 短距　　　D. 极距

二、判断题（下列判断正确的请在括号内打"√"，错误的打"×"）

1. 小容量的电动机一般用熔断器作过载保护装置。（　　）
2. 三相异步电动机短路保护，一般用于定子绕组的相间短路保护。（　　）
3. 三相异步电动机的电源电压降低，若负载不变将造成电动机的转速降低。（　　）
4. 对于一台电动机，其熔体的额定电流可等于2倍电动机额定电流。（　　）
5. 交流电机常用的绕组形式，可分为单层绕组和双层绕组两大类。（　　）
6. 因为电动机启动电流很大，所以要限制连续启动间隔时间和次数。（　　）

三、简答题

1. 电动机在哪些情况下需装设过载（过负荷）保护？
2. 电动机电源接通后不能启动的原因有哪些？

3. 三相异步电动机合闸后熔丝立即熔断的原因有哪些?
4. 简述三相异步电动机绕组断路故障的检查方法。
5. 三相笼型异步电动机转子故障的原因的哪些?
6. 电动机启动时应检查哪些项目?
7. 三相笼型异步电动机运行前的检查项目有哪些?

四、技能操作题

【第1题】 定子绕组接地故障检修

1. 操作准备

工具、材料准备如下:

序号	名称	型号与规格	单位	数量	备注
1	故障电动机		台	1	
2	绝缘电阻表		只	1	
3	万用表		只	1	
4	220 V/36 V 变压器		台	1	
5	36 V 低压校验灯		盏	1	
6	电烙铁		把	1	
7	短路测试器		台	1	
8	嵌线工具		套	1	
9	电工工具		套	1	
10	绝缘材料		m	适量	

2. 操作要求

(1) 用绝缘板或刮板撬动绕组端部时,要注意不能损坏绕组绝缘,且要沿铁心齿部撬动。

(2) 用木棒敲击槽口端面齿片时,要轻轻敲击,不能使齿片划损绝缘。

(3) 要仔细操作和观察,正确找出故障点。

(4) 如时间允许,可对定子绕组进行浸漆、烘干处理。

(5) 重新装配好电动机。

3. 操作时限

操作时限为 120 min。

4. 配分及评分标准

序号	考核项目	考核内容	配分	评分标准
1	操作准备	(1) 穿工作服,工具、材料准备齐全 (2) 工具选择、使用方法正确	10	(1) 穿戴不整齐或未穿工作服,扣2分 (2) 工具准备不齐全或未做检查,扣3分

续表

序号	考核项目	考核内容	配分	评分标准
2	解体	电动机解体的步骤与工艺要求	20	(1) 步骤或方法不正确，扣5分 (2) 碰伤定子绕组，扣7分 (3) 损坏零部件，每个扣5分 (4) 装配标记不清或没做标记，扣3分
3	故障检修	绕组接地故障的查找和修复	35	(1) 判断故障点错误，扣10分 (2) 检修步骤或方法不对，每次扣5分
4	装配	电动机组装的步骤与工艺要求	15	(1) 装配前没做清扫，扣5分 (2) 损伤零部件，每个扣3分 (3) 紧固螺钉没拧紧，每处扣3分 (4) 装配后转动不灵活，扣5分
5	通电试验		10	试车不成功扣10分
6	安全文明生产	(1) 正确使用仪器、仪表，不损坏元件 (2) 遵守有关安全规定	10	工位不清理，工具、材料摆放不整齐扣5～10分
	合计		100	

【第2题】 三相异步电动机运行监视

1. 操作准备

工具、材料准备如下：

序号	名称	型号与规格	单位	数量	备注
1	电动机		台	1	
2	温度计		只	1	
3	钳形电流表		只	1	
4	万用表		只	1	
5	电工工具		套	1	

2. 操作要求

(1) 检查电动机的温度。

(2) 用钳形表测量电动机的电流。

(3) 注意电动机传动装置及轴承运行情况是否正常。

(4) 详细记录电动机运行监视中发现的情况、现象，将电压、电流及温度等数据记入表中。

3. 操作时限

操作时限为30 min。

4. 运行情况记录及评分标准

序号	考核项目	考核内容（监视情况记录）			配分	评分标准
1	电压检测	线电压	额定值		30	测试项目 每一不合格项扣3分
			U_{UV}（实测值）			
			U_{VW}（实测值）			
			U_{WU}（实测值）			
2	电流检测	线电流	额定值		30	
			I_U（实测值）			
			I_V（实测值）			
			I_W（实测值）			
3	温度检测 （温度计法）	定子绕组 （℃）	最高允许温度		15	
			实测温度			
			手感程度			
		轴承（℃）	最高允许温度		15	
			实测温度			
			手感程度			
4	安全文明生产	正确使用仪器、仪表，不损坏元件，穿工作服，遵守有关安全规定			10	不符合要求，每项扣1分，扣完为止
	合计				100	

单元测试题答案

一、单项选择题
1.B 2.A 3.C 4.D 5.C 6.C 7.C 8.D 9.D
二、判断题
1.× 2.√ 3.√ 4.√ 5.√ 6.√
三、简答题
略。

第3单元

单相异步电动机的拆装与维修

- 第一节　单相异步电动机的基本知识/65
- 第二节　单相异步电动机的反转与调速/71
- 第三节　单相异步电动机的检修/74

单相异步电动机的结构简单、成本低廉、运行可靠、震动和噪声较小、维修和使用方便，可以直接接在 220 V 单相交流电上使用，因而得到了广泛的应用。如工业上可用于电动工具、鼓风机、控制及传动装置，生活上则尤为普遍地用于电风扇、电冰箱、洗衣机、电吹风、吸尘器及空调器等用电器中。

第一节 单相异步电动机的基本知识

→ 熟悉单相异步电动机的工作原理和基本结构

一、单相电动机的特点及应用

利用单相交流电源供电的异步电动机称为单相异步电动机。与同功率的三相异步电动机相比,单相异步电动机的体积较大,运行性能较差。因此单相异步电动机一般只制成小型和微型系列,功率由几瓦、几十瓦到几百瓦,功率在千瓦以上的非常少见。表3—1、表3—2列出了此类小功率电动机的性能特点及应用。

表3—1 单相电动机的性能特点

种类	性能特点			
	启动转矩	力能指标	转速特点	其他
单相电阻启动异步电动机	中等	不高	变化不大	可逆转,启动电流大
单相电容启动异步电动机	大	不高	变化不大	可逆转,启动电流中等
单相电容运转异步电动机	小	高	可调速	噪声低,可逆转,不宜轻载运行
单相双值电容异步电动机	大	高	可调速	噪声低
罩极异步电动机	小	低	可调速	不能逆转
单相串励式电动机	大	高	转速高,调速范围宽	可逆转,机械特性软

表3—2 单相电动机的应用

种类	功率(W)	转速(r/min)	典型应用
单相电阻启动异步电动机	60~370	3 000 1 500	低惯量、不常启动、转速基本不变的机械,如小车床、鼓风机、医疗器械
单相电容启动异步电动机	120~370	3 000 1 500	驱动要求负载启动的机械,如空压机、泵、制冷压缩机
单相电容运转异步电动机	6~1 100	3 000 1 500	直接与拖动机械连接,要求噪声低的场合,如风扇、通风机、洗衣机
单相双值电容异步电动机	180~3 000	3 000 1 500	要求噪声低及负载启动的场合,如小型床、泵、家用电器
罩极异步电动机	2~40	3 000 1 500	要求启动转矩小,运行时间短的场合,如排风扇、小型器械
单相串励式电动机	8~750	4 000~20 000	转速随负载变化或高速驱动,如电动工具、吸尘器等

二、单相异步电动机的工作原理

单相异步电动机定子是单相供电，当定子绕组通入正弦交流电时，产生一个随电流波形的变化作同步变化的脉振磁场。

某一瞬间脉振磁场的方向如图3—1中的虚线所示。这样的脉振磁场，可以分解为大小相等、转速相同但转向相反的两个旋转磁场，通常把逆时针方向旋转的磁场称为正序磁场，把顺时针方向旋转的磁场称为负序磁场。当转子静止不动时，这两个大小相等、方向相反的磁场在转子上感应出的电流也是大小相等方向相反。这两个电流和其对应的旋转磁场相互作用而产生的正、负序转矩也大小相等、方向相反，其合成转矩为零，因此，电动机不能启动，当外力推动转子之后，转子电流对定子正、负序旋转磁场的去磁作用不同，而使气隙中的合成磁场成为椭圆旋转磁场，对转子产生异步转矩，使转子继续转动。

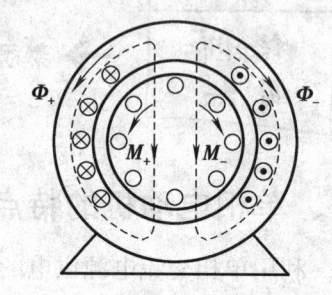

图3—1 单相异步电动机示意图

为了使单相异步电动机无需外力推动而自行启动，就必须采取一些特别措施，以使电动机启动时能在气隙中形成一个旋转磁场。由电磁感应原理可知，当两个磁通的空间位置不同、在时间上又有相位差时就会产生旋转磁场，通常使用的方法有两种，这样单相异步电动机就分为分相式电动机和罩式电动机两大类。

三、分相式单相异步电动机

1. 分相式单相异步电动机的工作特点

分相式单相异步电动机是一种结构简单、应用范围较广的单相电动机，可分为电阻分相启动电动机、电容分相启动电动机和电感分相启动电动机，如图3—2、图3—3、图3—4所示。它们的构造基本相同，所不同的是，为了取得相位移而使用不同分相元件。电容分相性能虽优，但由于有了启动电容器而增加了成本；电阻分相的成本低，可采用串入电阻和减小启动绕组的导线截面，使两个绕组的电抗和电阻不同来获得分相效果。

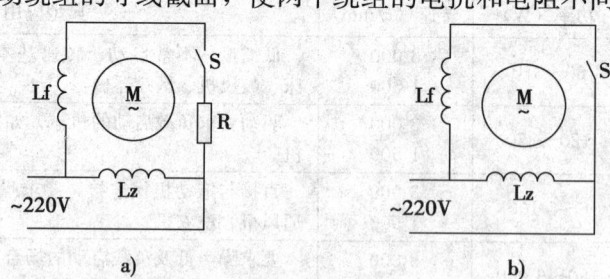

图3—2 电阻分相启动电动机结构示意图
a) 串接电阻 b) 减小启动绕组的导线截面
Lf—启动绕组 Lz—工作绕组 R—电阻 S—启动开关

分相式单相异步电动机的启动绕组与工作绕组在空间上互差90°电角度。由于启动绕组中串有电阻或电容器,当绕组通入单相交流电压时,形成两个绕组磁通的相位差,从而使之产生旋转磁场,电动机开始启动。还有用电抗器串入工作绕组以增加电感、增大相位差的电感分相启动电动机。图3—4所示是电感分相启动电动机结构示意图。

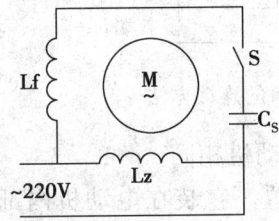

图3—3　电容分相启动电动机结构示意图
　　　　Lf—启动绕组　　Lz—工作绕组
　　　　Cs—启动电容器　　S—启动开关

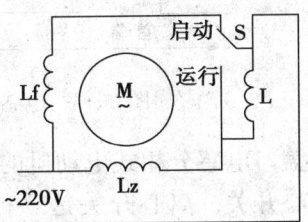

图3—4　电感分相启动电动机结构示意图
　　　　Lf—启动绕组　　Lz—工作绕组
　　　　L—电抗器　　S—启动开关

2. 分相式单相异步电动机的基本结构

下面以电感分相式电动机和电容分相式电动机为例介绍分相式单相异步电动机的基本结构。

(1) 电感分相式。电感分相式单相异步电动机的主要部件有机壳、定子、转子、端盖、离心开关等。

1) 定子。电感分相式单相异步电动机的定子铁心与三相异步电动机基本相同,都由冲有很多槽的硅钢片叠压而成,不同之处是定子铁心槽内嵌有两组绕组,即启动绕组和工作绕组。目前,电感分相式电动机的定子绕组一般采用同心式,启动绕组位于定子铁心槽的上部,工作绕组位于定子铁心槽的下部。如图3—5所示为8槽2极电感分相式电动机,启动绕组Ax和工作绕组By在定子铁心圆周相差90°电气角。

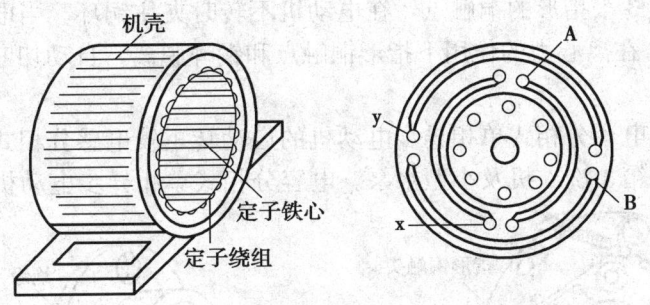

图3—5　电感分相式电动机的定子绕组
A—x—启动绕组　B—y—工作绕组

对于电感分相式电动机不论极数多少,相邻两极的极性一般是相反的。若绕组是串联接法,则往往是尾—尾相接、头—头相接,如图3—6所示。

2) 转子。转子由转轴、转子铁心以及笼导条组成,如图3—7所示。电感分相式电动机的笼型转子大多采用斜槽式,转子笼导条两端一般相差一个定子齿距,这主要是为了改善电动机的启动性能。

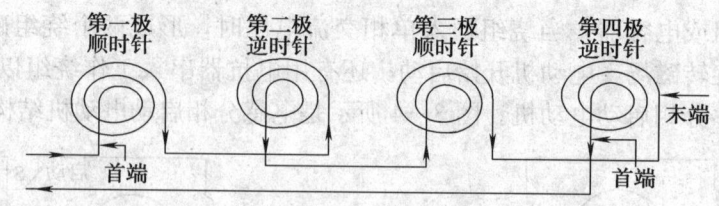

图3—6 电感分相式电动机4极绕组的连接方法

3）端盖。电感分相式电动机的端盖与三相异步电动机相同。

4）离心开关。离心开关是一种常用启动自动装置，它装在电动机内部的转子上。电动机启动前，启动绕组通过离心开关触点闭合而与工作绕组并联；启动后，当其转速达到额定转速的75%时，由于离心力的作用，触点离开而切断启动绕组的电源。

离心开关由静止和转动两部分构成，较常用的U形夹片式离心开关的静止部分由U形磷铜夹片和绝缘接线板组成，还有一对动触点和静触点用于分断电路，其转动部分则装在转轴上，如图3—8所示。

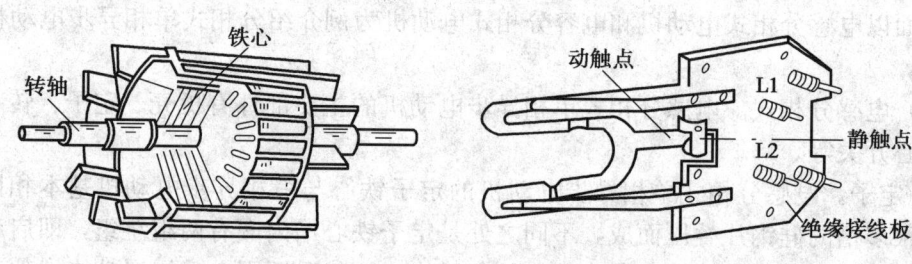

图3—7 笼型转子　　　　　图3—8 U形夹片离心开关

还有一种指形触点式离心开关，其静止部分由两个半铜环组成，类似直流电动机的换向器，转动部分则是3个指形的铜触点，在电动机不转时夹住铜环。当电动机转速升到额定转速的75%时，在离心力的作用下指形铜触点和铜环脱离，自动切断电源，如图3—9所示。

（2）电容分相式。电容分相式单相异步电动机的启动转矩较电感分相式大，所以应用范围很广，常用于冰箱、洗衣机及小型水泵。电容分相式单相异步电动机的结构与电

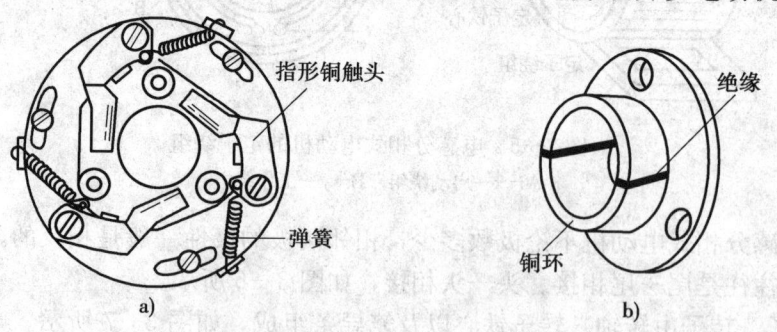

图3—9 指形触点式离心开关
a）转动部分　b）静止部分

感分相式相似,不同之处是增加了一个电容器,电容器通常装在电动机的上部,如图 3—10 所示。其主要部分有定子、笼式转子、机壳和前后端盖、离心开关(电容启动式电动机)和电容器。

电容器是用来储能和移相的,电容式单相异步电动机普遍采用油浸电容器和电解电容器。油浸电容器的绝缘强度和散热条件较好,常用于电容运转式电动机;电解电容器的通电时间较短,否则会发热失效,因而常用于电容启动式电动机。

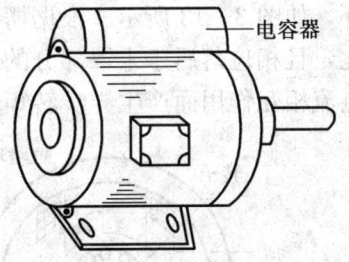

选用电容器时必须注意其容量、耐压(工作电压)、外形尺寸、工作温度等。电容运转式电动机采用的电容器容量为 1~3 μF,而电容启动式电动机采用的电容容量为 10~50 μF。此外,由于电容启动式电动机采用的是交流 220 V 电源,所以电容器的耐压必须大于 $\sqrt{3}$ 倍电源电压(即 400 V)。电动机使用过久或长期不用,电容器会失效或容量改变,此时必须更换相同规格的电容器,否则会影响电动机的正常工作。

图 3—10 电容式单相异步电动机

单相电容式电动机一般容量较小,启动性能差,为了获得较大的启动转矩及较好的运行特性,可以增加一套启动装置和一只容量较大的启动电容器,在启动时接入电路,启动后启动电容器自动切除,而让运行电容器仍接在电路内,这就是双值电容单相电动机,如图 3—11 所示。

另外一种能进一步提高性能的电容器-变压器组合电动机,如图 3—12 所示。电容器跨接于自耦变压器升压端,当电动机启动时,电容器呈现的等效电容量是按电压的平方关系递增的,因而它的容量可增至原来的 4~9 倍,启动后,电容器则恢复到正常的容量并投入运行。

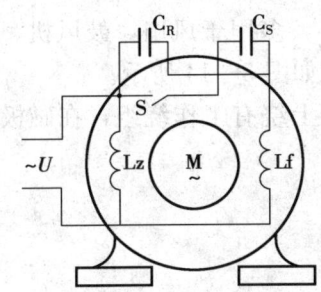 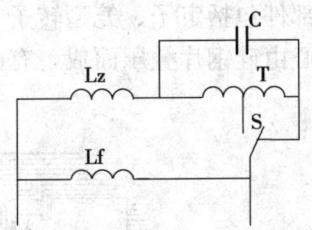

图 3—11 双电容单相电动机结构示意图 　图 3—12 电容器-变压器组合单相电动机接线示意图
Lz—工作绕组 　Lf—启动绕组 　S—启动开关 　　　　Lz—工作绕组 　Lf—启动绕组
C_R—运行电容器 　C_S—启动电容器 　　　　　　T—自耦变压器 　C—电容器

四、罩极式单相异步电动机

1. 罩极式单相异步电动机的工作特点

罩极结构启动的单相异步电动机的定子铁心通常采用凸极式,在凸出的磁极上套有一个集中布置的工作绕组,在每个主磁极极面约 1/3 部分开有小槽,把磁极分成两个部分，在小的部分上套装上一个粗铜线做成的短路环或短路线圈，好像把这部分磁极罩起来一样，所以叫罩极式电动机。

当工作绕组通入单相交流电时，就产生一个脉振磁场，磁场中一部分磁通穿过短路环，如图3—13所示。根据楞次定律，短路环产生的感应电流将阻止罩极部分磁通的变化，且相位落后于未罩部分的磁通相位，从而产生定子椭圆旋转磁场，它与转子的感应电流相互作用而产生异步转矩，电动机便可自行启动。

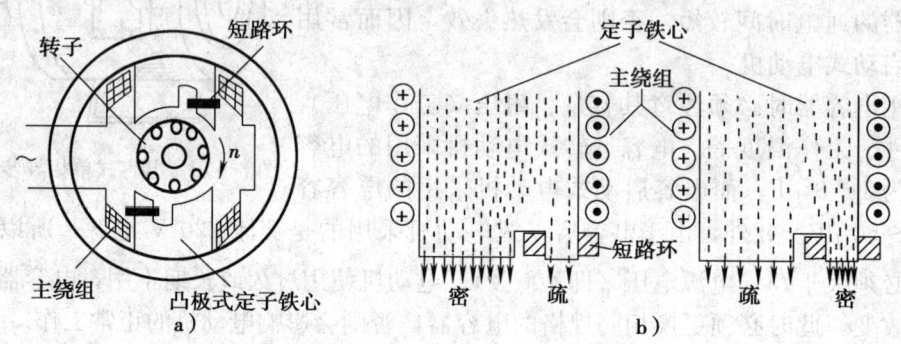

图3—13 凸极式罩极电动机短路环的工作原理示意图
a) 基本结构　b) 主绕组电流增大时　c) 主绕组电流减小时

采取上述两项措施后，单相电动机实际已成为由单相电源供电的两相电动机。接通电源后，定子两个绕组产生的合成磁场为两相旋转磁场，在两相旋转磁场作用下，电动机便能够产生电磁转矩，使之启动。启动后，无论启动绕组是否继续通电，电动机仍可运转。因为这时正向的旋转磁场已得到加强，虽然存在反向的旋转磁场，但已被正转的转子电流削弱。

2. 罩极式单相异步电动机的基本结构

罩极式单相异步电动机的容量很小，启动转矩也小，多用于风扇，鼓风机、仪器仪表中。主要部件包括定子、笼型转子、端盖和外壳等，如图3—14所示。

定子铁心由硅钢片叠压而成，有凸出的磁极，磁极上绕有工作绕组，在磁极的一边

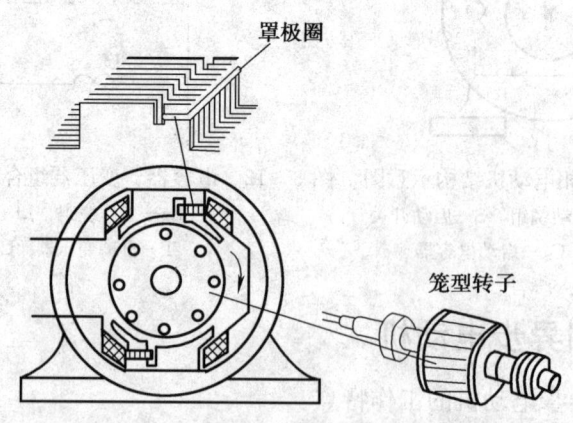

图3—14 罩极式单相电动机结构示意图

还嵌有一只电阻很小的短路线圈（或短路环）。端盖的一端通常与电动机的机壳浇铸在一起，另一端为拆卸式，这主要是为了减小拆装过程对转子与定子的定位影响，端盖中装有滚珠轴承或球形含油轴承。在罩极式电动机中，启动绕组就是嵌在每一磁极一边的一个短路线圈或短路环。

罩极式单相电动机有 2、4、6、8 极，相邻磁极的极性相反。若要改变电动机转向，需拆下定子将磁极反置，如图 3—15 所示。

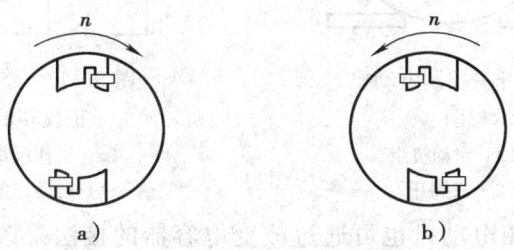

图 3—15　定子磁极反置前后电动机转向示意图
a）定子磁极反置前　b）定子磁极反置后

第二节　单相异步电动机的反转与调速

→ 能进行单相异步电动机的正反转控制和调速

在日常生活中常需要对单相异步电动机进行反转和调速控制，如家用电器中洗衣机的正反转洗涤、调速及电风扇的调速等。下面分别介绍这两种控制电路的组成原理。

一、单相异步电动机的反转

要使单相异步机反转就必须改变旋转磁场的转向。改变旋转磁场转向可通过把工作绕组（或启动绕组）的首端和末端与电源的接线对调、把电容器从一组绕组中改接到另一组绕组中等方法实现。

1. 单相电容分相式异步电动机的反转控制

单相电容分相式异步电动机需要变换旋转方向时，可以通过反接启动绕组或工作绕组的接线来实现。把启动绕组或工作绕组中的一组首端和末端与电流的接线对调。因为异步电动机的转向是从电流相位超前向电流相位落后的绕组旋转的，如果把其中的一个绕组反接，等于把这个绕组的电流相位改变了 180°，假若原来这个绕组是超前 90°，则改接后就变成了滞后 90°，结果旋转磁场的方向随之改变。图 3—16 所示的是用双掷开关控制实现正反转的示意图，图 3—17 是用 T 形接法实现正反转的示意图。

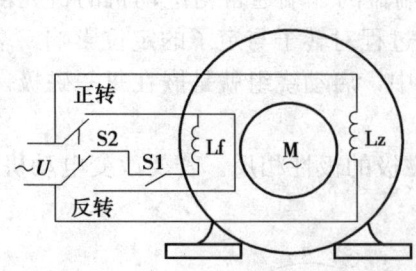 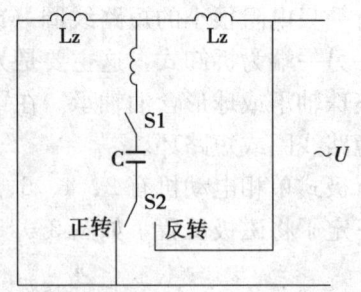

图 3—16　用双掷开关控制电动机　　　　图 3—17　绕组 T 形接法控制
　　　　正反转的示意图　　　　　　　　　　　正反转的接线示意图
　　Lz—工作绕组　Lf—启动绕组　　　　　　Lz—工作绕组　Lf—启动绕组
　　S1—启动开关　S2—双掷开关　　　　　　S1—启动开关　S2—双掷开关

有的电容分相式单相电动机也可通过改变电容器的接法来改变电动机的转向。图3—18所示为洗衣机正反转控制示意图，当定时器开关处于图中所示位置时，电容器串联在工作绕组 Lz 上，电流 I_{Lz} 超前于 I_{Lf} 相位约 90°；经过一定时间后，定时器开关将电容从 Lz 绕组切断，串联到启动绕组 Lf，则电流 I_{Lf} 超前于相位 I_{Lz} 约 90°，从而实现了电动机的反转。这种单相异步电动机的工作绕组与启动绕组可以互换，所以工作绕组、启动绕组的线圈匝数、粗细、占槽数都应相同。

2. 罩极式单相异步电动机的反转控制

外部接线无法改变罩极式电动机的转向，因为罩极电动机的旋转方向永远是从磁极的未罩部分转到被罩部分，内部结构决定了转向。因此，要使它反转，必须改变其磁极的安装位置，这显然是很不方便的。为了达到可反转的要求，人们设计了一种特殊形式的罩极电动机，磁极分成四个极靴，极靴上绕几匝粗绝缘导线作为罩极启动绕组，每个相对的绕组串联，用双掷开关使其交替短接，如图 3—19 所示。

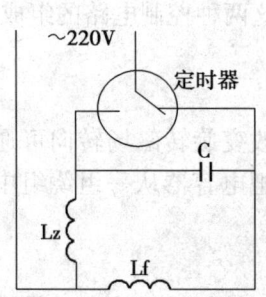 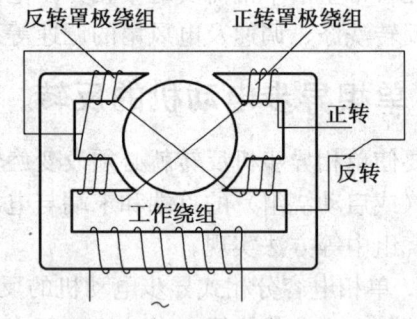

图 3—18　洗衣机电动机的正、反向控制　　图 3—19　可正反转的罩极式电动机结构示意图

二、单相异步电动机调速

调速一般有以下 4 种方法。

1. 串电抗器或电阻器调速

单相异步电动机可在绕组中串入电阻器或电抗器，用以降低电压，使电动机能同时降低转速和减少转矩，达到调速的目的，如图 3—20 所示。当需要高速时，让启动绕组

Lf1 与 Lf2 串联，工作绕组 Lz 直接接到电源上；在需要低速时，工作绕组与启动绕组串联后接入电源，此时工作绕组只分得全电压的一部分，由于工作绕组的电压降低而使电动机的转速下降。这种调速方法简单、操作方便，但只能有级调速，且电抗器消耗电能。

2. 电动机绕组内部抽头调速

电动机定子铁心嵌放有工作绕组 Lz、启动绕组 Lf 和中间绕组 L 时，通过开关改变中间绕组与工作绕组及启动绕组的接法，从而改变电动机内部气隙磁场的大小，使电动机的输出转矩也随之改变，在一定的负载转矩下，电动机的转速也变化。通常有 L 形和 T 形两种接法，如图 3—21 所示。这种调速方法不需要电抗器，材料省、耗电少，但绕组嵌线和接线复杂，电动机和调速开关接线较多，且是有级调速。

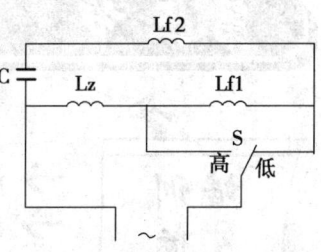

图 3—20 双速单相异步电动机接线示意图

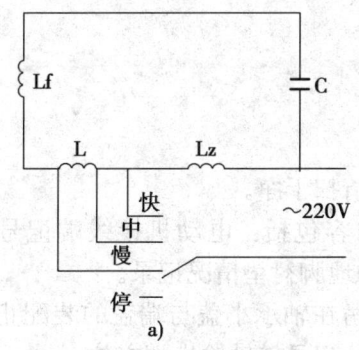
a)

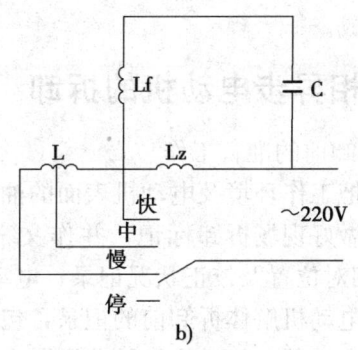
b)

图 3—21 单相电动机绕组抽头调速接线图
a) L 形接法　b) T 形接法

3. 晶闸管调速

晶闸管调速系统的基本原理是利用改变晶闸管的导通角，来改变加在单相异步电动机上的交流电压，从而调节电动机的转速。这种调速方法可以做到无级调速，节能效果好，但会产生一些电磁干扰，大量用于风扇调速。图 3—22 是电风扇无级调速电路图，接通电源后，电容 C1 充电，当电容 C1 两端电压的峰值达到氖管 HL 的阻断电压时，HL 亮，双向晶闸管 VTh 被触发导通，电风扇转动。改变电位器 R_P 的大小，即改变了 C1 的充电时间常数，使双向晶闸管 VTh 的导通角发生变化，也就改变了电动机两端的电压，因此电扇的转速改变。

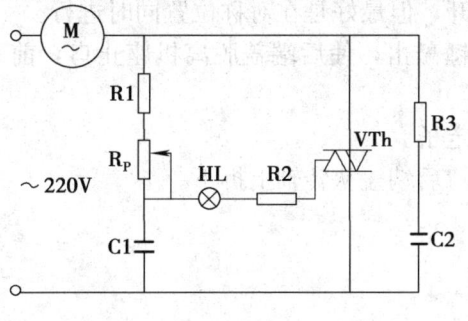

图 3—22 电风扇无级调速电路

4. 变频调速

理论上，异步电动机的转速与电源频率 f 成正比，改变定子供电频率就改变了电动机的转速，这就是变频调速。交流电动机的变频调速就是利用变频装置,将电网交流电整流为直流电,再将直流电逆变为频率及电压可调的交流电,去驱动交流电动机实现调速。变频调速具有效率高、调速范围宽、精度高、平滑性好等优点,但变频器的价格比较高。

第三节 单相异步电动机的检修

→ 能对单相异步电动机进行拆装
→ 能对单相异步电动机的故障进行分析与处理

对单相电动机进行检修时,必须先对电动机进行拆卸。在排除故障并复原后,再对电动机进行清洗并加注润滑油,随后进行装配,最后通过检查和试验,电动机的检修工作才告完成。

一、单相异步电动机的拆卸

1. 拆卸前的准备工作

(1) 把工作环境及电动机表面的油污、尘土清扫干净。

(2) 做好现场拆卸标记,并作文字记录,内容包括:电动机接线端记号;联轴器(对轮)相对位置及校正状况记录;电动机安装的地脚衬垫情况记录。

(3) 电动机解体拆卸前的记录,包括:用平凿在轴承小盖与端盖的装配止口凿出痕道记号;在端盖与机座止口处分别凿出识别记号;记录转轴输出端方位。

(4) 检查转轴在解体前是否灵活,记下其松紧程度,并注意观察是否有轴端弯翘等现象。

2. 单相异步电动机的拆卸程序

(1) 拆卸联轴器或带轮。

(2) 拆卸风罩及风叶。

(3) 卸开前(输出端)轴承小盖(如无小盖则免此项)的螺钉后将小盖取下。

(4) 卸开前、后(风叶端)和端盖螺钉。

(5) 在后端盖与机座接缝之间,用平凿将其敲开,但最好是在对称位置同时进行。

(6) 用硬木板(或铜、铝等)垫住轴前端面用锤敲击,使后端盖脱离机座止口,前轴承脱离前端盖轴承室。

(7) 卸开前端盖,再将转子连后端盖一起退出定子。

(8) 卸开后轴承小盖螺钉,取下轴承盖,然后将后端盖从转轴上拆下。

(9) 将拆卸的所有零部件归拢放好备用。

3. 部分零部件的拆卸

(1) 取出定子铁心及绕组

1) 敲打定子铁心法。如端盖正面有孔,可用此法进行拆卸,即把定子铁心与前端盖组件一起放在一个钢套筒上，如图 3—23 所示。套筒内径应稍大于定子铁心外径，用一根纯铜棒插入后端盖的孔内，与定子铁心端面相接触（应注意，千万不能触及定子绕组），在定子铁心四周用锤子敲打纯铜棒，直到定子铁心及定子绕组脱离前端盖。用此法拆卸时，套筒下面要多垫加棉纱等软物，以防定子铁心掉下时砸伤定子绕组。

2) 撞击法。如端盖正面无孔，则可用此法进行拆卸，即将定子铁心及前端盖组件倒放在一个圆筒上，圆筒底部要多垫棉纱等软物，如图 3—24 所示。用双手将该组件与圆筒合抱在一起撞击，依靠定子铁心及绕组的质量，使其与前端盖脱离。

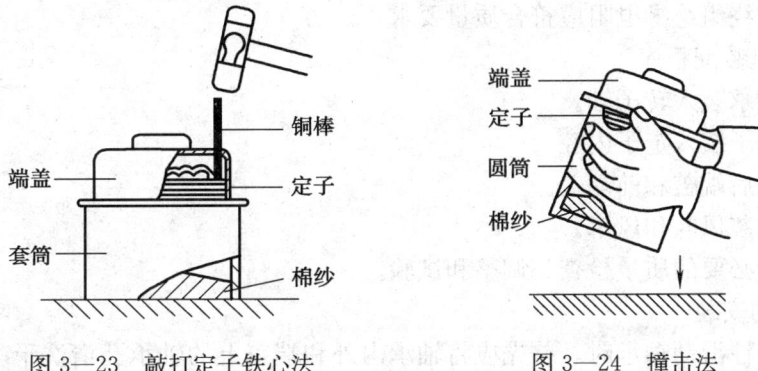

图 3—23 敲打定子铁心法　　　图 3—24 撞击法

3) 敲打端盖法。将定子铁心伸出端盖的部分用台虎钳夹紧（注意：不能触及定子绕组），随后用铜棒敲击端盖的边缘，使端盖与定子铁心脱离，注意不能损伤端盖。此法不需要任何专用工具，最为简单，如有可能应优先考虑采用这种方法。

（2）拆卸轴承。外转子式单相异步电动机（吊扇）的轴承一般均为滚动轴承，其拆卸方法与三相异步电动机的轴承拆卸法相同。

内转子式单相异步电动机的轴承一般均为圆柱滑动轴承，其拆卸方法一般有两种。

1) 用轴承拉具拆卸。按图 3—25 所示的方法将拉具定位后，只需旋动轴承拉杆上部的螺母，拉杆下面的凸台即能把轴承慢慢顶出。

2) 用敲击法拆卸。如图 3—26 所示，用锤子敲击纯铜棒，该纯铜棒直径较小一端的尺寸应比轴承内孔稍小，纯铜棒直径较大一端的尺寸应小于端盖上的轴承孔径，锤子敲击纯铜棒时用力应垂直、均匀，轻敲慢打，以免引起端盖变形。

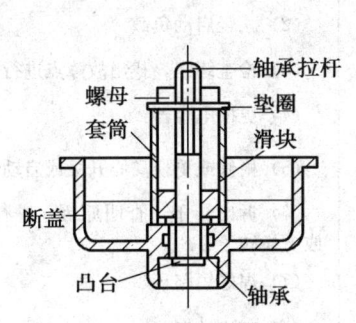 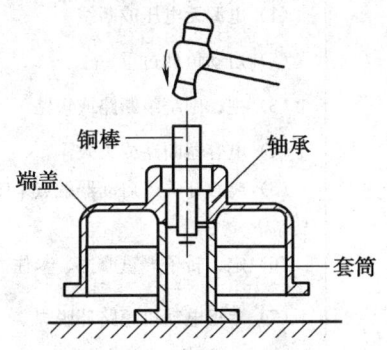

图 3—25 用轴承拉具拆卸轴承　　　图 3—26 用敲击法拆卸轴承

二、单相异步电动机的安装

1. 装配前的准备工作

(1) 将电动机定子、转子内外表面的灰尘、油污、锈斑等清理干净。

(2) 把浸漆后凝留在定子内腔表面、止口上的绝缘漆刮除干净(非重绕电动机免此项)。

(3) 检查槽楔应无松动,绕组绑扎无松脱、无过高现象。

(4) 检查绕组绝缘电阻应符合质量要求。

2. 电动机装配程序

(1) 将轴承装入转子轴。

(2) 将转子装入定子内腔。

(3) 装配后端盖和前端盖。

(4) 后轴装风叶和风罩。

(5) 进行必要的质量检查、调整和试验。

3. 轴承的安装

在安装圆柱滑动轴承时,首先应将轴承内外和端盖上的轴承孔清洗干净,然后将浸透润滑油的油毡放入端盖轴承孔的油毡槽内,在滑动轴承的内外涂上润滑油,再将轴承均匀地压入或打入端盖轴承孔内,要注意保证轴承与端盖轴承孔之间的同心度,不能偏斜。

在安装球形轴承时应先检查轴承弹簧压片的压力,不符合使用要求的应予更换,然后把球形轴承放入前后端盖内加上油毡、盖上弹簧片。一定要拧紧轴承压盖螺钉,并检查安装是否牢固,不允许球形轴承自行旋动。

三、单相异步电动机的常见故障分析

单相异步电动机常见故障的故障原因及排除方法见表3—3。

表3—3　　　　单相异步电动机的常见故障原因及排除方法

故障原因	产生原因	排除方法
不能启动	(1) 电源无电压或断线 (2) 启动负载过重 (3) 主、副绕组断路或短路 (4) 电容器断路或失效 (5) 离心开关或启动器触点未闭合或接触不良 (6) 定、转子严重摩擦、卡住 (7) 罩极电动机短路环脱焊 (8) 铸铝笼型转子严重缩孔、断条	(1) 检查电源和开关并进行修复 (2) 减轻启动负载 (3) 检查绕组,找出故障点进行修复 (4) 更换电容器 (5) 检修或更换离心开关或启动器 (6) 拆出转子,查明原因,进行修复、校正或更换转子 (7) 焊好短路环 (8) 更换转子

续表

故障原因	产生原因	排除方法
启动缓慢或难于启动	(1) 电源电压过低 (2) 电容器容量过小 (3) 罩极短路环脱焊 (4) 笼型转子缩孔、断条	(1) 调整电源电压 (2) 更换合适电容 (3) 焊好短路环 (4) 更换转子
转速低于正常转速	(1) 电源电压过低 (2) 绕组匝间短路 (3) 运转电容击穿短路或容量减少 (4) 电动机过载	(1) 调整电源电压 (2) 拆开检查，局部修理或更换绕组 (3) 更换电容 (4) 减小负载
电动机外壳带电	(1) 引出线绝缘损坏 (2) 定子绕组绝缘偏低或接地 (3) 接地线未接好	(1) 找出故障点，包好绝缘 (2) 拆开检查找出接地点，进行绝缘修补，若因受潮而使绝缘电阻低可烘干处理；绝缘轻度老化可浸漆烘干处理；绝缘老化严重应更换绕组 (3) 接好地线
电动机过热	(1) 定子绕组严重匝间短路或接地 (2) 运转电容器短路 (3) 定、转子相擦 (4) 电源电压过低 (5) 电动机过载运行 (6) 轴承磨损或缺油摩擦发热	(1) 拆开检查修理或更换短路绕组线圈 (2) 更换电容器 (3) 消除定、转子间杂物；修理、校正或更换转子 (4) 调整电源电压 (5) 减小负载 (6) 更换轴承，添加润滑油
电动机振动与噪声	(1) 轴承磨损或缺油 (2) 定子、转子相擦 (3) 定子、转子铁心错位，或不同心，使气隙不均匀，造成震动和电磁噪声 (4) 转子斜槽质量不良造成高频电磁声 (5) 电动机与机械固定螺栓松脱	(1) 更换轴承，添加润滑油 (2) 消除定子、转子间杂物，修理、校正或更换转子 (3) 调整垫圈使定、转子铁心对齐 (4) 更换斜槽质量好的转子 (5) 紧固固定螺栓

四、启动电路故障检修

单相异步电动机的结构及工作原理和三相异步电动机有很多相同之处，所以它们的很多故障以及产生原因和检查修理方法是一样的。例如定子绕组的断路、短路及接地故障，均可以使用相同的方法进行检查修理。但是单相异步电动机有一个独立的启动电路，而且定子绕组是单相的，在结构上存在某些差异，因此，在启动电路故障检修和定子绕组的重绕上有其特殊性。

对于罩极式电动机，启动电路的故障主要是短路环（短路线圈）脱焊断开，使电动机无法启动，因此，只要把短路环焊好就可以了。对于分相式启动的单相异步电动机，主要是离心开关（或启动继电器）、电容器及启动绕组的故障。启动绕组的绝缘电阻偏低、断路、短路及接地等故障和工作绕组一样，可以使用与三相异步电动机相同的方法进行检查和局部修理。

1. 启动开关故障检修

分相式启动的单相异步电动机启动时开关触点未闭合或接触不良，将使电动机无法启动。如果达到预定转速后，开关不能断开，会使启动电容器和启动绕组长期接入电路工作，导致电容器和启动绕组过热甚至烧坏。

2. 离心开关故障检修

离心开关在电动机静止时由弹簧保持其触点闭合，电动机达到预定转速后，借助离心力分断触点。离心开关常见故障及故障原因如下表3—4所示。

表3—4　　　　　　　　离心开关常见故障及故障原因

故障现象		故障原因
电动机不能启动	离心开关开路	(1) 弹簧失效，无足够的张力使触点闭合 (2) 动作机械卡住 (3) 触点烧坏脱落 (4) 触点簧片过热失效 (5) 接线螺钉松脱或线头断开 (6) 动静触点间有杂物、油垢、接触不良 (7) 触点绝缘板断裂，触点不能闭合
电动机启动绕组发热烧坏	离心开关短路	(1) 弹簧过硬，电动机达到预定转速时仍不能断开启动绕组 (2) 机械构件磨损、变形，导致触点不能断开启动绕组 (3) 簧片式离心开关的簧片过热失效 (4) 动静触点烧熔黏结 (5) 甩臂式离心开关的铜环极间绕组绝缘击穿

离心开关的故障可按下述方法检查和处理：

(1) 开路故障。用万用表测量启动绕组的阻值，通常可测得电阻为数百欧。若阻值很大，则表明启动回路有断开故障，应拆开电动机进一步测量启动绕组的阻值。如果测的阻值与前面测的值相同，则表明离心开关存在故障，然后按上表所列举的原因逐个检查处理。如果构件严重磨损，应更换。

(2) 触点失灵故障。对于电容分相式启动绕组引线外接的分相式电动机，可在启动绕组回路中串入电流表，若电流表有电流指示，则表明触点失灵不能断开，此时应拆开进行检查和处理。

(3) 启动继电器故障。启动继电器的故障主要是线圈断路或短路、烧坏，触点接触不良。线圈断路、短路可以修理或更换继电器，触点因脏污或烧损而接触不良，可以用锉刀及砂纸修整。

3. 电容器故障检修

电容器是单相电容启动式电动机、单相电容启动运转式电动机和单相电容运转式电动机不可缺少的一个重要元件。

(1) 电容器常见故障。通常有以下三种：

1) 引出线接触不良或断裂。电容器经过长期使用，引出线断开或者由于长期存放、保管不善而受潮腐蚀，使引出线霉烂，造成引出线接触不良或断线。

2) 自然失效。电解介质经过长期使用或存放，电容器的容量发生下降变化等。

3) 过电压而击穿。若电动机长期运行于过高的电压下,则电容器的绝缘介质就会被击穿而短路或断路。

(2) 电容器故障的处理。若电容器出现上述故障,将会影响单相电容电动机的正常运行,使电动机不能工作甚至烧毁绕组。若发现电容移相而造成电动机出力不够,则应检查电容器的容量是否符合要求。如果电动机不能启动,或者启动时有嗡嗡响声,也无法启动,则应当检查电容器是否开路或短路。电容器的检查方法有如下几种:

1) 检查电容器的容量。检查时,将电容器接入 50 Hz 交流电路中,测量通过电容器的电流和电容器两端的电压,如图 3—27 所示。按下式计算电容器的容量,将计算结果与电容器标准容量比较,若计算值小于额定值的 60%,则表明电容器已失效,不应使用。在测量时,必须注意测量时间应为 1~2 s,否则,很容易发生击穿。

$$C = 3\,180\,I/U$$

式中　C——电容量,μF;
　　　I——电流表读数,A;
　　　U——电压表读数,V。

2) 用万用表检查电容器的开路和短路故障。测量时,将万用表调到 1 kΩ 或 10 kΩ 挡,然后测电容器两端阻值:

若万用表指针首先大幅度向电阻为零方向摆动,然后慢慢返回指向某一数值(约几百千欧),则表明电容器质量良好。

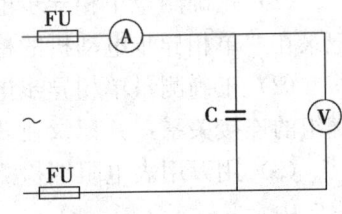

图 3—27　电容器测试图

若万用表指针静止不动,则表明电容器已开路。

若万用表指针摆到某刻度的位置后,停下来再返回,则表明电容器严重漏电。

若万用表指针大幅度摆到电阻为零的位置,指针不返回,则表明电容器已短路。

若如果万用表指针的摆动比测量正常电容器的摆动小,则表明电容器的容量下降,未达到标准容量的数值。

单元测试题

一、简答题

1. 简述单相异步电动机的基本结构。
2. 单相异步电动机分为哪几种类型?
3. 单相罩极异步电动机的工作原理是怎样的?它的优缺点是什么?
4. 如何改变电容启动单相异步电动机的转向?它与电容运行电动机的转向改变方法是否相同?
5. 单相异步电动机的调速方法有哪几种?分别比较其优缺点。
6. 单相罩极电动机的转向可以改变吗?为什么?转速能调节吗?
7. 请分析单相异步电动机不能启动的主要原因有哪些,应如何处理。
8. 请分析单相异步电动机过热的原因有哪些?应如何处理?

二、技能操作题

【第1题】 单相异步电动机的测试与接线

1. 操作准备

工具、材料准备如下：

序号	名称	型号与规格	单位	数量	备注
1	电工常用工具		套	1	
2	万用表		只	1	
3	单相异步电动机	电容式	台	1	
4	启动电容		个	1	与电动机配套
5	绝缘电阻表		只	1	
6	切换开关		只	1	

2. 操作要求

（1）正确测量单相异步电动机绕组对外壳的绝缘电阻，绝缘电阻应大于 1 MΩ，并记录在"单相异步电动机的检测记录表"中。

（2）正确测量单相异步电动机三根引出线（设为1、2、3）之间的直流电阻，判断绕组的连接关系，并记录在"单相异步电动机的检测记录表"中。

（3）用万用表电阻挡检测启动电容器的好坏，记录在"单相异步电动机的检测记录表"中。

（4）扳动电动机转轴，检查转子转动是否灵活，转动时有无杂音，有无转子与定子相擦的感觉。

（5）能按图3—28所示正确连接线路，观察电动机在启动和运转时是否有不正常的噪声和震动，电动机连续运行 10 min，并经常用手触摸电动机外壳，感觉其温度是否有不正常升高。

（6）切换开关位置，观察电动机换向情况。

（7）通电时如果出现电动机不能启动、有异常噪声、发热等异常情况，应及时切断电源，查找原因，并作相应处理。

3. 操作时限

操作时限为 120 min。

4. 配分及评分标准

序号	考核项目	考核内容	配分	评分标准
1	操作准备	着装及工具准备	10	（1）穿戴不整齐或未穿工作服，扣2分 （2）工具准备不齐全或未做检查，扣3分
2	绝缘电阻的测量	测量单相异步电动机绕组对外壳的绝缘电阻	15	（1）数据测量不准确，每项扣5分 （2）测量表使用不当，每次扣5分
3	判断绕组的连接关系	测量单相异步电动机三根引出线之间的直流电阻	15	（1）数据测量不准确，每项扣5分 （2）测量表使用不当，每次扣5分

续表

序号	考核项目	考核内容	配分	评分标准
4	启动电容器的检测	测试并判断启动电容器的好坏	15	(1) 测试不准确,扣15分 (2) 判断错误,扣10分
5	接线	根据接线图正确连线	10	线路出现短路或断路,每处扣5分
6	通电试车	观察电动机在启动和运转时是否正常,并观察电动机换向情况	10	试车不成功扣10分
7	调试	能对出现的故障作相应处理	15	故障处理不成功,扣15分
8	安全文明生产	按现场安全文明规定	10	工位不清理,工具、材料摆放不整齐,扣5~10分
	合计		100	

单相异步电动机的检测记录表

绝缘电阻(MΩ)			
引线直流电阻(Ω)	1~2之间	2~3之间	3~1之间
启动电容(μF)	正向	判断电容是否完好	
	反向		

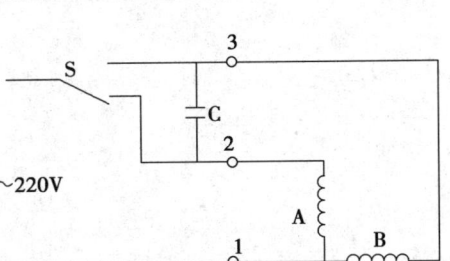

图3—28 电容运行式单相异步电动机的接线

第 4 单元

工厂常用机床控制线路及维修

- 第一节 机床电气控制线路维修要求和维修方法/85
- 第二节 CY6140 型车床电气控制线路检修/91
- 第三节 X62W 型万能铣床电气控制线路检修/98
- 第四节 Z3040 型摇臂钻床电气控制线路检修/109
- 第五节 数控机床自动控制系统检修/118

机床种类很多，工厂使用最广泛的通用机床是车床、铣床、刨床、钻床、磨床等。机床电路故障种类繁多，同一种故障症状可对应多种故障原因，同一种故障原因又可能有多种故障症状表现。快速排除故障，保持机床连续运行是电气维修人员的职责，也是衡量电气维修人员水平的标志。

　　本单元着重介绍CY6140型普通车床、X62W型万能铣床、Z3040型摇臂钻床的电气控制线路及检修方法，并简明介绍数控机床自动控制基础知识。

第一节 机床电气控制线路维修要求和维修方法

→ 熟悉机床电气设备的维修要求和一般方法
→ 能利用故障点查找法查找机床电气设备的故障
→ 掌握机床电气设备日常维护的方法

一、机床电气设备维修要求

电气设备发生故障后,维修人员应能及时、熟练、准确、迅速、安全地查出故障,并合理排除,尽早恢复电气设备的正常运行。对电气设备维修的一般要求如下:

(1) 采取的维修方法和步骤必须正确,切实可行。
(2) 不得损坏完好的元器件,增加故障成本。
(3) 不得随意更换元器件及连接导线的型号规格,以免降低使用性能。
(4) 不得擅自改动线路及控制程序。
(5) 损坏的元器件在不降低其固有性能的前提下,应尽量修复使用。
(6) 电气设备的各种保护性能必须满足设计和使用要求。
(7) 电气绝缘性能保持良好,通电试车应满足电路的各项功能,控制环节符合程序要求。
(8) 修理后的电气装置必须满足其质量标准要求。电气装置的检修质量标准是:
1) 外观整洁,无破损。
2) 所有电器元件的触点均应完好,接触良好。
3) 压力弹簧和反作用力弹簧的弹力符合要求。
4) 操纵、复位机构必须灵活可靠。
5) 各种衔铁运动灵活,无卡阻现象。
6) 灭弧罩完整、清洁,安装牢固。
7) 整定数值应符合电路使用要求。
8) 指示装置信号正常。

二、机床电气设备的日常维修

通常机床电气设备的日常维修包括日常维护保养和故障检修两方面。加强对电气设备的日常检查、维护和保养,及时发现非正常现象并给予修复和处理,就可以将故障消灭在萌芽状态,使电气设备少发生甚至不发生故障,降低故障造成的损失,延长机床正常连续运转周期。

1. 机床电气设备日常维护保养的要求
(1) 电气柜的门、锁及耐油密封垫应关闭严密。
(2) 经常清扫电器柜,使柜内保持清洁、无油污、无粉屑和无灰尘。

(3) 不得有水滴、油污和金属屑等进入电气柜内，以免损坏电器造成事故。
(4) 清扫元器件上的灰尘，擦净油泥，紧固所有螺栓。
(5) 清扫启动及调节用电阻器内的粉尘，擦净需要接触的部分。
(6) 操作台上的按钮、主令开关手柄、信号灯及仪表护罩都应保持清洁完好。
(7) 各类指示信号装置和照明装置应保持完好。
(8) 各接触器、继电器等电器无噪声、卡阻或迟滞现象。
(9) 各电器的操作机构应灵活可靠。
(10) 各线路接线端子连接牢靠，无松脱现象。
(11) 各部件之间的连接导线、电缆或保护软管，不得被切削液、油污等腐蚀。
(12) 电器及导线通道的散热情况良好，接地装置可靠。
(13) 电动机的日常维护保养。

2. 机床电气设备日常维护的内容

(1) 检查所有电气器件和接线端子，处理已松动、损坏的螺栓和器件。
(2) 检查熔断器是否已熔断、各种保护装置有无故障，并进行适当处理。
(3) 检查所有附件是否完好，调整有关部件使之正常工作。
(4) 检查电阻元件，有无瓷管断裂和电阻丝短路、开断现象，并进行处理。
(5) 检查滑动触点的接触情况，调整压紧弹簧，使其接触良好。
(6) 检查电磁铁衔铁的接触面是否完好，短路环是否完好。
(7) 修整各种接触器、继电器的触点，使其压力、间隙合适，接触良好。
(8) 测量电磁铁线圈对地绝缘电阻，处理绝缘已损坏的线圈和出口引线。
(9) 检查接触器、继电器电磁线圈是否过热，灭弧装置是否完好无损等。
(10) 检查各电器的操作机构是否灵活可靠，有关整定值是否符合要求。
(11) 检查电气设备和生产机械保护接地状态、保护电路是否有效。
(12) 电动机的日常故障检修。

三、机床电气设备故障检修的一般方法

电气设备故障的类型大致可分两大类：一类是有明显外表特征的故障，如电动机、电器的发热、冒烟甚至发出焦臭味或火花等；另一类是没有外表特征的故障，常发生在控制电路中，往往是由于元件调整不当，机械动作失灵，触点及接线端子接触不良或脱落等原因引起的。常用的检测判断方法、手段和步骤如下。

1. 初步检查

当发生电气故障后，切忌盲目随手检修。在检修前，可通过问、看、听、摸、闻来了解故障出现的异常现象，寻找故障点，或根据故障现象判断故障原因及部位，进而准确地排除故障。

(1) 问。询问操作者故障前后电路或设备的运行状况，有无异常声音、弧光、火花、冒烟或震动等征兆；机床发生故障时，有无切削力过大或频繁启动、停止、制动等情况；有无改动线路等。

(2) 看。观察有无机械性损伤；触点有无烧灼痕迹，是否熔焊在一起，联结电阻是

否变化及导线是否变色；电气装置上的零件是否脱落、断线、卡死、接头松动等；线圈有无过热烧毁；运转和密封部位有无异常的飞溅物、脱落物、溢出物；断路器、热继电器是否跳闸；电源是否缺相，三相是否严重不平衡；开关、操作手柄的位置是否不合适；限位开关是否被压上等。

（3）听。在线路还能运行和不扩大故障范围、不损坏设备的前提下，可通电试车，细听电动机、接触器和继电器等电气的运转声音是否正常，来初步判断故障的信号和部位。

（4）摸。用手的触觉判别机床旋转部位及电动机有无异常振动，运动时有无冲击；用手判别电动机、变压器、电磁线圈及熔断器等是否有过热现象；用木柄轻轻叩击，看机床元器件是否跳闸来判断开关、接触器动作是否灵活，有无卡死的现象。

（5）闻。辨别有无异味，在机床运动部件发生剧烈摩擦、电气绝缘烧损时，会产生油、烟气、绝缘材料的焦糊味；放电后会产生淡臭味，还能听到放电的声音等。

2. 缩小故障范围

检修简单的电气控制线路时，对每个元器件、每根导线逐一进行检查，一般能很快找到故障点。但对复杂的线路，逐一检查将耗费大量的时间，而且也容易漏查。在这种情况下，根据电路图，采用逻辑分析法，找出导致故障可能性大的因素，划出可疑范围再进行排查，既可提高维修的针对性，又可以做到准而快。

分析电路时，结合故障现象和线路工作原理，通常先从主电路入手，在电动机主电路所用元器件的文字符号、图区号及控制特点上找到相应的控制电路，再进行认真分析排查，迅速判定故障发生的可能范围。

当故障的可疑范围较大时，不必按部就班地逐级进行检查，可在故障范围内的中间环节进行检查，也可先易后难、先表后里来判断故障究竟是发生在哪一部分，从而缩小故障范围，少走弯路，提高检修速度。

经外观检查未发现故障点时，可根据故障现象，在不扩大故障范围、不损伤电气和机械设备的前提下，进行通电试车，进一步判明故障及故障区域。试车前可断开负载（拆除电动机主回路接线，或使电动机在空载下运行），以分清故障是在主电路上还是在控制电路上，是在电动机上还是在主电路上，是在电气部分还是在机械等其他部分。

3. 用测量法确定故障点

测量法是电工维修工作中用来准确确定故障点的一种行之有效的检查方法。常用的测试工具和仪表有万用表、钳形电流表、兆欧表、试电笔、校验灯、示波器等，测试的方法有电压法、电流法、电阻法、元件替代法等。

测量法主要通过对电路进行带电或断电时的有关参数如电压、电阻、电流等的测量，来判断元器件的好坏、设备的绝缘情况以及线路的通断情况，查找出故障。

用测量法检查故障点时，一定要保证各种测量工具和仪表完好，使用方法应正确，还要注意防止感应电、回路电及其他并联支路的影响，以免产生误判断。

四、机床电气设备常用测量故障点方法

1. 电压法

电压法是在机床电路带电情况下,测量各节点之间的电压值,与机床正常工作时的理论电压值进行比较,来判断故障点及故障元件的所在。它不需拆卸元件及导线,同时机床处在实际使用条件下,提高了故障识别的准确性,是检测故障时采用最多的方法。

(1) 使用验电笔。低压验电笔是检验导线和电气设备是否带电的一种常用检测工具,但只适用于检测对地电位高于氖管起辉电压 (60~80 V) 的场所,只能作定性检测,不能作定量检测。

当电路有控制和照明变压器时,用验电笔无法判断电源是否缺相。氖管的起辉发光消耗的功率极低,由绝缘电阻和分布电容引起的电流也能起辉,容易造成误判断。

为避免测量中的误判,初学者最好只将其作为验电手段。

(2) 使用校验灯。校验灯一般是由电工自制的一种测量电压的工具。它消耗的功率较大,不会对虚假电压、静电作出误判,它的可靠性较高。测试时可利用灯的亮度对电压值作出粗略的判断,但其测量范围受灯泡额定电压的限制,过高或过低都不能使用。

(3) 使用示波器。示波器也是测量电压的一种工具,尤其是用于测量峰值电压、微弱信号电压。在机床电气设备故障检查中,主要用于电子线路部分的检测。

(4) 使用万用表。使用万用表测量电压,测量范围大,交、直流电压均能测量,是使用最多的一种测量工具。如图 4—1 所示,总电源正常,按下启动按钮 SB2,KM1 不吸合,若检测 1—2 间无正常电压,采用电压交叉测量法找熔断器故障;若 1—2 间有正常电源电压,采用电压分阶测量法查找故障。图 4—1a 为电压分阶测量法,图 4—2b 为电压交叉测量法,表 4—1 为电压测量法查找故障流程表。

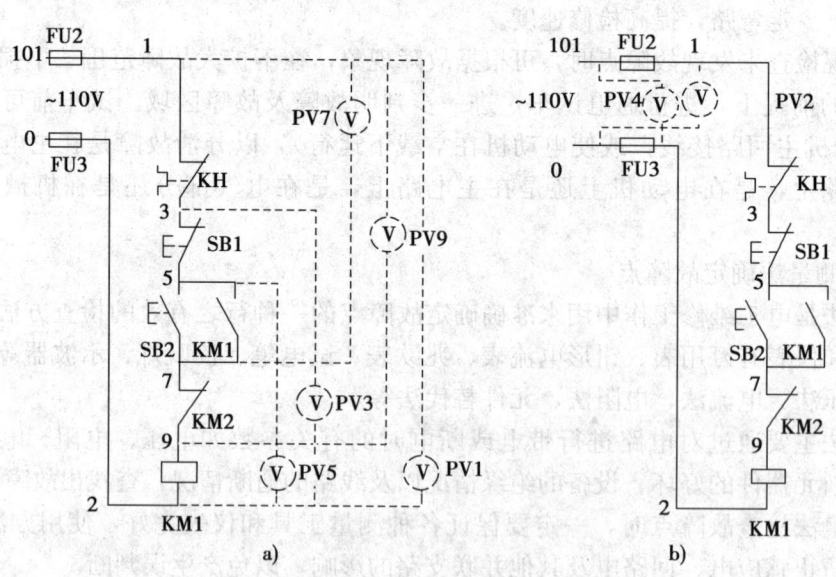

图 4—1 电压法
a) 电压分阶测量法 b) 电压交叉测量法

表 4—1　　　　　　　　　　电压测量法查找故障流程表

	故障现象	测量点	电压值	故障点
交叉法	电源正常，1—2 间无电压，PV1 示值为 0 V	测 0—1 点，PV2	0	FU2 故障
		测 101—2 点，PV4	0	FU3 故障
分阶法	1—2 间有电压，PV1 示值为 110 V	测 3—2 点，PV3	0	KH 故障
		测 5—2 点，PV5	0	SB1 故障
		测 9—1 点，PV9	0	KM1 故障
		测 7—1 点，PV7	0	KM2 故障
		以上正常		SB2 故障

检测前应熟悉预计有故障的线路及各点的编号，清楚线路的走向、元件位置；明确线路正常时应有的电压值；将万用表的转换开关拨至合适的电压倍率挡，将测量值与正常值比较，作出分析判断。

2. 电阻法

电阻法就是在电路切断电源后用仪表测量两点之间的电阻值，通过对电阻值的对比进行电路故障检测的一种方法。在继电接触器控制系统中，当电路存在断路故障时，利用电阻法对线路中的断线、触点虚接、导线虚焊等故障进行检查，可以找到故障点。

采用电阻法查找故障的优点是安全，缺点是测量电阻值不准确时易产生误判断，快速性和准确性低于电压法。图 4—2a 为电阻分阶测量法，图 4—2b 为电阻分段测量法，表 4—2 为查找故障流程表。

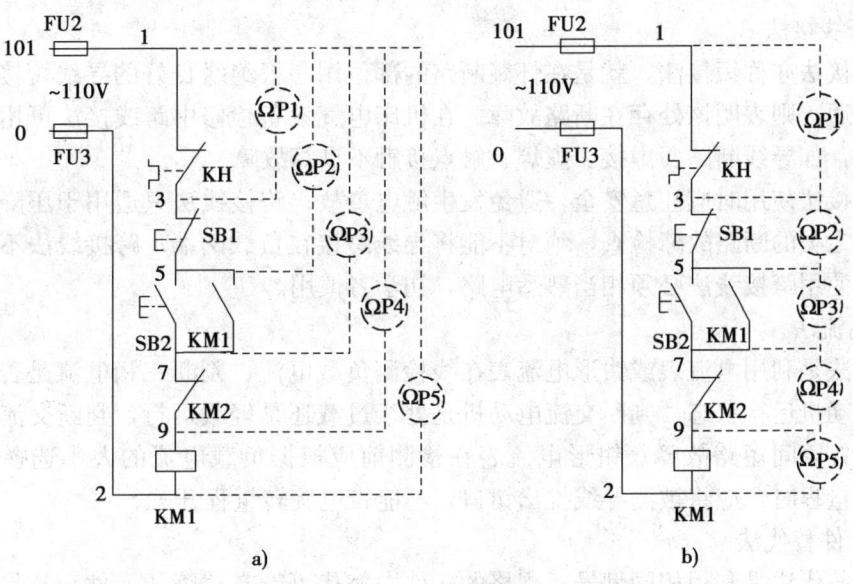

图 4—2　电阻测量法
a) 分阶测量法　b) 分段测量法

表 4—2　　　　　　　　电阻测量法查找故障流程表

故障现象		测量点	电压值	故障点
分阶法	按下启动按钮 SB2，KM1 不吸合	测 1—3 点，ΩP1	∞	KH 故障
		测 1—5 点，ΩP2	∞	SB1 故障
		测 1—7 点，ΩP3	∞	SB2 或 KM1 故障
		测 1—9 点，ΩP4	∞	KM2 故障
		测 1—2 点，ΩP5	∞	KM1 线圈故障
分段法	按下启动按钮 SB2，KM1 不吸合	测 1—3 点，ΩP1	∞	KH 故障
		测 3—5 点，ΩP2	∞	SB1 故障
		测 5—7 点，ΩP3	∞	SB2 或 KM1 故障
		测 7—9 点，ΩP4	∞	KM2 故障
		测 9—2 点，ΩP5	∞	KM1 线圈故障

特别提示

采用电阻法检测电路故障时应注意：
- 检查故障时必须断开电源。
- 如被测电路与其他电路并联时，应将该电路与其他并联电路断开，否则会产生误判断。
- 测量高电阻值的元器件时，万用表应选择合适的电阻挡。

3. 跨线接法

跨线接法亦称短接法，就是在怀疑断路的部位用一根绝缘良好的导线短接，若短接处电路接通，则表明该处存在断路故障。在机床电气设备检修中跨线接法可用于断路故障的检修，如导线断路、虚接、虚焊、触点接触不良等故障。

跨线接法使用时应注意安全，避免发生触电事故；跨接线法只适用于压降极小的导线及触点之类的断路故障检查，绝对不能将导线跨接在负载两端；跨接线法不能在主回路使用；使用跨接线法必须相当熟悉电路，初学者慎用。

4. 电流法

电流法是利用电流表或钳形电流表在线检测负载电流、判断三相电流是否平衡；检测交流电动机运行状态，判断交流电动机是处于过载还是轻载运行，判断交流电动机某相是否存在匝间短路故障。钳形电流表在检测前应根据负载电流的大小选择合适的量程；改变量程时，应将被测导线推出钳口，不能带电旋转量程开关。

5. 元件替代法

元件替代法是利用相同型号、规格的元件去替代可能有故障的元件，替代以后看设备故障是否消除。元件替代法可核实采用电压法、电阻法所确定的故障点；核实是否因为元件参数裕度不够而带来的故障；核实模棱两可而无法确定的故障；核实元件参数选用不当带来的故障。元件替代法多用于电子线路检查和消除故障。

第二节　CY6140型车床电气控制线路检修

→ 熟悉CY6140型车床各组成部分
→ 能够说明CY6140型车床电气控制原理
→ 能够检修CY6140型车床电气控制线路典型故障

一、CY6140型车床概述

CY6140型车床是一种应用较为广泛的金属切削通用机床，能够车削外圆、内圆、端面、螺纹、螺杆以及车削定型表面等。

1. CY6140型车床的结构与运动形式

（1）结构组成。CY6140型普通卧式车床主要由床身、主轴箱、溜板箱、进给箱、刀架、丝杠、光杠、尾座等部分组成，其外形图如图4—3所示。

图4—3　CY6140型普通车床外形图

车床型号含义如下：

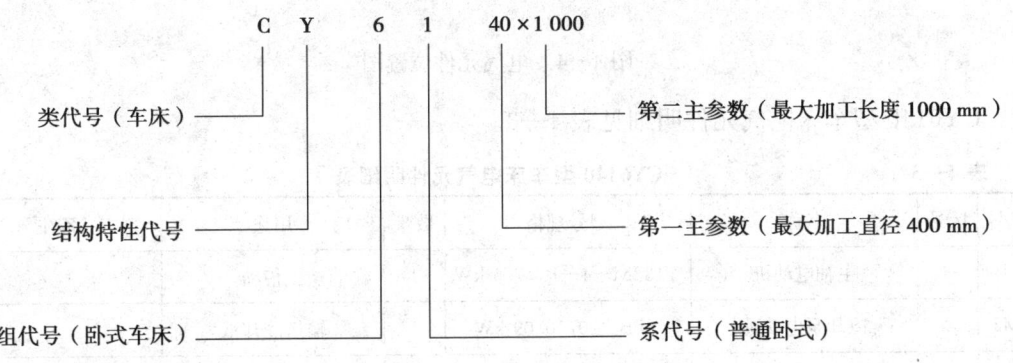

（2）车床的运动形式。车床的运动形式有切削运动、进给运动和辅助运动三种形式。切削运动包括工件旋转的主运动和刀具的直线进给运动；进给运动是车床的刀架带

动刀具的直线运动；辅助运动是除车床切削运动以外的运动，如尾架的纵向移动、工件的夹紧与放松等。

2. CY6140型车床的电气传动

（1）电气传动特点

1）主驱动电动机选用三相笼型异步电动机，不进行电气调速，采用齿轮箱进行机械调速。为减小震动，主驱动电动机通过V带将动力传递给主轴箱。

2）车削螺纹时，主轴通过机械方法实现正、反转，且进给运动和主运动有固定比例关系。

3）电气控制有过载、短路、欠压、失压保护。

4）配有冷却泵电动机、局部照明装置等。

（2）电气元件。电气元件位置如图4—4所示。

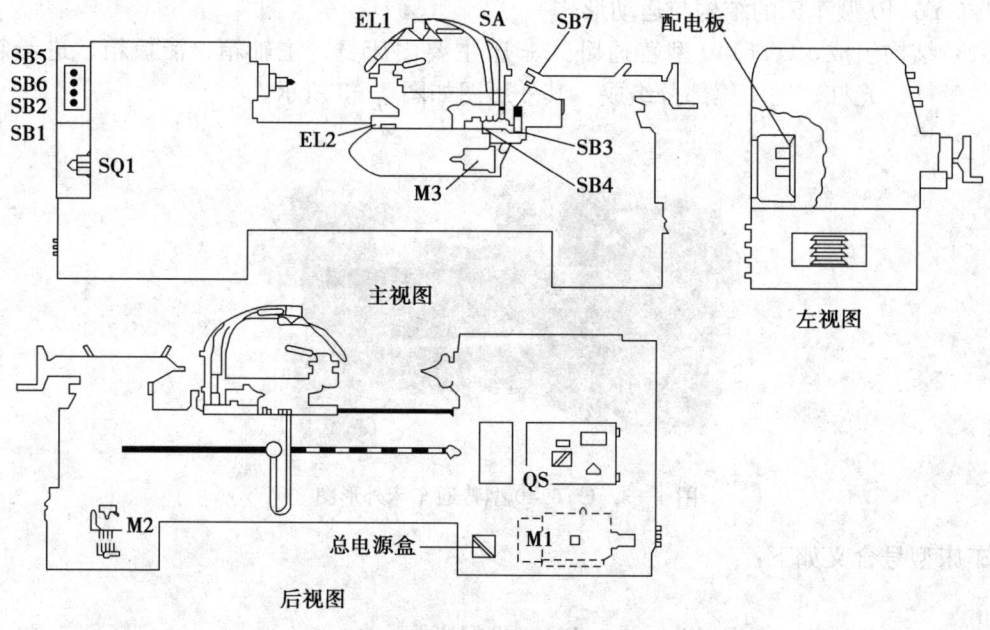

图4—4 电气元件位置图

CY6140型车床电气元件明细见表4—3。

表4—3　　　　　　　　CY6140型车床电气元件明细表

代号	区号	名称	型号规格	数量	用途	备注
M1	3	主轴电动机	Y132M—4—B，7.5kW	1	主传动	
M2	4	冷却泵电动机	YSB—20，0.09kW	1	输送冷却液	
M3	5	快速移动电动机	2AOS5634，0.25kW	1	刀架快速移动	

续表

代号	区号	名称	型号规格	数量	用途	备注
KM1	6	交流接触器	3TB4317,110 V	1	M1 控制	电压~110 V
KM2	7	交流接触器	3TB402,110 V	1	M2 控制	电压~110 V
KM3	8	交流接触器	3TB402,110 V	1	M3 控制	电压~110 V
KH1	3	热继电器	LR1—D16321,15.4 A	1	M1 过载保护	电压~380 V
KH2	4	热继电器	LR1—D09303,0.32 A	1	M2 过载保护	电压~380 V
QS	2	三相组合开关	HZ12—25/03	1	总电源开关	电压~380 V
SB1	6	急停按钮	LAY3—01M12	1	急停	红蘑菇头,自锁式
SB2	6	主轴电动机启动按钮	LA19—11D	1	M1 启动	绿色,带指示灯
SB3	6	主轴电动机启动按钮	LA19—11D	1	M1 启动	绿色,带指示灯
SB4	6	主轴电动机停止按钮	LA19—11	1	M1 停止	红色
SB5	7	冷却泵电动机启动按钮	LA19—11D	1	M2 启动	绿色,带指示灯
SB6	7	冷却泵电动机停止按钮	LA19—11	1	M2 停止	红色
SB7	8	快速移动电动机按钮	LAY10	1	M3 启动	黑色
SQ1	6	位置行程开关	LXW6—11CL	1	行程断电保护	带罩微动开关
EL1	9	工作照明灯	JC11—1	1	工作照明	
EL2	10	刻度照明灯	XD—0	1	刻度照明	
FU	1	熔断器		3	M1 的短路保护	电源保护
FU1	3	熔断器	RM10—15,6 A	3	M2、M3 短路保护	
FU2	6	熔断器	RS1,1 A	1	短路保护	
FU3	6	熔断器	RS1,2 A	1	照明短路保护	
FU4	6	熔断器	RS1,2 A	1	短路保护	
TC	6	控制变压器	JBK4—160	1	控制电源	110 V/24 V/6.3 V

二、CY6140 型车床电气控制原理

1.CY6140 型车床主电路电气控制原理

CY6140 型车床的电气控制原理如图 4—5 所示。

电源电路由电源保护电器 FU 和电源开关 QS 组成,按规定画成水平线,如图 4—5 (1、2 区)。

主电路作用于被控对象(如电动机、电磁铁)及其保护电器的电路,并通过较大电流,直接输出功率。主电路垂直于电源电路,在图 4—5 左侧 (3、4、5 区),由三台电动机 M1、M2、M3 组成。

主轴电动机 M1 由热继电器 KH1 作过载保护,熔断器 FU 作短路保护,由接触器 KM1 控制并兼作失压和欠压保护。

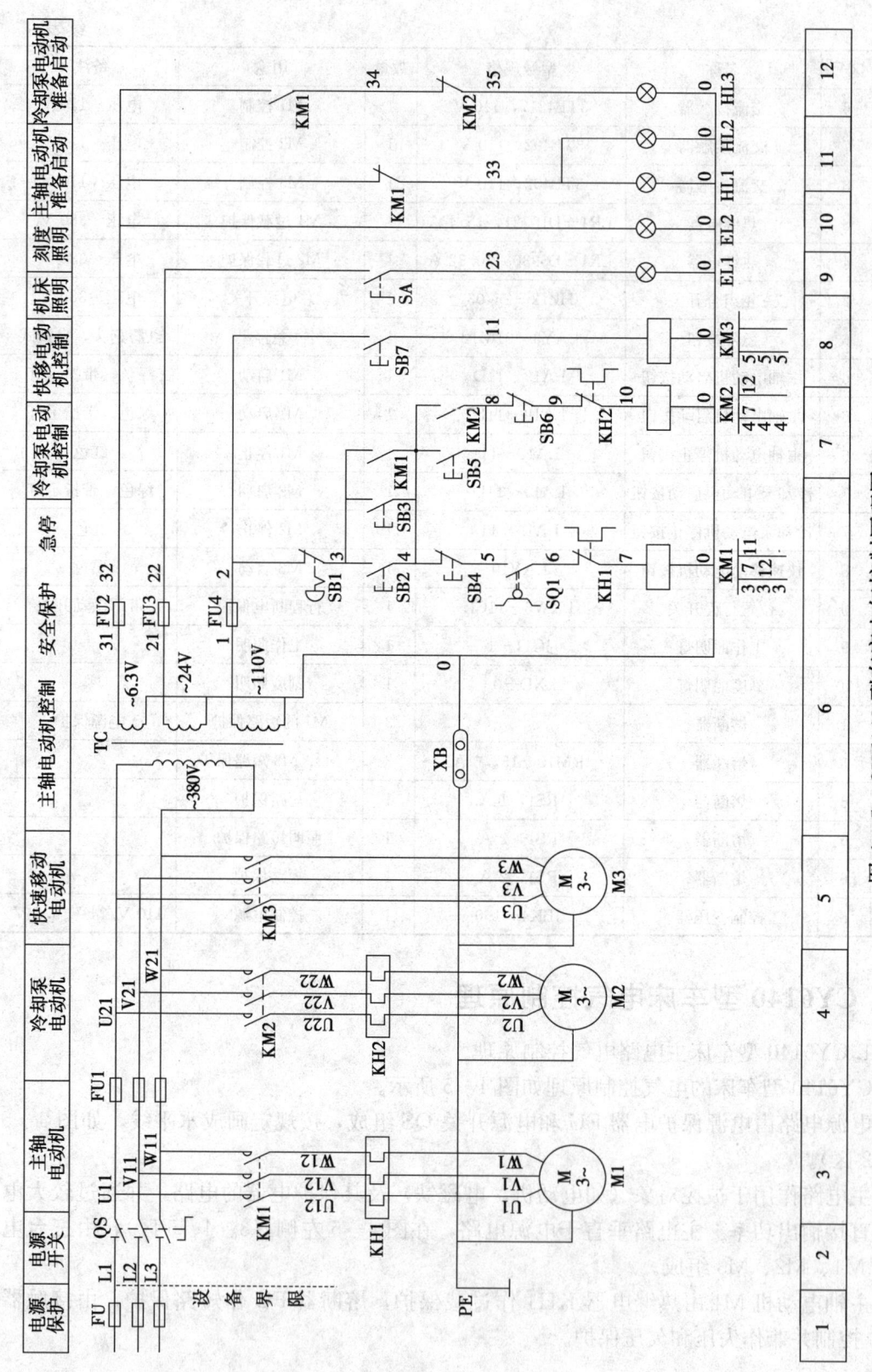

图 4—5 CY6140 型车床电气控制原理图

冷却泵电动机 M2 由热继电器 KH2 作过载保护，熔断器 FU1 作短路保护，由接触器 KM2 控制并兼作失压和欠压保护。

快速移动电动机 M3 由熔断器 FU1 作短路保护，由接触器 KM3 控制并兼作失压和欠压保护。

2. CY6140 型车床控制电路电气控制原理

（1）主轴电动机电气控制原理。控制电路的电源由变压器 TC 二次侧提供 110V 电压，熔断器 FU4 作短路保护。

1) M1 启动。总电源开关 QS 闭合，主轴电动机准备启动，指示灯 HL1、HL2 亮，如图 4—6 所示。

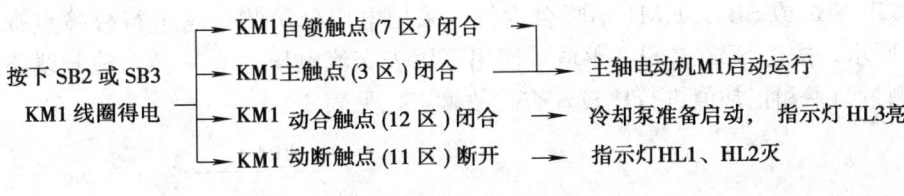

图 4—6　M1 启动工作原理

2) M1 停止。按下 SB4，KM1 线圈失电，KM1 触点复位，M1 失电停止，HL1、HL2 亮，HL3 灭。

（2）冷却泵电动机电气控制原理。控制电路的电源由变压器 TC 二次侧提供 110 V 电压，熔断器 FU4 作短路保护。

1) M2 启动。当 M1 启动，KM1 自锁触点闭合后，M2 方能启动（M1 联锁 M2），如图 4—7 所示。

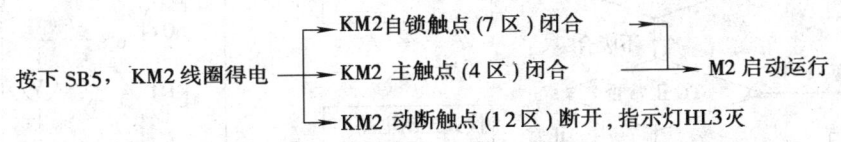

图 4—7　M2 启动工作原理

2) M2 停止。按下 SB6，KM2 线圈失电，KM2 触点复位，M2 失电停止，HL3 恢复亮。

注：M1 停止，M2 自行停止。

（3）快速移动电动机电气控制原理。按下 SB7，KM3 线圈得电，KM3 主触点闭合，M3 得电运转；松开 SB7，KM3 线圈失电，KM3 主触点断开，M3 失电停止。

（4）照明和信号控制电路电气控制原理。照明、信号电路通称辅助电路，由变压器 TC 二次侧提供 24 V 和 6.3 V 的电压。

总电源开关 QS 闭合，刻度照明灯 EL2 亮，否则刻度照明灯 EL2 灭。

总电源开关 QS 闭合，控制照明灯开关 SA 闭合，照明灯 EL1 亮；SA 打开，照明灯灭。

总电源开关 QS 闭合，主轴电动机准备启动，指示灯 HL1、HL2 亮。

主轴电动机启动后，HL1、HL2 灭，冷却泵准备启动，指示灯 HL3 亮。
冷却泵启动后，HL3 灭，冷却泵停止后，HL3 复亮。
主轴电动机停止时，HL1、HL2 亮，HL3 灭。

三、CY6140 型车床电气控制线路典型故障分析

1. 主轴电动机控制电路常见电气故障分析

（1）主轴电动机 M1 不能正常运转。按照检修步骤，首先要通过问、看、听、摸、闻来观察故障现象，然后运用逻辑分析法缩小故障范围。逻辑分析法是根据电气控制工作原理，结合故障现象，缩小故障范围的方法，其工作流程如图 4—8 所示。

以按下 SB2 或 SB3，KM1 不吸合为例，采用电压分阶测量法进行故障点查找，如图 4—9 所示。按住 SB2 或 SB3 不放，使用万用表交流电压 250 V 挡，检测线路工作电压，将测量结果和正常值进行比较，查找故障点，见表 4—4。

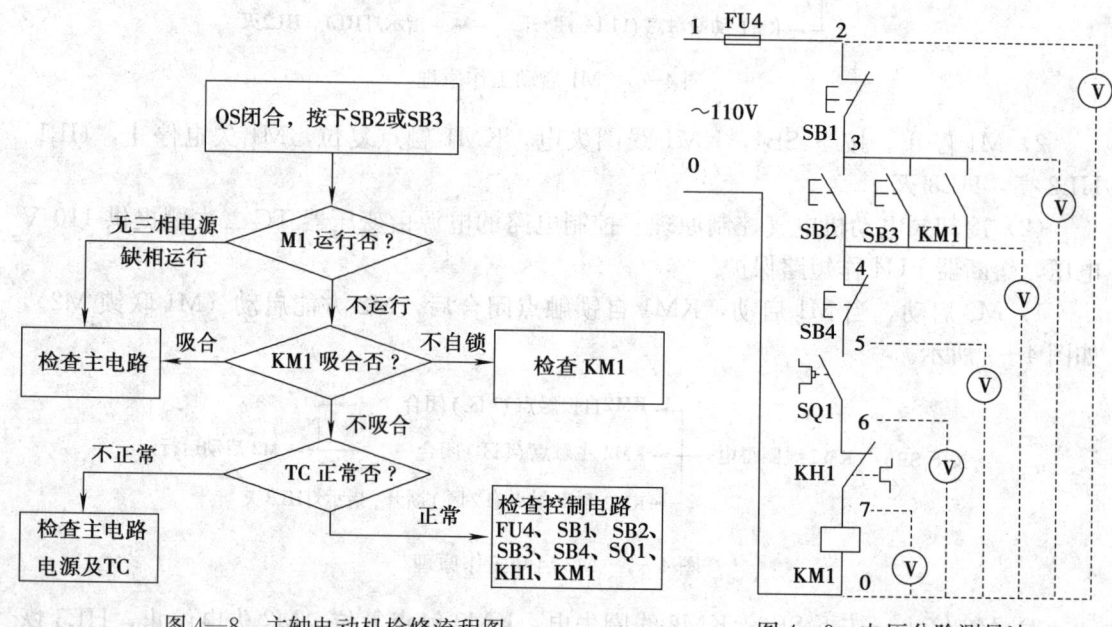

图 4—8 主轴电动机检修流程图　　图 4—9 电压分阶测量法

表 4—4　　　　　　　　　　电压分阶测量法电压值表

测量位置	按下 SB2 或 SB3 不放，测量的电压值（V）												
KM1（0）—FU4（2）	0	110	110	110	110	110	110	110	110	110	110	110	110
KM1（0）—SB1（2）	0	0	110	110	110	110	110	110	110	110	110	110	110
KM1（0）—SB1（3）	0	0	0	110	110	110	110	110	110	110	110	110	110
KM1（0）—SB2（3）	0	0	0	0	110	110	110	110	110	110	110	110	110
KM1（0）—SB2（4）	0	0	0	0	0	110	110	110	110	110	110	110	110
KM1（0）—SB4（4）	0	0	0	0	0	0	110	110	110	110	110	110	110

续表

测量位置	按下SB2或SB3不放，测量的电压值（V）												
KM1（0）－SB4（5）	0	0	0	0	0	0	0	110	110	110	110	110	110
KM1（0）－SQ1（5）	0	0	0	0	0	0	0	0	110	110	110	110	110
KM1（0）－SQ1（6）	0	0	0	0	0	0	0	0	0	110	110	110	110
KM1（0）－KH1（6）	0	0	0	0	0	0	0	0	0	0	110	110	110
KM1（0）－KH1（7）	0	0	0	0	0	0	0	0	0	0	0	110	110
KM1（0）－KM1（7）	0	0	0	0	0	0	0	0	0	0	0	0	110
故障范围	FU4	2#导线	SB1	3#导线	SB2 SB3	4#导线	SB4	5#导线	SQ1	6#导线	KH1	7#导线	KM1

（2）主轴电动机 M1 能运转但不能正常停车。主轴电动机 M1 能启动，并可正常运转，说明启动电路正常。当主轴电动机 M1 需停车时，按下停止按钮 SB4，此时主轴电动机 M1 继续运转，不能停止，说明发生这种故障的原因为接触器 KM1 的主触点发生熔焊，或停止按钮 SB4 的触点击穿短路等。

2. 冷却泵电动机控制电路常见电气故障分析

冷却泵电动机 M2 最常见的电气故障是当 M1 启动后，M2 不能正常运转，可用逻辑分析法来分析故障范围，并选用合适的检修方法，根据实际走线路径，依次排查故障，其工作流程如图 4—10 所示。

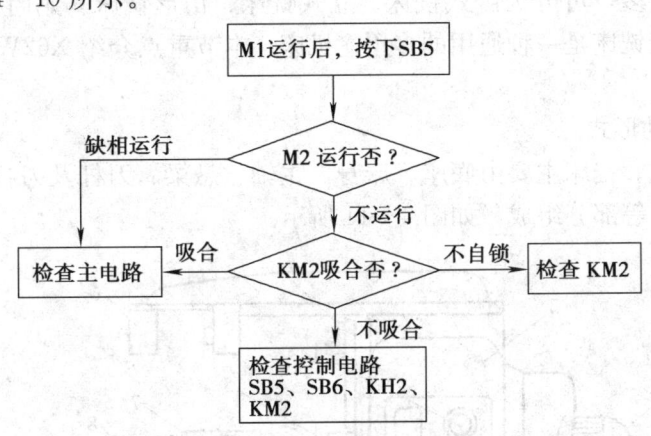

图 4—10 冷却泵电动机检修流程图

3. 快速移动电动机控制电路常见电气故障分析

刀架快速移动电动机 M3 不能启动，逻辑分析思路为：按住 SB7，观察接触器 KM3 是否吸合，若接触器 KM3 不吸合，则故障在控制电路中，依次检查点动按钮 SB7、接触器 KM3 线圈及连接导线是否有断路现象即可；若接触器 KM3 吸合，则故障在主电路中，这时依次从 U21、V21、W21 起检查至刀架快速移动电动机 M3。

4. 照明、信号控制电路常见电气故障分析

（1）照明灯不亮。选用万用表交流电压 50 V 挡查找故障点，按顺序测量变压器 TC（24 V）侧、FU3 两侧、SA 两侧、EL1 两侧，最常见的故障为照明灯泡损坏。

（2）信号灯均不亮。信号电路常见的电气故障为信号灯均不亮，按顺序测量变压器TC（6.3 V）两侧、FU2两侧，常见的故障为熔断器FU2熔体熔断。

（3）单个信号灯不亮。单个信号灯不亮，则故障范围为所对应信号灯的电路，常见的故障为信号灯电珠损坏。

第三节　X62W型万能铣床电气控制线路检修

→ 熟悉X62W型万能铣床各组成部分
→ 能够说明X62W型万能铣床电气控制原理
→ 能够检修X62W型万能铣床电气控制线路典型故障

一、X62W型万能铣床概述

铣床是一种用来加工平面、斜面、沟槽的常用机床，如装上分度头可以加工齿轮和螺旋面，装上圆工作台可以铣切凸轮和弧形槽（或键槽）。因此，铣床在机械加工行业的机床设备中占有相当大的比重，是一种常用的通用机床。

铣床的种类很多，可分为卧式铣床、立式铣床、仿形铣床、龙门铣床、专用铣床、万能铣床等。万能铣床是一种通用的多用途机床，本节重点介绍X62W型万能铣床电气控制线路及检修。

1. 结构与运动形式

（1）结构组成。铣床主要由底座、床身、主轴、悬梁、刀杆及刀杆支架、升降工作台、溜板及工作台等部分组成，如图4—11所示。

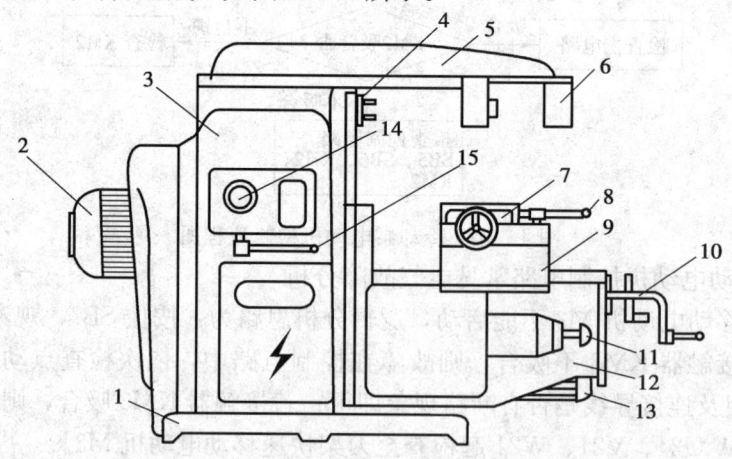

图4—11　X62W型卧式万能铣床外形结构示意图
1—底座　2—主轴电动机　3—床身　4—主轴　5—悬梁　6—刀杆支架　7—工作台
8—工作台左右进给操作手柄　9—溜板　10—工作台前后、上下操作手柄　11—进给变速手柄及变速盘
12—升降工作台　13—进给电动机　14—主轴变速盘　15—主轴变速手柄

铣床型号的含义为：

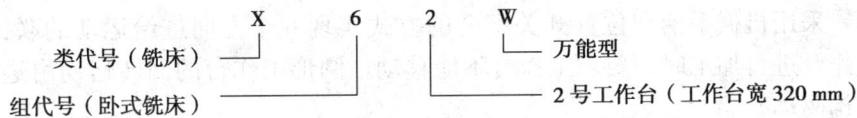

(2) 铣床的运动形式。铣削是一种高效率的加工方式。卧式万能铣床有 3 种运动形式：

主运动：指铣床主轴带动铣刀的旋转运动。

进给运动：指工作台带动工件在上、下、左、右、前、后 6 个方向上的直线运动。

辅助运动：指工作台带动工件在上、下、左、右、前、后 6 个方向上的快速移动及工作台的旋转运动。

在刀杆支架 6 上安装有与主轴 4 相连的刀杆和铣刀，以进行切削加工，顺铣时主轴正方向旋转，逆铣时主轴反方向旋转。

床身 3 前面有垂直导轨，升降工作台 12 带动工作台 7 沿垂直导轨上下移动，完成垂直方向的进给。

在升降工作台 12 的水平导轨上，装有可沿平行主轴轴线方向移动（横向进给）的溜板，溜板上部有可转动的回转盘，工作台装于溜板上部回转盘的导轨上，可做垂直于主轴轴线方向移动（纵向进给）。进给电动机经机械传动链传动，通过机械离合器在选定的进给方向驱动工作台移动进给。

工作台上有 T 形槽用来固定工件，工件可以实现三个坐标、6 个方向（上下、左右、前后）进给。

此外，溜板可绕垂直轴线方向左右旋转 45°，使得工作台还能在倾斜方向进行进给，便于加工螺旋槽。该机床还可安装圆形工作台，以扩展铣削功能。

2. 电气传动

(1) 电气传动的特点

1) 由于铣床的主运动和进给运动之间没有严格的速比关系，因此铣床采用单独拖动的方式，即铣床由 3 台电动机拖动：M1 为主轴电动机，担负主轴的旋转运动；M3 为进给电动机，机床的进给运动和辅助运动由 M3 驱动，进给电动机与进给箱均安装在升降台上；M2 为冷却泵电动机，将切削液输送到机床切削部位。

2) 为了满足铣削过程中顺铣和逆铣的加工方式，要求主轴电动机能实现正、反转，但操作不频繁，往往在加工前预先设置好主轴电动机的旋转方向，无需在加工过程中改变其旋转方向。因此，主轴电动机 M1 的正反转由组合开关 SA2 控制。

3) 由于铣刀是一种多刃刀具，其铣削过程是断续的，因此为了减小负载波动对加工质量造成的影响，主轴上装有飞轮。由于其转动惯性较大，因而停车时采用电磁离合器制动，以实现准确停车。

4) 铣床的工作台有 6 个方向的进给运动和快速移动，是由进给电动机 M3 分别拖动

三根进给丝杆来实现的,每根丝杆都要求能正反向旋转,因此要求进给电动机能正反转。为了保证机床、刀具的安全,在铣削加工时,只允许工件同一时刻作某一个方向的进给运动,采用机械手柄和位置开关配合的方式实现 6 个方向进给运动的联锁;另外,在用圆工作台进行加工时,要求工作台不能移动,圆形工作台的回转运动由进给电动机经传动机构驱动。

5) 为了缩短调整运动的时间,提高生产效率,工作台装有快速移动控制,进给的快速移动是通过快速电磁铁的吸合而改变传动链的传动比来实现。

6) 为了适应加工的需要,主轴转速和进给转速应有较宽的调节范围,X62W 型卧式万能铣床采用机械变速的方法即改变变速箱的传动比来实现,简化了电气调速控制电路。为了保证在变速时齿轮易于啮合,减小齿轮端面的冲击,主轴和进给电动机变速时都采用变速点动控制。

7) 根据工艺要求,主轴旋转与工作台进给为有先后顺序控制的联锁关系,即进给运动要在铣刀旋转之后才能进行。铣刀停止旋转,进给运动应提前停止,否则易造成工件与铣刀相碰事故。

(2) 电气元件。X62W 型万能铣床电气元件明细表见表 4—5。

表 4—5　　　　　　　　X62W 型万能铣床电气元件明细表

代号	区号	名称	型号规格	数量	用途
M1	2	电动机	J02—51—4,7.5 kW	1	驱动主轴
M2	3	电动机	JCB—22,0.125 kW	1	驱动冷却泵
M3	4	电动机	J02—22—4,1.5 kW	1	驱动工作台进给
SA1	1	组合开关	HZ1—60/3J,60 A	1	电源总开关
SA2	2	组合开关	HZ3—133,60 A	1	M1 换向开关
SA3	13	组合开关	HZ1—10/3J,60 A	1	冷却泵开关
SA4	10、12	组合开关	HZ1—10/3J,60 A	1	换刀开关
SA5	16、18	组合开关	HZ1—10/3J,10 A	1	圆工作台开关
FU1	1	熔断器	RL1—60,60A/50 A	3	电源总保护
FU2	3	熔断器	RL1—15,15A/4 A	3	整流电路保护
FU3	11	熔断器	RL1—15,15A/10 A	1	直流电路保护
FU4	7	熔断器	RL1—15,15A/2 A	1	控制电路保护
FU5	6	熔断器	RL1—15,15A/1 A	1	照明电路保护
KH1	2	热继电器	JR0—60/3,16 A	1	M1 过载保护
KH2	3	热继电器	JR0—20/3,0.5 A	1	M2 过载保护
KH3	4	热继电器	JR0—20/3,1.5 A	1	M3 过载保护

续表

代号	区号	名称	型号规格	数量	用途
TC1	11	变压器	BK-150,380/110 V	1	控制电路电源
TC2	7	变压器	BK-100,380/24 V	1	整流电源
TC3	6	变压器	BK-50,380/36 V	1	照明电源
VC	7	镇流器	4×2ZC	1	整流器
KM1	12	交流接触器	CJ0-20,20 A	1	主轴启动
KM2	13	交流接触器	CJ0	1	控制 M2
KM3	15	交流接触器	CJ0	1	M3 正转
KM4	20	交流接触器	CJ0-10,10 A	1	M3 反转
SB1	10	按钮	LA2	1	M1 停止
SB2	12	按钮	LA2	1	M1 停止
SB3	13	按钮	LA2	1	快速进给点动
SB4	14	按钮	LA2	1	快速进给点动
SB5	12	按钮	LA2	1	M1 启动
YC1	8	电磁离合器	B1DL-Ⅱ	1	正常进给
YC2	9	电磁离合器	B1DL-Ⅱ	1	快速进给
YC3	10	电磁离合器	B1DL-Ⅲ	1	主轴制动
SQ1	16、20	位置行程开关	LX3-11K	1	向右
SQ2	19、20	位置行程开关	LX3-11K	1	向左
SQ3	16、17	位置行程开关	LX3-131	1	向后、上
SQ4	16、20	位置行程开关	LX3-131	1	向前、下
SQ5	15	位置行程开关	LX3-131	1	进给点动
SQ6	12、13	位置行程开关	LX3-131	1	主轴点动
KA1	14	中间继电器	J27-44,110 V	1	快速进给控制
EL	6	工作照明灯	JC-25,40W,36 V	1	工作照明

二、X62W 型万能铣床电气控制原理

1. 主电路电气控制原理

X62W 型万能铣床的电气原理图如图 4—12 所示。

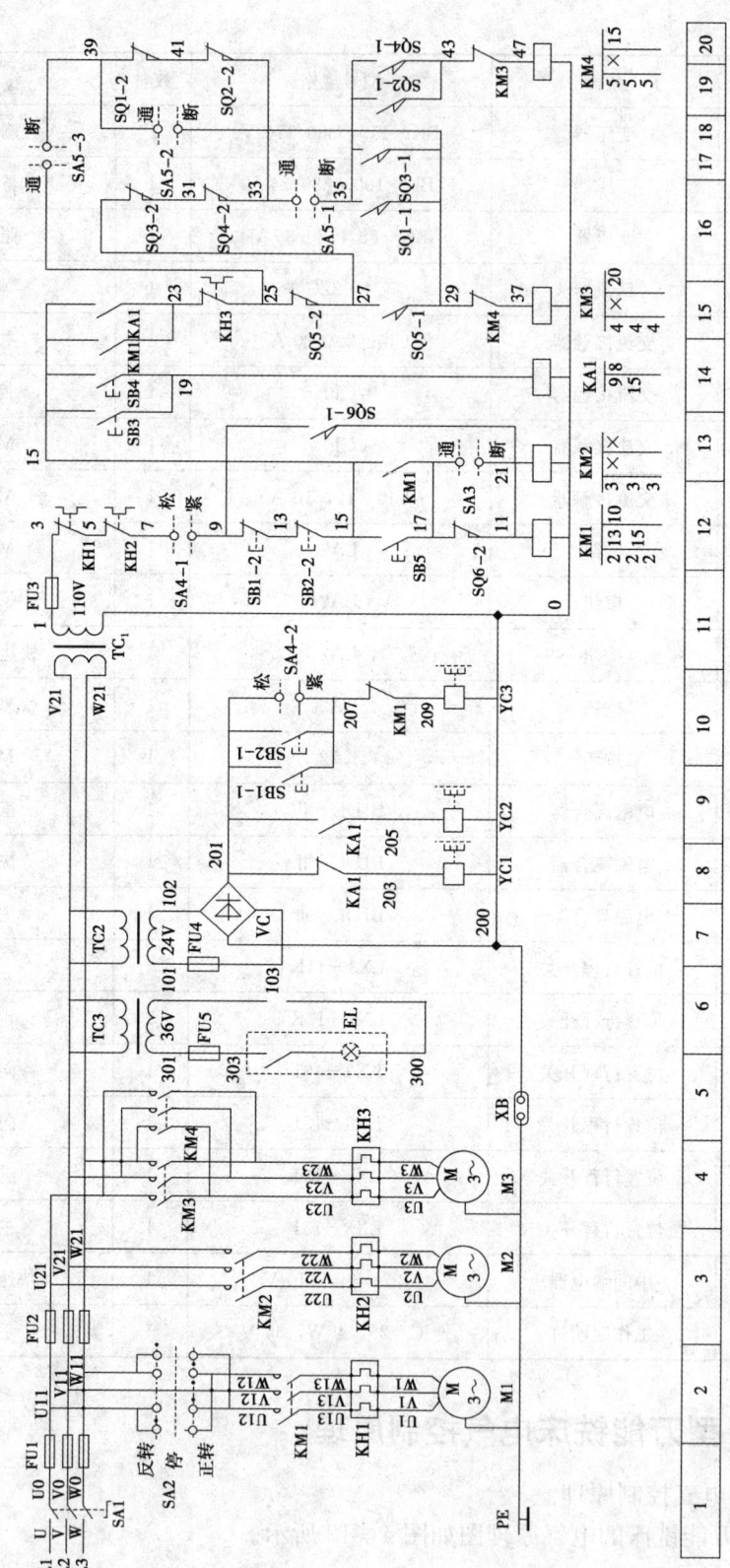

图4-12 X62W万能铣床电气控制原理图

电源电路：由电源保护电器 FU1 和电源开关 SA1 组成，按规定画成水平线，如图 4—12（1 区）所示。

主电路：主电路垂直于电源电路，在图 4—12 左侧（2、3、4、5 区），由三台电动机 M1、M2、M3 组成。

主轴电动机 M1：采用两地控制，由接触器 KM1 控制并兼作失压和欠压保护，由热继电器 KH1 作过载保护，熔断器 FU1 作短路保护，YC3 是主轴制动用的电磁离合器，SQ6 是主轴变速时瞬时点动的位置开关，SA2 主轴换向转换开关控制正反转。

主轴换向转换开关 SA2 功能见表 4—6。

表 4—6　　　　　　　　主轴换向转换开关 SA2 位置及动作表

触点	图区	手柄正转位	手柄停止位	手柄反转位
SA2—1、SA2—4	2	—	—	+
SA2—2、SA2—3	2	+	—	—

注："+"表示触点接通；"—"表示触点断开。

冷却泵电动机 M2：由热继电器 KH2 作过载保护，熔断器 FU2 作短路保护，由接触器 KM2 控制并兼作失压和欠压保护。

进给电动机 M3：被 M1 电动机联锁；由热继电器 KH3 作过载保护，熔断器 FU2 作短路保护，由接触器 KM3、KM4 作正反转控制并兼作失压和欠压保护；进给运动通过两个手柄、快速移动按钮、电磁离合器 YC1、YC2 和相应位置行程开关，实现工作台的常速或快速移动，并且 6 个运动方向的互锁。常速时，电磁离合器 YC1 线圈得电，快速时电磁离合器 YC2 线圈得电。

2. 控制电路电气控制原理

(1) 主轴电动机电气控制原理。控制电路的电源由变压器 TC1 二次侧提供 110 V 电压，熔断器 FU3 作短路保护。

1) M1 启动。启动前，选定主轴的转速、换向转换开关 SA2 位置，合上电源总开关 SA1，如图 4—13 所示。

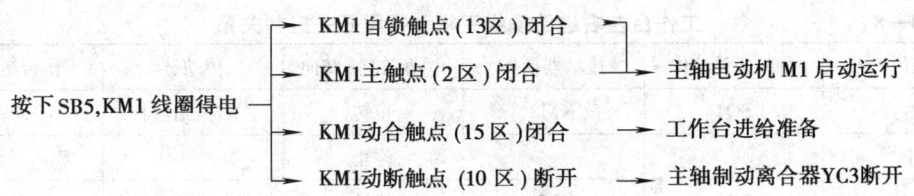

图 4—13　X62W 型万能铣床 M1 启动工作原理

2) M1 停止（按下 SB1 或 SB2）。以 SB1 为例，SB1—1（10 区）闭合，SB1—2（12 区）断开，如图 4—14 所示。

3) 主轴换铣刀控制。M1 停车后并不处于制动状态，主轴仍可转动。换铣刀时，为避免主轴转动，应将主轴制动。换刀转换开关 SA4 置于换刀位置（即"夹紧"），SA4—2（10 区）动合触点闭合，电磁离合器 YC3 得电，M1 制动；SA4—1（12 区）动断触点

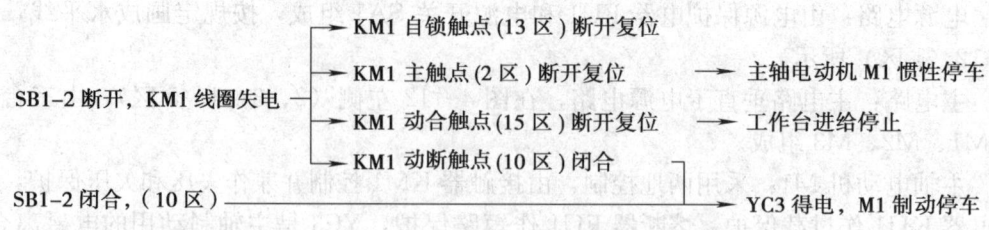

图 4—14 X62W 型万能铣床 M1 停止工作原理

断开，切断控制电路。

换刀转换开关 SA4 的功能见表 4—7。

表 4—7　　主轴换刀转换开关 SA4 位置及动作表

触点	接线端标号	所在图区	主轴工作（松）	主轴换刀（紧）
SA4—1	7—9	12	＋	－
SA4—2	201—207	10	－	＋

注："＋"表示触点接通；"－"表示触点断开。

4) 主轴变速点动控制（变速前主轴应停止转动）。主轴变速由变速手柄和变速盘来实现。主轴变速点动控制是利用变速手柄与点动位置开关 SQ6 通过机械联动机构进行的。变速时，SQ6－2（12 区）动断触点断开，SQ6－1（13 区）动合触点闭合，接触器 KM1 瞬间得电，电动机 M1 点动，电动机 M1 因未制动而靠惯性旋转停止，操纵变速手柄将变速齿轮啮合，实现主轴变速。

(2) 进给电动机电气控制原理

1) 工作台左右进给。将横向十字操纵手柄置于"居中"位置（行程开关 SQ3、SQ4 不受压），圆工作台选择转换开关 SA5 置于"断开"的位置，SQ5 置于正常工作位置（不受压），主轴电动机 M1 已首先启动（KM1 得电并自锁），其辅助动合触点 KM1（15 区 15－23 点）闭合，进给控制电路电源接通。

操纵手柄和行程开关控制关系见表 4—8。

表 4—8　　工作台左右进给操纵手柄和行程开关控制关系

手柄位置	行程开关动作	接触器动作	电动机 M3 转向	传动链	工作台运动方向
右	SQ1	KM3	正转	左右进给丝杠	向右
中	—	—	停止	—	停止
左	SQ2	KM4	反转	左右进给丝杠	向左

以向右进给为例，其控制原理如图 4—15 所示。向左进给与向右进给相似，可自行分析。

2) 工作台上下和前后进给。将纵向操纵手柄置于"居中"位置（行程开关 SQ1、SQ2 不受压）；圆工作台选择转换开关 SA5 置于"断开"的位置；SQ5 置于正常工作位置（不受压）；主轴电动机 M1 已首先启动（KM1 得电并自锁），其辅助动合触点 KM1（15 区 15－23 点）闭合，进给控制电路电源接通。

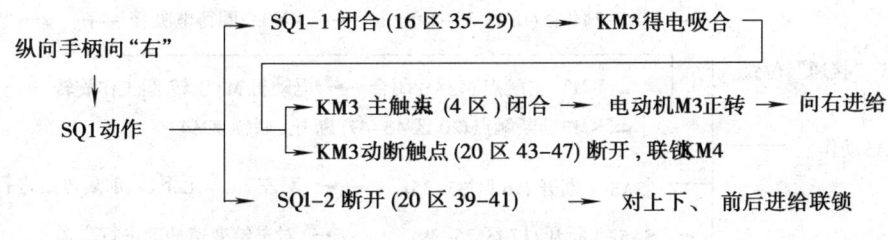

图 4—15 工作台右进给工作原理

操纵手柄和行程开关控制关系见表 4—9。

表 4—9　　　　工作台上下和前后进给操纵手柄和行程开关控制关系

手柄位置	行程开关动作	触点	接触器动作	电动机 M3 转向	传动链	工作台运动方向
上	SQ4	SQ4—1	KM4	反转	上下进给丝杠	向上
下	SQ3	SQ3—1	KM3	正转	上下进给丝杠	向下
中	—	—	—	停止	—	停止
前	SQ3	SQ3—1	KM3	正转	前后进给丝杠	向前
后	SQ4	SQ4—1	KM4	反转	前后进给丝杠	向后

以向上和向后进给为例，其工作原理如图 4—16 所示：

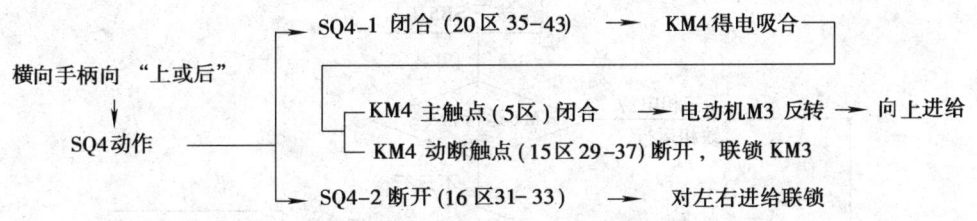

图 4—16　向上和向后进给工作原理

向下和向前进给与向上和向后进给相似，可自行分析。

3) 圆工作台进给。圆工作台选择转换开关 SA5 用来控制圆工作台，SA5 触点工作位置见表 4—10。

表 4—10　　　　圆工作台选择转换开关 SA5 触点工作位置表

触点	接线端标号	所在图区	手柄断开（断）	手柄接通（通）
SA5—1	33—35	16	+	—
SA5—2	39—29	18	—	+
SA5—3	25—39	17	+	—

启动：首先将左右（纵向）和十字（横向、垂直）操纵手柄置于"中间"位置（位置开关 SQ1—SQ4 均未受压，处于原始状态）；SQ5 置于正常工作位置；主轴电动机 M1 已启动（KM1 得电并自锁），其辅助动合触点 KM1（15 区 15—23 点）闭合，然后将圆工作台开关 SA5 置于"接通"位置；圆工作台进给控制电路电源接通。

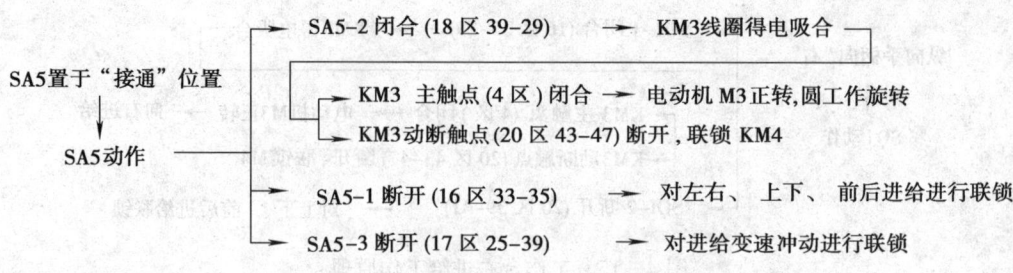

图 4—17 圆工作台启动工作原理

若要圆工作台停止工作,只需按下停止按钮 SB1 或 SB2,KM1、KM3 相继失电,电动机 M3 停转,圆工作台停止旋转。由于 KM4 线圈无法得电,故圆工作台不能实现反转。

三、X62W 型万能铣床电气控制线路典型故障分析

1. 主轴电动机控制电路常见电气故障分析

主轴电动机控制电路常见电气故障分析方法是:首先观察故障现象,然后采用逻辑分析法来分析故障原因及范围,并选用合适的检修方法,根据实际线路,依次排查故障。图 4—18 所示为主轴电动机检修流程图。

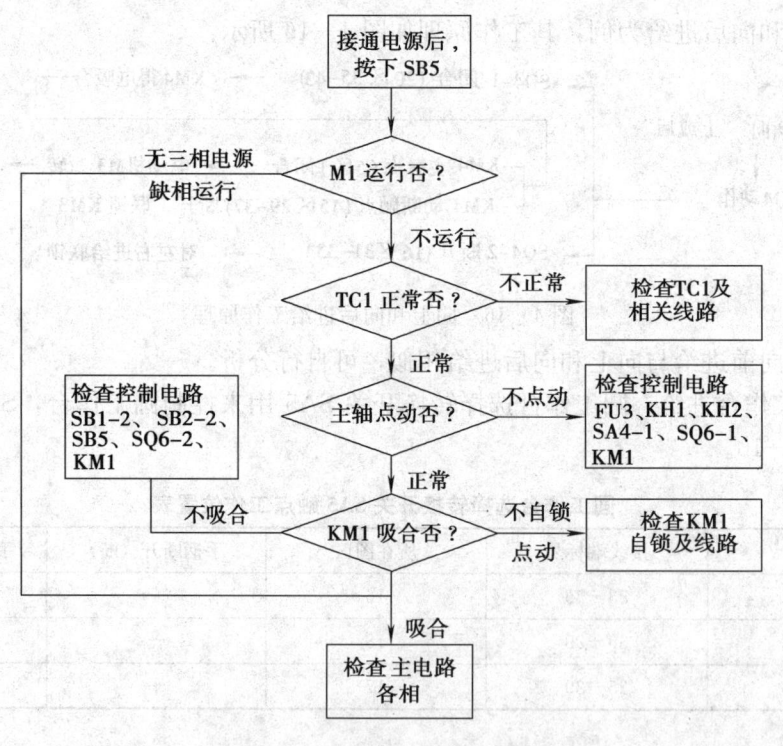

图 4—18 主轴电动机检修流程图

(1)接通铣床电源总开关 SA1,铣床不能开动(主轴、进给、快速均无动作),可能原因有:

1) 熔断器 FU1 松动或熔断，熔断器 FU2 松动或熔断。
2) 控制变压器 TC1 损坏或二次接线端断线。
3) 主轴制动上刀转换开关 SA4 扳在夹紧位置。
4) 主轴变速操纵手柄未复位，SQ6－2 未接好。
5) 按钮 SB1、SB2、SB5 接触不良或损坏。
6) 热继电器 KH1 过载脱扣、触点接触不良或损坏。
7) 接触器 KM1 线圈损坏、主触点接触不良或损坏。

(2) 接触器 KM1 吸合，主轴电动机 M1 不能启动或电动机发出嗡嗡声，可能原因有：
1) 机床外电源缺相或电源开关 SA1 一相接触不良。
2) 主轴电动机热继电器 KH1 热元件断一相或压线端未拧紧。
3) 主轴电动机定子出线端脱焊、松动。
4) 主轴换向转换开关 SA2 扳在零位。
5) 接触器 KM1 主触点接触不良或损坏。
6) 主轴电动机 M1 故障。

(3) 主轴不能变速点动，可能原因有：
1) 主轴变速点动开关断线或 SQ6－1 未接通。
2) 主轴变速箱机械撞杆在变速时未顶上 SQ6 或 SQ6 安装螺钉松动，使 SQ6 移动。

(4) 按主轴停止按钮 SB1 或 SB2 后，主轴电动机 M1 不停，可能原因有：
1) 接触器 KM1 主触点发生熔焊，造成主触点不能切断电动机电源。
2) 主轴电动机接触器 KM1 动、静铁心接触面上有污物，使铁心不能释放。

2. 进给电动机控制电路常见电气故障分析

工作台进给控制电路检修流程图如图 4—19 所示，直流控制回路检修流程图如图 4—20 所示。

(1) 操纵工作台手柄，工作台只能向右、向前、向下运动，不能向左、向后、向上动作，可能原因有：
1) 接触器 KM4 线圈损坏。
2) 接触器 KM3 的动断触点（43－47）接触不良，使接触器 KM4 不吸合。

(2) 接触器 KM3 和 KM4 吸合时，主触点弧光大，铁心吸不牢，发出嗒嗒响声，可能原因有：
1) KM4 的动断触点（29－37）接触不良，弹簧压力太小。
2) KM3 的动断触点（43－47）接触不良，弹簧压力太小。

(3) 操纵工作台横向及垂直手柄，工作台均无动作，可能原因是：位置开关 SQ1－2 或 SQ2－2 触点未接好，造成接触器 KM3 和 KM4 不能吸合。

(4) 进给电动机运转时，有异常的嗡嗡声，可能原因是：电动机轴承外环与端盖内孔配合过松，转子窜动量过大。

(5) 进给变速无点动，可能原因有：进给变速点动位置开关 SQ5－1 断线或固定螺钉松动，开关位移，变速盘撞压不到 SQ5。

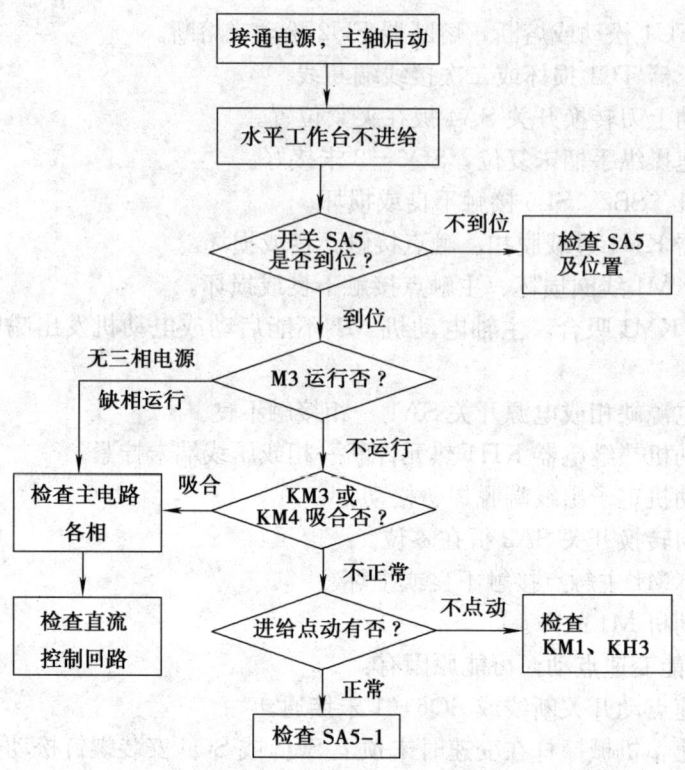

图 4—19 工作台进给控制电路检修流程图

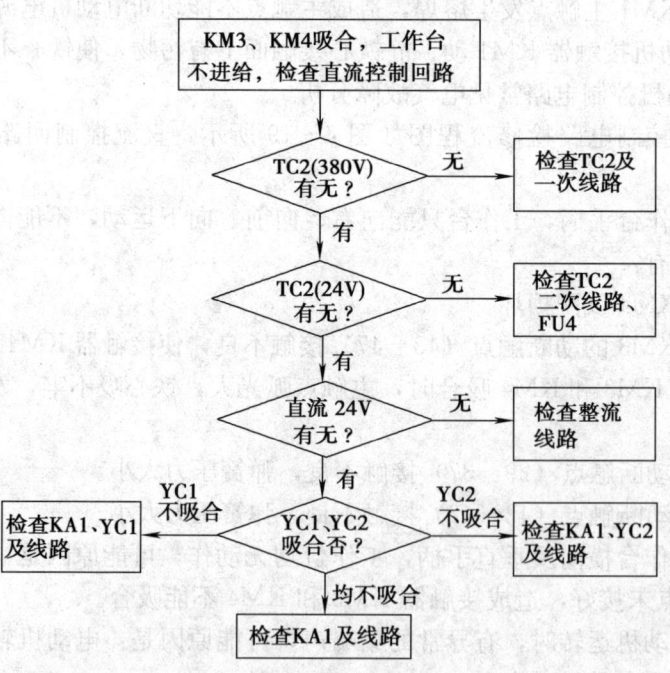

图 4—20 直流控制回路检修流程图

(6) 进给常速、快速及主轴均无制动,可能原因有:
1) 熔断器 FU4 熔断。
2) 整流器 VC 损坏。
3) 控制变压器 TC2 损坏。
(7) 常速进给、快速进给及主轴制动力小,可能原因有:
1) 交流电压不足。
2) 整流器 VC 中某一桥臂断路或整流二极管损坏。
3) 控制电磁离合器线圈回路中的接触器、继电器和开关的触点接触不良,使电磁离合器吸力不足。

3. 冷却泵电动机控制电路常见电气故障分析

(1) M1 运行后,合上开关 SA3,冷却泵电动机 M2 缺相运转,故障在电动机及其主回路。

(2) 冷却泵电动机 M2 不运转,可能原因有:
1) SA3 触点接触不良或损坏。
2) 接触器 KM2 线圈损坏。
3) 接触器 KM2 触点接触不良或损坏。
4) 热继电器 KH2 损坏或过载脱扣。
5) 电动机 M2 故障。

4. 照明控制电路常见电气故障分析

选用万用表交流电压 50 V 挡查找故障点,按顺序测量变压器 TC3(36 V)侧、FU5 两侧、照明开关两侧、EL 两侧。常见的故障为照明灯泡损坏。

第四节 Z3040 型摇臂钻床电气控制线路检修

→ 熟悉 Z3040 型摇臂钻床各组成部分
→ 能够说明 Z3040 型摇臂钻床电气控制原理
→ 能够检修 Z3040 型摇臂钻床电气控制线路典型故障

一、Z3040 型摇臂钻床概述

钻床是一种孔加工设备,可用来进行钻孔、扩孔、铰孔、攻丝及修刮端面等多种形式的加工。按用途和结构分类,钻床可分为立式钻床、台式钻床、多轴钻床、摇臂钻床及其他专用钻床等。在各类钻床中,摇臂钻床操作方便、灵活,适用范围广,具有典型性,特别适用于单件或批量生产,是常见的机床。

1. 主要结构及运动形式

(1) 结构组成。Z3040 型钻床属立式钻床,主要由底座、内立柱、外立柱、摇臂、主轴箱及工作台等部分组成,如图 4—21 所示。

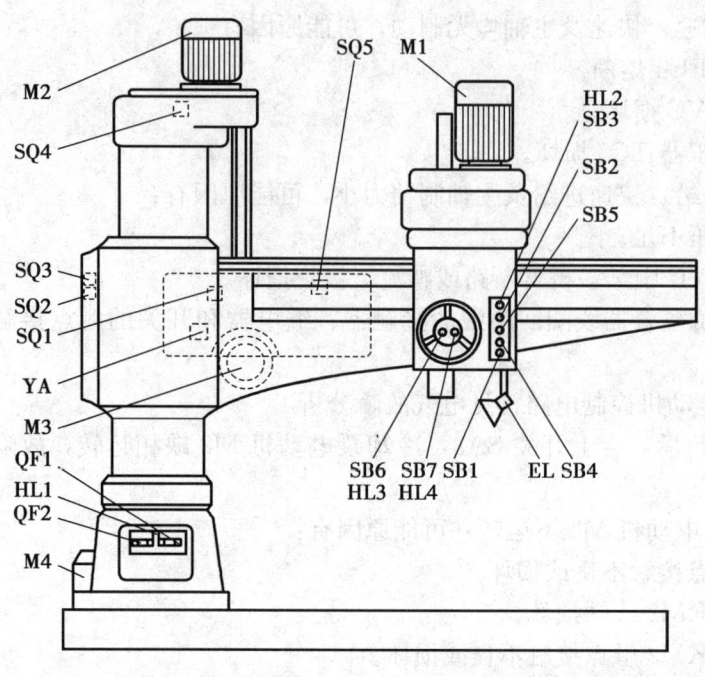

图 4—21 Z3040 型摇臂钻床外形与元件分布图

工作台用螺柱固定在底座上，工作台用于固定加工工件。

内立柱固定在底座的一端，外立柱套在内立柱上，用液压夹紧机构夹紧后，二者不能相对运动；松开夹紧机构后，外立柱用手推动可绕内立柱旋转360°。

摇臂套装在外立柱上，借助丝杆的正反转，可沿外立柱上下移动。摇臂不能绕外立柱转动，只能与外立柱一起绕内立柱回转。

主轴箱是一个复合部件，由主传动电动机、主轴和主轴传动机构、进给和变速机构、机床的操作机构等部分组成。主轴箱安装在摇臂的水平导轨上，可以通过手轮，使其在水平导轨上沿摇臂移动。

Z3040 型号的含义如下：

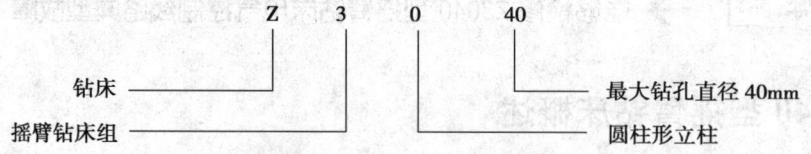

(2) Z2040 型摇臂钻床的运动形式

主运动：摇臂钻床主轴带动钻头（刀具）的旋转运动。

进给运动：摇臂钻床主轴的纵向进给运动（手动或自动）。

辅助运动：用来调整主轴（刀具）与工件间相对位置或相对高度的运动，有摇臂沿外立柱的垂直移动、主轴箱沿摇臂长度方向的水平移动、摇臂与外立柱绕内立柱的回转运动。

2. 电气传动

(1) 电气传动特点

1) 摇臂钻床运动部件较多,采用 4 台电动机拖动,分别是主轴电动机 M1、摇臂升降电动机 M2、液压泵电动机 M3 和冷却泵电动机 M4,这些电动机都采用直接启动方式。

2) 主轴电动机 M1 担负主轴的旋转运动和进给运动,由接触器 KM1 控制,热继电器 KH1 作过载保护。

3) 摇臂钻床的主运动和进给运动均为主轴的运动,由主轴电动机拖动,分别经主轴传动机构、进给传动机构实现主轴的旋转和进给。主轴电动机变速和变速系统的润滑都是通过机械变速机构与液压系统来实现的。

4) 在加工螺纹时,要求主轴能正、反转。摇臂钻床主轴正、反转采用机械方法实现,主轴电动机仅单向旋转。

5) 摇臂的升降由接触器 KM2、KM3 控制 M2 实现,摇臂升降电动机要求能正、反向旋转。设有限位保护,由断路器 QF3 提供过载和短路保护。

6) 摇臂的松开与夹紧则通过夹紧机构和液压系统来实现(电气—液压)。液压泵电动机 M3 受接触器 KM4、KM5 控制。液压泵电动机要求能正、反向旋转,采用点动控制,热继电器 KH2 作过载保护。

7) 摇臂的移动严格按照松开→移动→夹紧的程序进行。摇臂升降与夹紧由时间继电器 KT 控制。

8) 冷却泵电动机 M4 带动冷却泵提供冷却液,由断路器 QF2 直接控制,只要求单向旋转。

9) 具有联锁保护环节以及安全照明、信号指示电路。

(2) 电气元件。Z3040 型摇臂钻床电气元件明细见表 4—11。

表 4—11　　　　Z3040 型摇臂钻床电气元件明细表

代号	区号	名称	型号规格	数量	用途
M1	4	主轴电动机	Y112M—4,4 kW	1	驱动主轴
M2	5	摇臂升降电动机	Y90L—4,1.5 kW	1	驱动摇臂升降
M3	6	液压泵电动机	Y802—4,0.75 kW	1	驱动液压系统
M4	3	冷却泵电动机	A0B—25,0.09 kW	1	驱动冷却泵
QF1	2	低压断路器	DZ5—20/330FSH	1	电源总开关
QF2	3	低压断路器	DZ5—20/330H	1	冷却泵开关
QF3	5	低压断路器	DZ5—20/330H	1	摇臂、液压开关
KM1	15	交流接触器	CJ20—20	1	主电动机控制
KM2	18	交流接触器	CJ20—10	1	摇臂电动机控制
KM3	19	交流接触器	CJ20—10	1	摇臂电动机控制
KM4	20	交流接触器	CJ20—10	1	液压泵电动机控制

单元 4

续表

代号	区号	名称	型号规格	数量	用途
KM5	22	交流接触器	CJ20—10	1	液压泵电动机控制
KT	17	时间继电器	JS7—4A	1	延时控制
YA	24	电磁阀	MFJ1—3	1	电磁阀
KH1	4	热继电器	JR16—20/3D	1	主电动机保护
KH2	6	热继电器	JR16—20/3D	1	液压电动机保护
FU1	8	熔断器	BZ—001A，2 A	1	110 V 短路保护
FU2	8	熔断器	BZ—001A，2 A	1	6 V 短路保护
FU3	8	熔断器	BZ—001A，2 A	1	24 V 短路保护
TC	7	控制变压器	BK—150	1	控制变压器
SB1	14	总停按钮	LAY3—11ZS/1	1	总停按钮，红色
SB2	15	按钮	LA19—11	1	停止按钮
SB4	18	按钮	LA19—11	1	上升按钮
SB5	19	按钮	LA19—11	1	下降按钮
SB3	15	按钮	LA19—11D	1	启动按钮，带指示灯 HL2
SB6	21	按钮	LA19—11D	1	松开按钮，带指示灯 HL3
SB7	23	按钮	LA19—11	1	夹紧按钮，带指示灯 HL4
SQ1	18、19	上下限位开关	HZ4—22	1	摇臂升降上下限位
SQ2	18、20	位置开关	LX5—11	1	
SQ3	22	位置开关	LX5—11	1	
SQ4	11、12	位置开关	LX3—11K	1	
SQ5	13	门控开关	JWM6—11	1	门控行程开关
EL	9	工作灯	JC—25，40 W	1	工作照明
HL1	10	指示灯	XD1，6 V	1	电源指示
HL2	10	指示灯	XD1，6 V	1	主电动机转动指示
HL3	11	指示灯	XD1，6 V	1	摇臂松开指示
HL4	12	指示灯	XD1，6 V	1	摇臂夹紧指示

二、Z3040 型摇臂钻床电气控制原理

1. 主电路电气控制原理

Z3040 型摇臂钻床的电气控制原理如图 4—22 所示。

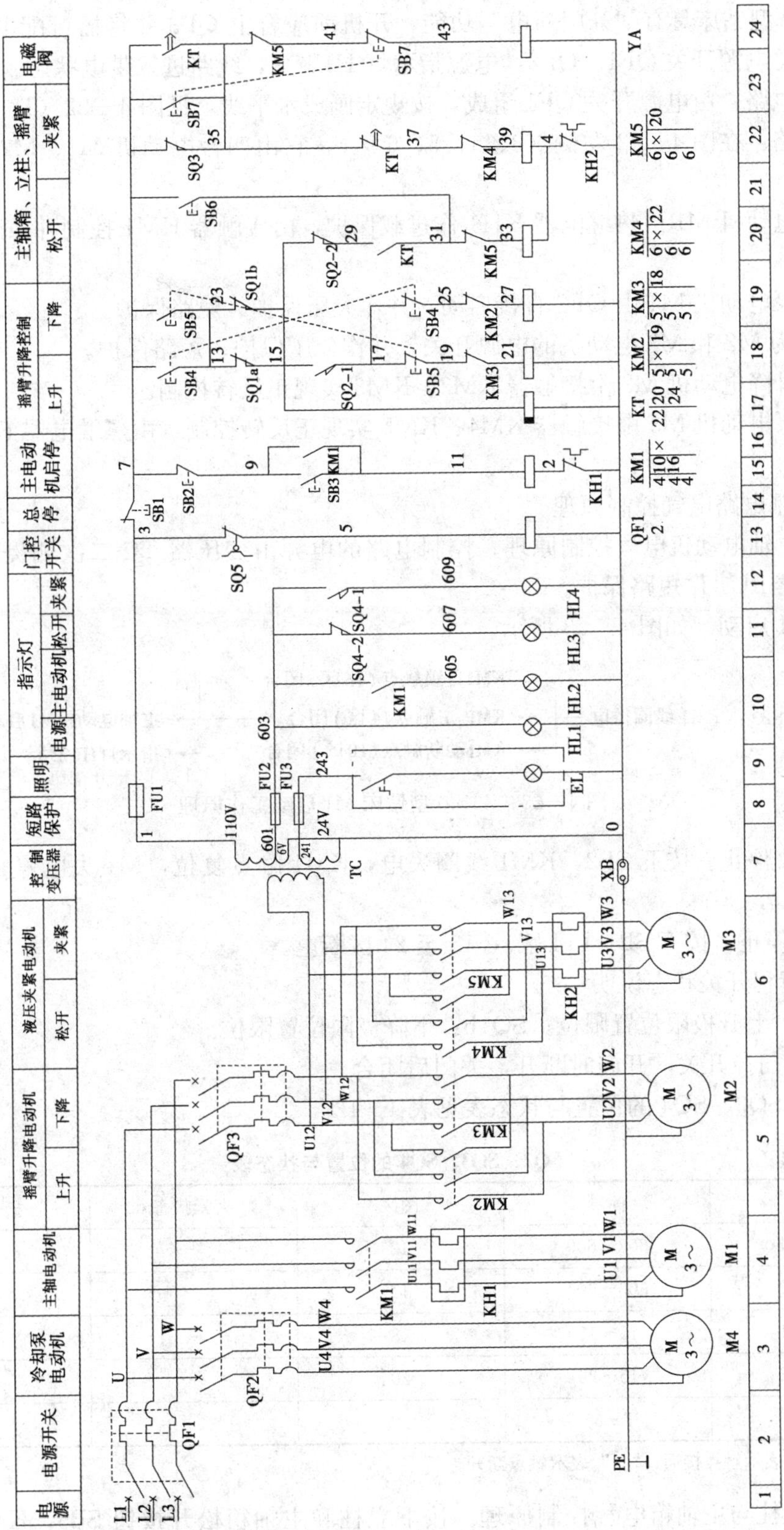

图4—22 Z3040型摇臂钻床电气控制原理图

Z3040型钻床具有"开门断电"功能，开机前应合上QF3并将摇臂配电箱门盖好，方能合上总电源开关QF1、QF2，电源指示灯HL1亮，线路进入带电状态。

电源电路：由电源开关QF1组成，按规定画成水平线，见图4—22（1、2区）。

主电路：在图4—22左侧（3、4、5、6区），它由四台电动机M1、M2、M3、M4组成。

主轴电动机M1由热继电器KH1作过载保护，由接触器KM1控制并兼作失压和欠压保护。

冷却泵电动机M4由QF2直接启动，并作欠压保护、短路保护。

QF3为M2和M3电动机的电源开关，并作欠压保护、短路保护。

摇臂升降电动机M2由接触器KM2、KM3实现正反转控制。

液压泵电动机M3由接触器KM4、KM5实现正反转控制，由热继电器KH2作过载保护。

2. 控制电路电气控制原理

(1) 主轴电动机电气控制原理。控制电路的电源由变压器TC二次侧提供110V电压，熔断器FU1作短路保护。

1) M1启动。如图4—23所示。

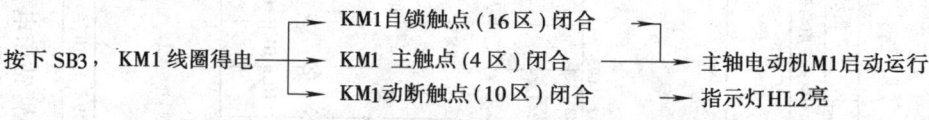

图4—23　Z3040型钻床M1启动工作原理

2) M1停止。按下SB2，KM1线圈失电，KM1触点复位，M1失电停止，指示灯HL2灭。

3) 总停止：按下SB1（14区），15至24区断电。

(2) 行程开关状态说明

SQ1a：上升极限位置限位；SQ1b：下降极限位置限位。

SQ5：门控开关，开门时断开，关门后闭合。

SQ2、SQ3、SQ4的位置与状态表见表4—12。

表4—12　SQ2、SQ3、SQ4的位置与状态表

触点	标号	图区	夹紧状态	松开状态
SQ4—1	603—609	12	＋	－
SQ4—2	603—607	11	－	＋
SQ2—1	15—17	18	－	＋
SQ2—2	15—29	20	＋	－
SQ3	7—35	22	－	＋

注："＋"表示触点接通；"－"表示触点断开。

(2) 立柱与主轴箱电气控制原理。按下立柱和主轴箱松开按钮SB6，KM4线圈得

电，电动机 M3 正转，SQ3 复位，电磁阀 YA 得电，液压油经二位六通阀进入立柱和主轴松开油腔，立柱和主轴箱夹紧装置松开。

按下立柱和主轴箱夹紧按钮 SB7，KM5 线圈得电，电动机 M3 反转，电磁阀 YA 不得电，液压油经二位六通阀进入立柱和主轴箱夹紧油腔，使立柱和主轴箱夹紧装置夹紧。

立柱和主轴箱松开与夹紧状态可由按钮上所带指示灯 HL3、HL4 显示。如能推动摇臂或转动主轴箱上的手轮，表明立柱和主轴箱处于松开状态。

(3) 摇臂升降电气控制原理

1) 摇臂上升。摇臂上升严格按照"松开、上升、停止、夹紧"的顺序进行，如图 4—24 所示。

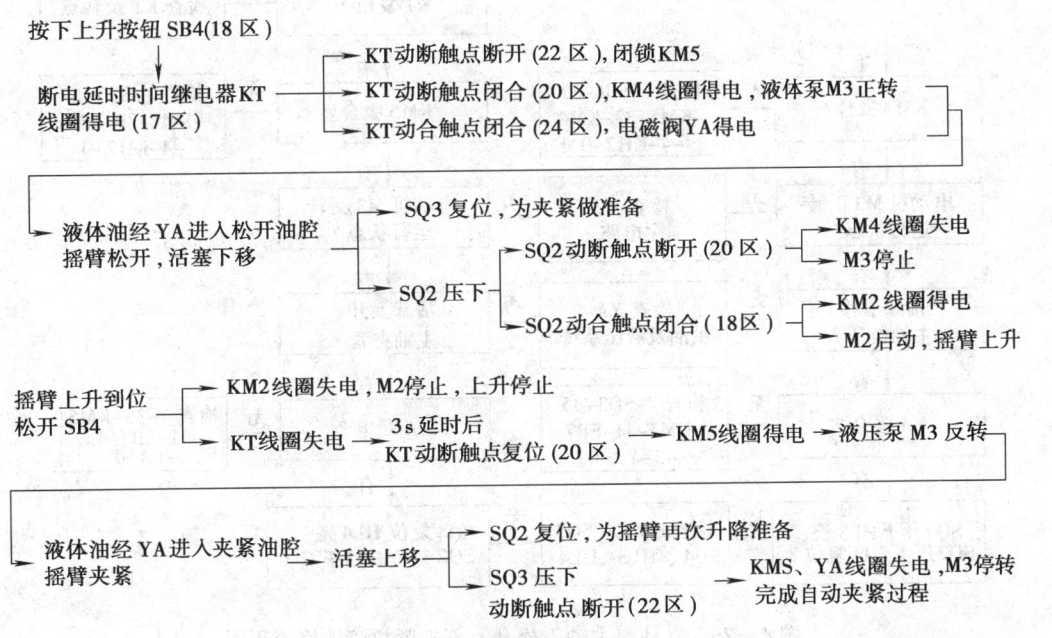

图 4—24　Z3040 型钻床摇臂上升工作原理

2) 摇臂下降。按下按钮 SB5，摇臂下降。动作过程与摇臂上升类似，自动完成"松开、下降、停止、夹紧"整套动作，本文不另述。

(4) 冷却泵电动机电气控制原理。闭合断路器 QF2，直接启动冷却泵 M4 电动机，断开 QF2，停止冷却泵 M4 电动机。

(5) 照明、信号电路电气控制原理。照明电源由控制变压器 TC 提供 24 V 电源，由熔断器 FU3 提供短路保护，机床照明灯 EL 自带开关控制；指示电源由控制变压器 TC 提供电源，由熔断器 FU2 提供短路保护。HL1 为机床电源指示灯；HL2 为主轴运行指示灯；HL3 为立柱和主轴箱松开状态指示灯；HL4 为立柱和主轴箱夹紧状态指示灯。

三、电气控制线路典型故障分析

1. 主轴电动机、立柱与主轴箱控制电路常见电气故障分析

(1) 主轴电动机 M1 由交流接触器 KM1 控制，常见电气故障主要有不能启动、缺相运行、不能停止等，与车床的主轴电动机常见故障相似，请参照分析。

(2) 立柱和主轴箱常见故障主要有不能松开、不能夹紧等。检修过程逻辑分析按图 4—25 进行。

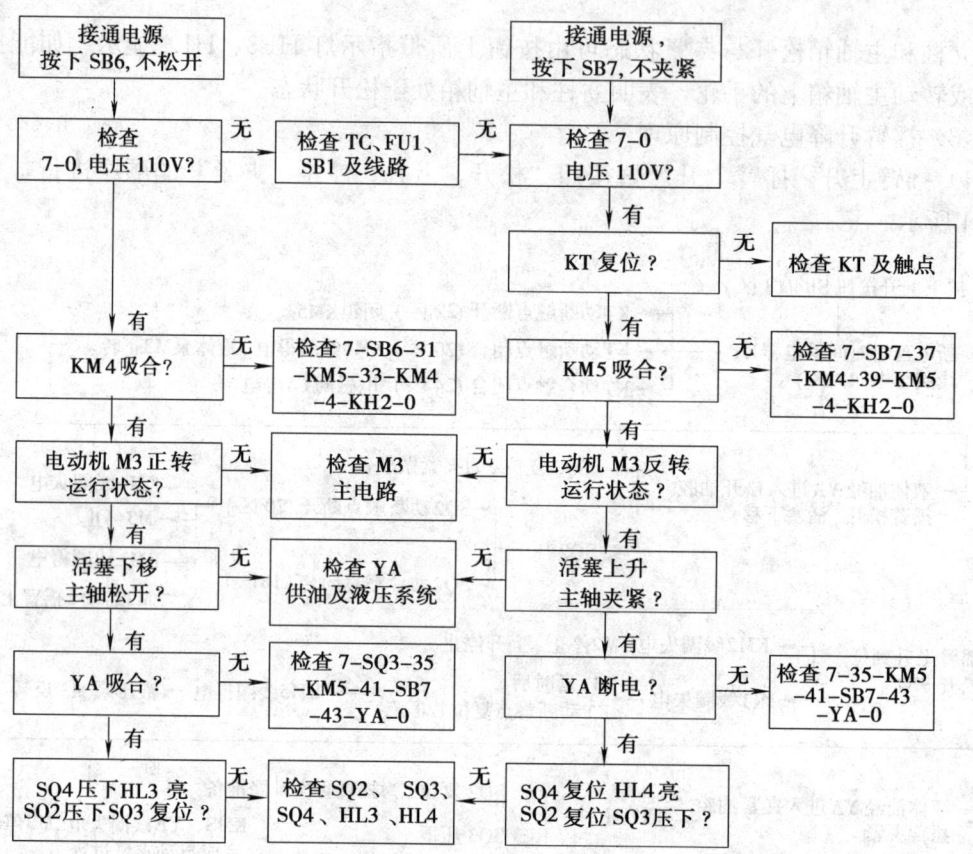

图 4—25 立柱与主轴不松开、不夹紧故障检修流程图

2. 摇臂升降电动机控制电路常见电气故障分析

摇臂钻床常见电气故障有摇臂不能升降、摇臂不能上升、摇臂不能下降、摇臂不能松开、摇臂不能夹紧等。检修时，首先要观察故障现象，运用逻辑分析法判断故障范围，然后用正确的检测方法查找故障并修复。

(1) 摇臂能下降但不能上升。表明摇臂和立柱松开、夹紧部分电路正常，如按下 SB4，接触器 KM2 能吸合，则故障发生在 5 区接触器 KM2 主回路；如接触器 KM2 不能吸合，则故障发生在 18 区摇臂上升控制回路中。

(2) 摇臂能上升但不能下降。如按下 SB5，接触器 KM3 能吸合，则故障发生在 5 区接触器 KM3 主回路；如接触器 KM3 不能吸合，则故障发生在 19 区摇臂下降控制回路中。

(3) 摇臂不能上升也不能下降。检修试车顺序是：首先试主轴电动机 M1 运转情况，以判断机床电源是否正常。其次，试立柱与主轴箱的松开与夹紧情况，以判断 KM4、KM5 控制支路、液压泵电动机 M3、液压系统运转是否正常。最后试摇臂能否上下。立柱与主轴箱不能放松，故障多出在接触器 KM4 线圈支路；若能放松，则应重点检查断电延时时间继电器 KT、电磁阀 YA 的瞬时闭合动合触点、SQ2、SQ3 位置开关等部分。

摇臂上升或下降顺序动作特征明显，可按继电器动作状态（吸合声音）、液压泵工作声音初步判断故障范围，上升段故障检修流程如图 4—26 所示，摇臂自动夹紧故障检修流程如图 4—27 所示。

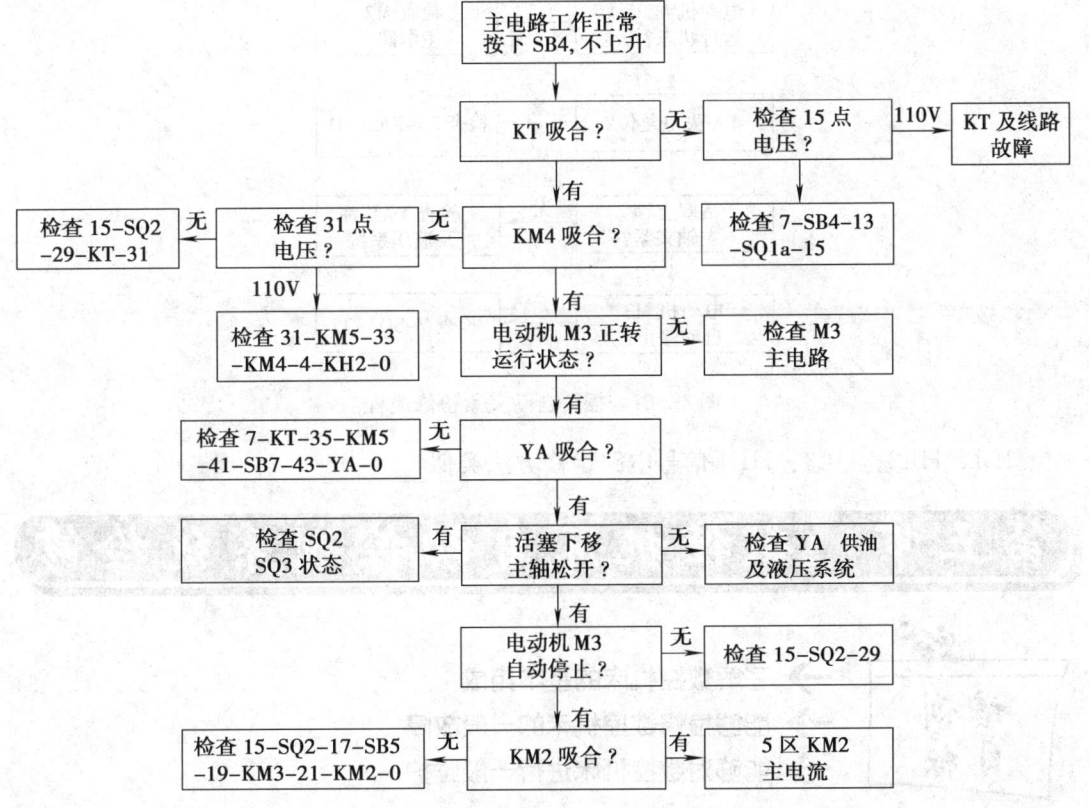

图 4—26 摇臂不能升降——上升段检修流程

摇臂下降检修流程相似，请参照分析。

3. 冷却泵电动机控制电路常见电气故障分析

冷却泵电动机 M4 由断路器 QF2，直接控制，常见故障为电动机不转，其原因可能为：

(1) 电源故障，无电源。
(2) 断路器 QF2 故障。
(3) 电动机 M4 故障。

4. 照明控制电路常见电气故障分析

选用万用表交流电压 50 V 挡查找故障点，按顺序测量变压器 TC（24 V）侧、FU3 两侧、照明开关两侧、EL 两侧。常见的故障为照明灯泡损坏。

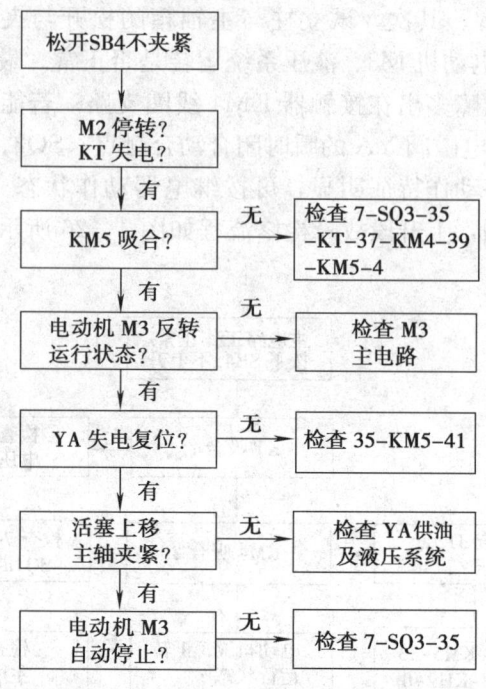

图4—27 摇臂自动夹紧检修流程

HL1、HL2、HL3、HL4信号电路检修方法类似。

第五节 数控机床自动控制系统检修

→ 了解数控机床的基本组成
→ 能够检修数控机床的一般故障
→ 能够对数控机床进行一般维护

一、数控机床概述

1. 数控机床的应用及性能

数控是数字程序控制的简称。数控技术首先在机械行业中获得广泛的应用，用数字化信息对机床的运动及其加工过程进行控制的机床，称为数控机床。

随着微电子技术的不断发展，制造业现代化水平的不断提高，数控机床应用非常广泛，机床数控化率也不断提高。数控技术不仅应用于机床的控制，还用于其他设备的控制，主要有以下几个方面应用：

（1）金属切削加工方面。应用在车、铣、铰、钻、刨、磨等各种切削工艺的机床上，包括普通型数控机床、加工中心、数控专用加工机床等。

（2）金属成型方面。应用在挤、冲、压、拉等成型工艺的机床，包括数控冲剪机、数控压力机、数控折弯机、数控弯管机、数控旋压机等。

（3）特种加工方面。常用的有数控电火花切割机、数控电火花成型机、数控火焰切割机、数控激光加工机等。

（4）测量绘图方面。应用有三坐标测量机、数控专用测量机、数控对刀仪、数控绘图仪等。

在以上各种数控设备中，数控钻床、数控冲床等设备只要求控制点到点之间的准确定位，而对移动的轨迹没有要求，这些设备一般采用点位控制方式。

数控磨床、数控专用加工机床等除了要控制点与点之间的准确定位外，还要控制两点间的移动速度和路线，但只需对一个坐标轴的位移和速度进行控制，不需要有插补功能，因此这类设备一般采用直线控制方式。

数控车床、数控铣床、加工中心、数控线切割机、数控绘图仪等设备需要对两个或两个以上运动坐标轴的位移和速度进行相关的控制，按照程序要求的运动速度加工各种斜线、圆弧或曲线，只能采用轮廓控制方式，根据不同的需要采用两轴联动、三轴联动和四轴联动等。

数控设备在应用中，除了标准型数控以外，还有一些价格便宜、功能简单、档次较低的数控设备，称为经济型数控设备。

2. 数控机床的基本组成

数控机床一般由输入/输出装置、数控装置、伺服驱动系统、机床电气逻辑控制装置、检测反馈装置和机床主体及辅助装置组成。

（1）输入/输出装置。它是人和数控机床的联系环节。键盘、磁盘驱动器等是典型的输入设备，还可以用串行通信的方式输入。显示输出设备一般为显像管（CRT）或液晶显示器（LCD）。

（2）数控装置。它是数控机床的核心部件，形式可以是由数字逻辑电路构成的专用硬件数控装置（NC装置）或计算机数控装置（CNC装置）。

（3）伺服驱动系统。伺服驱动系统是数控装置与机床主体的联系环节。它包括进给运动伺服驱动装置和主运动伺服驱动装置。

主运动伺服驱动装置主要由速度控制单元控制和测量反馈单元组成。进给运动伺服驱动装置由位置控制单元、速度控制单元、伺服电动机和测量反馈单元等部分组成。

（4）机床电气逻辑控制装置。其形式可以是可编程序控制器，也可以是继电器控制线路。

它接收数控装置发出的开关命令，主要完成机床主轴选速、电动机启、停、方向控制、换刀功能、工件装夹、冷却和液压控制等机床辅助功能。

（5）检测反馈装置。它的作用是检测实际位移量，并反馈给数控装置与指令位移量进行比较，实现差动调整控制，从而提高控制精度和加工精度。

常用的检测元件有：脉冲编码器、旋转变压器、感应同步器、测速发电机、光栅和磁尺等。

（6）机床主体。根据不同的加工方式和需求，机床主体可以是车床、铣床、镗床、磨床、加工中心或电加工机床等。其整体布局、传动系统、刀具系统及操作机构等方面都应符合数控的要求。

(7) 辅助装置。辅助装置主要包括机床的换刀机构、工件自动交换机构、工件夹紧机构、润滑装置、冷却装置、照明装置、排屑装置、液压与气动系统、过载保护与限位保护装置等。

3. 数控机床分类

数控机床的分类方式主要有：按运动轨迹分类、按联动轴数分类、按伺服类型分类、按数控装置功能水平分类，等等。

(1) 按运动轨迹分类。可分为点位控制数控机床、直线控制数控机床和轮廓切削（连续轨迹）控制数控机床。

1) 点位控制数控机床。其特点是只控制点到点的准确位置，不要求运动轨迹。使用这类控制系统的数控机床有数控钻床、数控坐标镗床、数控冲床、数控点焊机、数控折弯机和数控测量机等。

2) 直线控制数控机床。其特点是既要控制起点与终点之间的准确位置，又要控制刀具在这两点之间运动的速度和轨迹。使用这类控制系统的数控机床有数控车床、数控铣床和数控磨床等。

3) 轮廓切削（连续轨迹）控制数控机床。其特点是能控制两个或两个以上的轴；坐标方向可以同时得到严格地连续控制，不仅控制每个坐标的行程，还要控制每个坐标的运动速度。使用这类控制系统的数控机床有数控车床、数控铣床、数控磨床、数控齿轮加工机床和数控加工中心等。

(2) 按联动轴数分类。有二轴联动、三轴联动、二轴半联动和多轴联动数控机床。

(3) 按伺服类型分类。分为开环伺服系统数控机床、半闭环伺服系统数控机床、闭环伺服系统数控机床、混合环伺服系统数控机床。

(4) 按数控装置功能水平分类。可分为经济型（低档）、普及型（中档）和高级（高档）型数控机床。

4. 数控机床的数控系统

(1) 数控系统组成。国内数控机床大多采用计算机数控系统（CNC 系统），它是由数控加工程序、输入/输出接口、CNC 装置、电气逻辑控制装置、伺服驱动装置和检测反馈装置组成。

1) 数控加工程序。它主要用于记录零件的几何信息（如形状、尺寸）、加工工艺信息（如工序）及辅助信息等。

2) 输入/输出接口（人机接口）。典型的 I/O 控制部件有：数控系统操作面板接口、CRT 接口、进给伺服控制接口等。

3) CNC 装置。它是核心部件，由硬件和软件（控制软件和管理软件）两部分组成。硬件部分包括中央处理器（CPU）、存储器、输入/输出接口部分。相当于一台专用计算机；控制软件由译码程序、刀具补偿计算程序、速度控制程序、插补运算程序和位置控制程序等组成；管理软件由零件加工程序的输入输出程序、显示程序和诊断程序等组成。

4) 电气逻辑控制装置（可编程序控制器或继电器）用于开关量控制。

5）伺服驱动装置。响应CNC装置发出的指令带动机床各坐标轴运动，实现工件加工。

6）检测反馈装置。通过比较，进行调节控制的装置。

(2) 数控系统的功能。数控系统是严格按照数控加工程序对工件进行自动加工的。数控装置将数控加工程序信息按两类控制量分别输出：一类是连续控制量，送往伺服驱动装置（如伺服电动机）；另一类是离散的开关控制量，送往机床逻辑控制装置（如继电器）。它们共同控制机床各组成部分实现各种数控功能。

CNC数控系统的基本功能包括：

1）控制功能。主要反映在CNC系统能够控制以及能够同时控制的轴数（即联动轴数）。

2）准备功能。准备功能是指定机床动作方式的功能，主要有基本移动、程序暂停、坐标平面选择、坐标设定、刀具补偿、固定循环、基准点返回、公/英制转换和绝对值增量值转换等。

3）插补功能。插补功能是指CNC系统可以实现的插补加工线型的能力，如直线插补、圆弧插补等。

4）进给功能。进给功能包括切削进给、同步进给、快速进给、进给倍率修调等。

5）刀具功能。刀具功能用来选择刀具，通过指令来指定。

6）主轴功能。主轴功能是指定主轴转速功能、同步运行功能、恒线速度切削功能等。

7）辅助功能。辅助功能用来规定主轴的启停和转向、切削液的接通和断开、刀库的启停、刀具的更换、工件的夹紧或松开等。

8）字符显示功能。它是指CNC系统可以通过软件和接口在CRT显示器上实现字符显示，如显示程序、参数、各种补偿量、坐标位置和故障信息等。

9）自诊断功能。通过诊断程序，可以防止故障的发生和扩大，并在故障出现后迅速查明故障类型和部位。

10) CNC数控系统的选择性功能。它包括：

①补偿功能。可以补偿由于刀具磨损造成的误差及补偿机械间隙误差等。

②固定循环功能。CNC系统为典型加工工步所编制、具有多次循环加工的功能。

③图形显示功能。单/彩色CRT能显示动态刀具轨迹、零件图形、人机对话界面等。

④通信功能。通常备有RS232C接口，有的还备有DNC接口。

二、数控机床检修与维护常识

1. 数控机床的安装与调试

(1) 数控机床安装调试的目的。其目的是使数控机床恢复和达到出厂时的各项性能指标。

(2) 数控机床对安装环境的要求。包括地基、环境温度、湿度、电网、地线和防止干扰等项目。

1) 地基要求。对于重型机床和精密机床，参照制造厂向用户提供的机床基础地基图制作基础，且安装时基础已进入稳定阶段。对于中小型数控机床，对地基的要求同普通机床。

2) 环境温度和湿度要求。对精密数控机床会提出恒温及湿度要求，以确保机床精度和加工精度。普通和经济型数控机床应尽量保持恒温，以降低故障发生的可能性。对于安装环境，要求保持空气流通和干燥，但要避免阳光直射。

3) 电网和地线的要求。数控机床对电源供电要求高，若供电质量低，应在电源上加稳压器。为了安全和抗干扰，数控机床必须要有接地线，一般采用一点接地，接地电阻小于或等于4Ω。

4) 避免环境干扰等要求。远离锻压设备等震动源，远离电磁场干扰较大的设备，根据需要采取防尘措施等。

5) 仪器仪表要求。安装维护使用的仪器仪表包括交直流电压表、万用表、相序表、示波器、验电笔及一些专用仪器，如红外线热检测仪、逻辑分析仪、电路维修测试仪等，可根据实际需要选用。

(3) 数控机床开机调试步骤

1) 通电前外观检查。包括机床电气检查、CNC电气箱检查、接线质量检查、电磁阀检查、限位开关检查、操作面板上按钮及开关检查、地线检查、电源相序检查、伺服电动机外表检查等。

2) 接通机床总电源检查。包括直流电压输出检查、液压系统检查、冷却风扇、照明、熔断保护等是否工作正常等项检查。

3) CNC电气箱通电检查。检查参数设定值是否符合随机资料中规定的数据，试验各主要操作动作、安全措施、常用指令执行情况。

4) 外围设备及通信功能检查。包括程序输入与输出检查。

5) 数控机床试运行。数控机床安装完毕，要求在一定负载下，经过一段较长时间的自动运行，全面检查机床功能及工作可靠性。时间一般为8h且连续运行2~3天或24h连续运行1~2天。

2. 数控机床的编程方法

按照图样及工艺编制零件加工程序，有直接编程和计算机辅助编程两种方法。

(1) 直接编程。直接编程是指编程人员用数控机床提供的指令直接编写出零件加工程序及相关技术文件。直接编程按其数据输入及处理方式，可分为3类：

1) 用数控系统指令代码编程。编程时必须按照数控机床的规定进行。

2) 用宏程序编程。数控系统提供变量、数据计算、程序控制等功能，用户使用这些编程功能，完成加工。

3) 会话编程。用图形进行数据输入或对话型语言编程，数据由数控系统内部处理后，生成代码加工程序。

(2) 计算机辅助编程。计算机辅助编程是利用计算机及其外围设备，运用相应的前置处理程序和后置处理程序对零件源程序进行处理，得到加工程序的一种编程方法。根据源程序的生成方法，有以下3种：

1) 数控语言编程。用数控语言（如 APT 语言）对工件的几何形状及刀具相对工件的运动进行描述，产生刀位文件，再经后置处理生成数控加工程序。

2) 图形输入编程。以图形交互方式生成工件的几何形状及刀具相对工件的运动，再生成数控加工程序。

3) CAD/CAM 编程系统。以计算机辅助设计（CAD）建立的几何模型为基础，再以计算机辅助制造（CAM）为手段，生成数控加工程序。

(3) 数控编程的步骤。数控编程的编程步骤如图 4—28 所示。

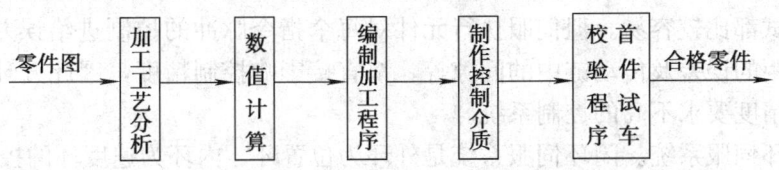

图 4—28 数控编程的步骤

1) 加工工艺分析。根据图样对工件的形状、尺寸和技术要求进行工艺分析，选择加工方案，确定加工顺序、加工路线、装夹方式、刀具及切削参数等。

加工工艺力求优化，充分发挥机床的效能，尽量缩短走刀路线；正确选择对刀点、换刀点，减少换刀次数，提高加工效率。

2) 数值计算。根据零件图的几何尺寸确定工艺路线，设定工件坐标系，计算零件粗、精加工运动轨迹，得到刀位的运行数据。

3) 编制加工程序。零件的加工路线、工艺参数及刀位数据确定后，可根据数控系统规定的功能指令代码及程序段格式，逐段编制加工程序和填写加工程序清单。

4) 制作控制介质。把程序清单的内容记录在控制介质上，并通过它输入到数控装置（用于简易及旧式数控机）。

人机对话操作面板手工输入和计算机通信自动输入均可不用控制介质。

5) 校验程序及首件试车。程序必须经过校验和试车才能正式使用。校验的方法是用输入的程序让机床空转，以检查机床的运动轨迹。在有 CRT 图形显示屏的数控车床上，可用模拟切削过程进行检验。

这些检验不能测出被加工零件的加工精度，因此还要进行零件的首件试车。当发现有加工误差时，分析其产生原因，找出问题并加以修正。

3. 数控机床的插补原理

数控机床的插补就是根据零件轮廓尺寸，结合精度和工艺等方面的要求，在已知的特征点之间，通过计算插入一些中间点并发出协调控制各坐标轴运动的指令，从而获得所需要的运动轨迹。插补算法一般有脉冲增量插补算法和数据采样插补算法。加工工艺中最常用到的是直线插补和圆弧插补。

逐点比较法属脉冲增量插补算法，其插补过程有 4 个处理节拍：偏差判别、刀具进给、偏差计算、终点判别。

4. 数控机床的伺服系统

数控机床进给伺服系统主要由伺服驱动控制系统与数控机床进给机械传动机构两大部分组成。机床进给机械传动机构通常由滚珠丝杠、机床导轨和工作台拖板等组成。

伺服驱动控制系统按照有无检测反馈元件，可分为开环、闭环两种控制方式。按检测元件位置不同，闭环伺服系统又分为半闭环、全闭环。

(1) 开环伺服系统。开环伺服系统由步进电动机驱动电源和步进电动机组成，无位置检测反馈。

开环伺服系统控制只有从指令位置输入到位置输出的通道控制，没有测量实际位置的反馈通道，在经济型数控系统中较广泛使用。由于它的结构比较简单，所以控制系统的实现和调试都比较容易。但伺服执行元件对每个指令脉冲的控制进给误差、传动机构中齿距、螺距的误差及传动链中的间隙等，都直接影响控制精度，因此开环伺服控制系统只适用于精度要求不高的控制系统。

(2) 闭环伺服系统。闭环伺服系统是外环为位置环、内环为速度环的控制系统。

速度环是控制电动机转速的电路，由速度调节器、电流调节器及功率驱动放大器等组成，用于速度反馈的检测装置有测速发电机和光电编码器等。

位置环是控制各坐标轴按指令位置精确定位的控制环节，用于位置检测的元件有光栅、光电编码器、感应同步器、旋转变压器和磁栅等。

伺服系统的驱动元件有直流伺服电动机和交流伺服电动机等。

由于闭环伺服系统能对整个系统进行自动补偿，加工精度高、速度快，但其检测元件的价格、安装和维护要求比较高，因此适用于大型和精密的数控机床。

(3) 半闭环伺服系统。半闭环伺服系统通过安装在丝杠轴或电动机轴上的检测元件，根据检测的旋转轴角位移，间接推算实际位移，这种伺服系统由于没有实际位置检测环，故称为半闭环伺服系统。

半闭环伺服系统主要部件有指令信号、位置偏差比较环节、伺服放大器、伺服电动机和检测元件组成。

数控装置输出的指令信号与检测元件得到的反馈信号通过比较环分析得出实际偏差信号，再经伺服放大器对偏差信号进行调节、运算及功率放大，最后经伺服电动机完成进给。

半闭环伺服系统在性能要求较高的中、小型数控机床中应用较多。它虽不能直接检测位置误差，但因测量转角比较容易、测量装置价格较低、结构较简单、安装调整方便，因此应用较为广泛。

5. 数控机床的故障浅断

数控机床常见的电气故障主要有数控软系统故障、数控硬系统故障、伺服系统故障、检测装置故障等。

(1) 数控软系统故障。包括：

1) 用户程序出错，引起软件故障。

2) 后备电池失效导致全部参数丢失。

3) 误操作导致参数故障。

4) 断电导致参数故障。

5) 电源波动，引起程序错误执行。

6) 数控系统参数故障和数控软件故障。

(2) 数控硬系统故障。硬件故障包括 CNC 控制装置、PLC 控制器、输入/输出接口、电源模块、显示器、操作面板等电路故障；各部分分立元件、接插件、外部连接组件等元件故障。

(3) 伺服系统故障。一般有超程、过载、窜动、爬行、振动、伺服电动机不转、速度与位置发生误差等故障。

(4) 位置检测装置故障。主要指位置检测装置等伺服反馈系统发生故障。

6. 数控机床的日常电气维修

(1) 数控系统控制部分检修

1) 检查各有关的电压值是否在规定范围内，并按要求调整。

2) 检查系统内各电气元件连接是否正常。

3) 检查各功能模块的风扇运转是否正常，清除风扇及滤尘网上的灰尘。

4) 检查伺服放大器和主轴放大器是否正常，并清除灰尘。

5) 检查各功能模块存储器的后备电池电压是否正常，并根据厂家要求定期更换。

(2) 伺服电动机和主轴电动机的检查与保养。对于伺服电动机和主轴电动机，应重点检查噪声和温升。若噪声过大和温升过高，应查明是轴承等机械问题还是与其相配的放大器参数设置问题，并采取相应的措施；检查电动机的冷却风扇运转是否正常，并定期清扫灰尘。

(3) 测量反馈元件的检查和保养。数控系统采用的测量元件包括编码器、光栅尺、感应同步器、磁尺、旋转变压器等，应根据使用环境定期进行检查和保养，检查检测元件连接是否松动，是否被油液或灰尘污染。

测量反馈元件的重新安装应严格按规定进行，否则可能造成新的故障。

(4) 电气部分的维护保养。电气部分包括电源输入电路、继电器、接触器、控制电路等，可按下列步骤进行检查：

1) 检查三相电源电压是否正常，如果电压超出允许范围，则应采取措施。

2) 检查所有电气元件连接是否良好。

3) 借助数控系统自诊断信息、指示灯，检查各类开关是否有效，否则应更换。

4) 检查各接触器、继电器工作是否正常，触点是否良好。

5) 检查热继电器、电弧抑制器等保护元件是否有效。

7. 数控机床的日常维护

(1) 数控机床安全操作注意事项

1) 数控机床的使用环境要避免光的直射和其他热辐射，要避免太潮湿或粉尘过多的场所，特别要避免有腐蚀气体的场所。

2) 为了避免电源不稳定给电子组件造成破坏，数控机床应采取专线供电或增设稳压装置。

3) 数控机床的开机、关机顺序，一定要按照说明书的规定操作。

4) 主轴启动开始切削之前，要关好防护罩门，程序正常运行过程中禁止开启防护罩门。

5) 数控机床在正常运行时不允许开电气柜的门，禁止按动"急停""复位"按钮。

6) 数控机床发生故障时，操作者要注意保护现场，并向维修人员如实说明故障发生的前后情况，以利于分析故障原因。

7) 数控机床的使用一定要由专人负责，严禁其他人随意动用数控设备。

8) 要认真填写数控机床工作日志，做好交接班工作，消除事故隐患。

9) 不得随意更改控制系统内制造厂设定的参数。

10) 加工程序必须在经过严格校验后方可进行自动操作运行。在加工过程中，一旦出现异常现象，应立即按下"急停"按钮，以确保人身和设备的安全。

(2) 数控机床的日常维护。为了使数控机床保持良好的状态，除了发生故障及时修理外，坚持经常维护保养也是非常重要的。定期检查，经常维护保养，可以把许多故障隐患消除在萌芽之中，防止或减少事故的发生。

不同型号的数控机床日常保养的内容和要求不完全一样，对于具体机床应按说明书中的规定执行。下面列出几项具有普遍性的日常维护内容：

1) 做好各导轨面的清洁润滑，有自动润滑系统的机床要定期检查，清洗自动润滑系统，检查油量，及时添加润滑油，检查油泵是否能定期启动、打油及停止。

2) 每天检查主轴箱自动润滑系统工作是否正常，定期更换主轴箱润滑油。

3) 注意检查电气柜中冷却风扇工作是否正常，风道过滤网有无堵塞，及时清洗黏附的尘土。

4) 注意检查冷却系统，检查液面高度，及时添加冷却液，及时更换清理冷却液。

5) 注意检查主轴驱动传动带，调整松紧程度。

6) 注意检查导轨镶条松紧程度，调节好间隙。

7) 注意检查机床液压系统油箱、油泵有无异常噪声，工作油面高度是否合适，压力表指示是否正常，管路及各接头有无泄漏等。

8) 注意检查机床导轨防护罩是否齐全有效。

9) 注意检查各运动部件的机械精度，减少形状和位置偏差。

10) 机床启动后，在机床自动连续运转前，必须监视其运转状态。

11) 机床运转时，不得调整刀具和测量工件尺寸，手不得靠近旋转的刀具和工件。

12) 数控机床工作时，要确保冷却液输出通畅、流量充足。

13) 停机时要除去工件或刀具上的切屑，养成良好的工作习惯。

14) 加工完毕后，关闭电源，清扫机床并涂防锈油。

15) 每天下班前做好机床卫生工作，清扫切屑，擦净导轨部位的冷却液，防止导轨生锈。

单元测试题

一、单项选择题（下列每题的选项中，只有 1 个是正确的，请将其代号填写在横线空白处）

1. 机床故障检测采用最多的测量方法是_____。
   A. 逻辑分析法　　　　　　　　　　　B. 跨线接法
   C. 万用表电压测量法　　　　　　　　D. 校验灯测量法
2. CY6140 型车床型号中的 C 指_____。
   A. 车床　　　　　　　　　　　　　　B. 卧式
   C. 第一主参数　　　　　　　　　　　D. 普通
3. X62W 型铣床控制电路的电源由_____提供。
   A. 三相总电源 380 V 电压　　　　　　B. 变压器 TC1 输出 110 V 电压
   C. 24 V 电压　　　　　　　　　　　　D. 220 V 电压

二、判断题（下列判断正确的请在括号内打"√"，错误的打"×"）

1. 当机床发生电气故障后，可直接更换故障元器件，缩短故障时间。（　）
2. 车床的主轴电动机 M1 由热继电器 KH1 作过载保护，熔断器 FU 作短路保护，无失压和欠压保护。（　）
3. 铣床主轴旋转与工作台进给应为有先后顺序控制的联锁关系，即进给运动要在铣刀旋转之后才能进行；进给运动提前停止后，铣刀才能停止旋转，否则易造成铣刀与工件相碰事故。（　）
4. Z3040 型钻床具有"开门断电"功能，开机前应合上 QF3 并将摇臂配电箱门盖好，方能合上总电源开关 QF1、QF2。（　）
5. 数控机床常见的电气故障主要有数控软系统故障、数控硬系统故障、伺服系统故障、检测装置故障等。（　）

三、简答题

1. 机床电气装置检修标准是什么？
2. 机床电气设备的日常维护保养有哪些项目？
3. 简述数控机床安全操作注意事项。

四、技能操作题

【第 1 题】　CY6140 型车床电气控制线路故障检修

1. 操作准备

工具、材料准备如下表：

序号	名称	型号与规格	单位	数量
1	卧式车床	CY6140	台	1
2	万用表	—	只	1
3	验电笔		只	1

序号	名称	型号与规格	单位	数量
4	常用电工工具	—	套	1
5	导线	—	m	若干

2. 操作要求

（1）掌握CY6140型车床主轴电动机电气控制原理，以及常见电气故障的分析与检修方法。

（2）掌握CY6140型车床冷却泵电动机、快速移动电动机电气控制原理，以及常见电气故障的分析与检修方法。

（3）掌握CY6140型车床照明、信号控制电路电气控制原理，以及常见电气故障的分析与检修方法。

3. 操作时限

操作时限为120 min。

4. 配分及评分标准

序号	考核项目	考核内容	配分	评分标准
1	工作前准备	选择工器具、材料	3	漏、错一项扣1分
		穿戴正确，符合安全要求	3	不执行规定一项扣1分
		注意事项口述	4	每错、漏一项扣1分
2	工作过程	分析主轴电动机电气工作原理	10	每错一项扣2分
		分析冷却泵电动机电气工作原理	10	每错一项扣2分
		分析快速移动电动机电气工作原理	10	每错一项扣2分
		分析照明、信号电路电气工作原理	5	每错一项扣3分
		检修主轴电动机电气故障	10	每错一项扣3分
		检修冷却泵电动机电气故障	10	每错一项扣2分
		检修快速移动电动机电气故障	10	每错一项扣2分
		检修照明、信号电路电气故障	5	每错一项扣2分
3	工作验收	完成程序现场调试	5	未完成扣3分，不正确不得分
		完成顺序启动	5	未完成扣3分，不正确不得分
		完成逆序停止	5	未完成扣3分，不正确不得分
4	安全文明	现场安全文明规定	5	每违规一项扣3分
	合计		100	

【第2题】 X62W型万能铣床电气控制线路故障检修

1. 操作准备

工具、材料准备如下表：

序号	名称	型号与规格	单位	数量
1	卧式铣床	X62W	台	1
2	万用表	—	只	1
3	验电笔	—	只	1
4	常用电工工具	—	套	1
5	导线	—	m	若干

2. 操作要求

(1) 掌握 X62W 型万能铣床主轴电动机控制电路电气控制原理,以及常见电气故障的分析与检修方法。

(2) 掌握 X62W 型万能铣床进给电动机控制电路电气控制原理,以及常见电气故障的分析与检修方法。

(3) 掌握 X62W 型万能铣床冷却泵电动机控制电路电气控制原理,以及常见电气故障的分析与检修方法。

(4) 掌握 X62W 型万能铣床照明、信号控制电路电气控制原理,以及常见电气故障的分析与检修方法。

3. 操作时限

操作时限为 120 min。

4. 配分及评分标准

序号	考核项目	考核内容	配分	评分标准
1	工作前准备	选择工器具、材料	3	漏、错一项扣1分
		穿戴正确,符合安全要求	3	不按规定一项扣1分
		注意事项口述	4	每错、漏一项扣1分
2	工作过程	分析主轴电动机电气工作原理	10	每错一项扣2分
		分析进给电动机电气工作原理	10	每错一项扣2分
		分析冷却泵电动机电气工作原理	10	每错一项扣2分
		分析照明、信号电路电气工作原理	5	每错一项扣3分
		检修主轴电动机电气故障	10	每错一项扣3分
		检修进给电动机电气故障	10	每错一项扣2分
		检修冷却泵电动机电气故障	10	每错一项扣2分
		检修照明、信号电路电气故障	5	每错一项扣2分
3	工作验收	完成程序现场调试	5	未完成扣3分,不正确不得分
		完成顺序启动	5	未完成扣3分,不正确不得分
		完成逆序停止	5	未完成扣3分,不正确不得分
4	安全文明	现场安全文明规定	5	每违规一项扣3分
		合计	100	

【第3题】 Z3040型摇臂钻床电气控制线路故障检修

1. 操作准备

工具、材料准备如下表：

序号	名称	型号与规格	单位	数量	备注
1	摇臂钻床	Z3040	台	1	—
2	万用表	—	只	1	
3	验电笔		只	1	
4	常用电工工具	—	套	1	
5	导线	—	m	若干	

2. 操作要求

（1）掌握Z3040型摇臂钻床主轴电动机、立柱与主轴箱控制电路电气控制原理，以及常见电气故障的分析与检修方法。

（2）掌握Z3040型摇臂钻床摇臂升降电动机控制电路电气控制原理，以及常见电气故障的分析与检修方法。

（3）掌握Z3040型摇臂钻床冷却泵电动机控制电路电气控制原理，以及常见电气故障的分析与检修方法。

（4）掌握Z3040型摇臂钻床照明、信号控制电路电气控制原理，以及常见电气故障的分析与检修方法。

3. 操作时限

操作时限为120 min。

4. 配分及评分标准

序号	考核项目	考核内容	配分	评分标准
1	工作前准备	选择工器具、材料	3	漏、错一项扣1分
		穿戴正确，符合安全要求	3	不按规定一项扣1分
		注意事项口述	4	每错、漏一项扣1分
2	工作过程	分析主轴电动机电气工作原理	10	每错一项扣2分
		分析摇臂升降电动机电气工作原理	10	每错一项扣2分
		分析冷却泵电动机电气工作原理	10	每错一项扣2分
		分析照明、信号电路电气工作原理	5	每错一项扣3分
		检修主轴电动机电气故障	10	每错一项扣3分
		检修摇臂升降电动机电气故障	10	每错一项扣2分
		检修冷却泵电动机电气故障	10	每错一项扣2分
		检修照明、信号电路电气故障	5	每错一项扣2分

续表

序号	考核项目	考核内容	配分	评分标准
3	工作验收	完成程序现场调试	5	未完成扣3分，不正确不得分
		完成顺序启动	5	未完成扣3分，不正确不得分
		完成逆序停止	5	未完成扣3分，不正确不得分
4	安全文明	按现场安全文明规定	5	每违规一项扣3分
	合计		100	

单元测试题答案

一、单项选择题

1. C　2. A　3. B

二、判断题

1. ×　2. ×　3. √　4. √　5. √

三、简答题

略。

第 5 单元

三菱 FX 系列可编程序控制器

- 第一节　PLC 的基本组成和工作原理/135
- 第二节　PLC 的编程技术基础/143
- 第三节　PLC 典型程序识读/158
- 第四节　PLC 控制程序的设计/172
- 第五节　PLC 控制系统的安装、调试与维护/188

可编程序控制器（Programmable Controller，PC）是一种用于工业控制的专用计算机。为避免与广泛使用的个人计算机的简称PC相混淆，仍沿用第一台可编程序的逻辑控制器（Programmable Logical Controller），简称PLC。PLC是专为工业应用而设计的，为便于接线、扩充功能、操作与维护以及提高系统的抗干扰能力，其结构及组成与一般计算机有较大区别。

本单元以三菱FX系列可编程序控制器为基础，重点介绍FX系列可编程序控制器的基本组成、工作原理、编程技术、典型程序识读及安装维护等。

第一节 PLC的基本组成和工作原理

→ 了解PLC的基本组成
→ 熟悉PLC的基本工作原理
→ 能够根据PLC的特点确定应用范围

一、PLC的基本组成

PLC的基本组成包括中央处理模块、存储器模块、输入/输出模块、编程器及电源模块等，如图5—1所示。

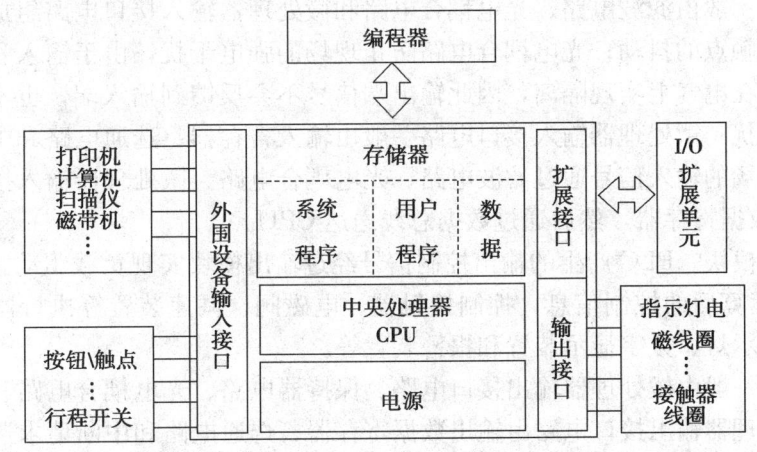

图5—1 PLC的基本组成

主机内各模块通过电源总线、控制总线、地址总线和数据总线连接。根据控制需要可选配相应的外围设备，构成不同的PLC控制系统。常用的外围设备有打印机、显示器、写入器等。PLC还可配置通信模块与上位机及其他PLC进行通信，构成PLC分布式控制系统。

1. 中央处理模块

中央处理模块（CPU）一般由控制器、运算器和寄存器组成，这些电路集成在一个芯片中。CPU通过数据总线、地址总线、控制总线与存储单元、输入/输出接口电路相连接。CPU是PLC的核心，它按系统程序赋予的功能指挥PLC有条不紊地进行工作，其主要任务是：接收用户程序和输入的数据，并送入存储器存储；用扫描方式接收输入设备的状态信号，并存入相应的输入映像寄存器；监测和诊断电源、内部电路的工作状态及用户编程的语法错误等；执行用户程序，从存储器逐条读取用户指令，完成各数据的运算、传送和存储等功能；根据数据处理结果，刷新有关标志位的状态和输出映像寄存器的内容，再经输出部件实现输出控制等。

2. 电源模块

PLC 的电源模块是将交流电源转换成 PLC 所需的直流电源，是能源供给中心。它的好坏直接影响到 PLC 的功能和可靠性。大多数 PLC 采用工作稳定、抗干扰能力强的高质量开关稳压电源。此外 PLC 还向外围设备提供直流 24 V 稳压电源，用于传感器等供电，从而简化外部装置。

3. 输入/输出模块

输入/输出（I/O）模块是 PLC 与工业控制各类信号连接的部分。PLC 对输入/输出模块有两个主要的要求，一是要有良好的抗干扰能力；二是能满足工业控制现场各类信号的匹配要求。

（1）输入模块。输入模块用来接收生产过程的输入信号，输入信号有两类：一类是从按钮、开关、限位开关、压力继电器等传来的开关量信号；另一类是由电位器、热电偶、测速发电机等提供的连续变化的模拟量信号。

输入模块一般由滤波电路、光电耦合电路和微处理器输入接口电路组成。滤波电路用以消除输入触点的抖动；光电耦合电路防止现场的强电干扰，由于输入和输出都是靠光信号耦合，在电气上实现隔离，因此输出端信号不会反馈到输入端，也不会产生地线干扰或其他干扰；微处理器输入接口电路一般由输入寄存器、选通电路和中断请求逻辑电路组成。现场的输入信号通过滤波电路、光电耦合电路、微处理器输入接口电路被送到 PLC 输入数据寄存器，然后通过数据总线送达 CPU。

（2）输出模块。PLC 产生的输出控制信号经过输出模块实现负载驱动。输出模块用来输出 PLC 运算后的控制信息，控制接触器、电磁阀、调速装置等执行器；PLC 的另一类负载是指示灯、数字显示装置和报警装置等。

输出模块一般由微处理器输出接口电路、保持器电路、光电耦合电路和功率放大电路组成。微处理器输出接口电路由输出数据寄存器、选通电路和中断请求逻辑电路集成而组成。CPU 通过数据总线将输出信号送到输出数据寄存器，经微处理器输出接口电路、保持器电路、光电耦合电路和功率放大电路，将输出信号放大，实现负载驱动。PLC 的输出形式有 3 种：继电器输出、半导体三极管输出和晶闸管输出。

4. 编程器

编程器是 PLC 的重要外围设备。利用编程器可将用户程序送到 PLC 的用户程序存储区；检查、修改和调试程序；监视程序的执行过程；可通过键盘调入及显示 PLC 状态、内部器件及系统的参数等，经接口与 CPU 联系，实现人机对话。

编程器分为简易编程器和图形编程器两种。简易编程器体积小，携带方便；但只能用指令形式编程，且需联机操作，适合小型 PLC 或现场调试。图形编程器功能强大，既可用于梯形图编程又可用于指令形式编程，可以联机操作，也可脱机编程。

许多厂家还设计了计算机辅助编程支持软件，用 PC 计算机进行 PLC 编程，实现 PC 机和 PLC 之间程序互送，达到监控 PLC 运行和显示运行状况等功能。

5. 存储器模块

可编程序控制器的存储器主要用于存放系统程序、用户程序和工作状态数据，配有两种存储器，即系统存储器（电可编程序只读存储器 EPROM）和用户存储器（随机存取存储器 RAM)。

(1) 系统存储器。系统存储器用来存放 PLC 生产厂家编写的系统程序，并固化在 ROM 内，用户不能修改内容。其内容主要包括：系统管理程序、用户指令解释程序、标准程序模块与系统调用。

(2) 用户存储器。用户存储器包括用户程序存储器和用户数据存储器两部分。

用户程序存储器用于存放用户应用程序。一般存放在读写存储器 RAM 中，经完善也可固化到 EPROM 中。

用户数据存储器用于存放 PLC 在运行过程中用到的和生成的各种工作数据，如输入、输出数据、定时数据、计算预置值或当前数据值等。

二、PLC 的工作原理

1. 继电器、接触器控制系统及可编程序控制器控制系统

(1) 继电器、接触器控制系统。图 5—2a 所示是电动机直接启动、停止控制电路，控制任务是由继电器、接触器通过导线连接完成的。输入对输出的控制是依靠接线来完成的，修改控制程序必须通过改变接线来实现，因此称为接线程序控制系统。

(2) 可编程序控制器控制系统。可编程序控制器控制系统是用 PLC 替代继电器、接触器，即替代控制部分，而保持主电路基本不变。由于支配控制系统的程序是存放在存储器中，系统要完成控制是通过执行存储器中的程序来实现的，这种控制系统称为存储程序控制系统，控制程序的修改不需要改变控制器内部接线，只需改变存储器中的程序。

2. PLC 的等效电路

PLC 内部电路是由编程实现的逻辑电路，在编制程序时，可把 PLC 看成由许多"软继电器"组成的控制器，用近似继电器控制电路的编程方法进行等效编程，如图 5—2b 所示。

PLC 等效电路图中的继电器并不是实际的物理继电器，它是存储器中的一位触发器，该触发器为"1"状态，相当于继电器接通；该触发器为"0"状态，相当于继电器断开。PLC 软继电器中，输入继电器用来反映输入设备的状态；输出继电器用来驱动输出设备；其他继电器与用户设备无关，仅传递中间信号，统称内部继电器，如辅助继电器、特殊功能继电器、计时器、计数器等。

3. 建立 I/O 映像区

I/O 映像存储区，用于存放 I/O 信号状态，称为输入映像寄存器和输出映像寄存器。PLC 其他编程元件也有相对应的映像存储区，它们统称为元件映像寄存器。

PLC 控制系统的每个输入点总有输入映像区的某一位与之相对应，系统的每个输出点也有输出映像区的某一位与之相对应。系统的输入点、输出点的编址号与 I/O 映像区的映像寄存器地址号相对应。

PLC 工作时，将采集到的输入信号存放在输入映像区内，将运算的结果存放到输出映像区内。PLC 执行用户程序时所需"输入继电器""输出继电器"的数据取于 I/O 映像区，而不直接与外围设备发生联系。

电工（高级）

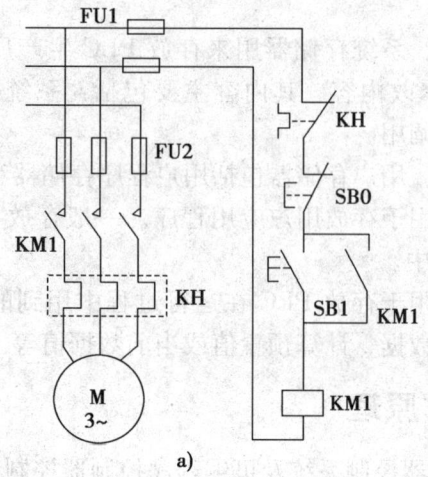

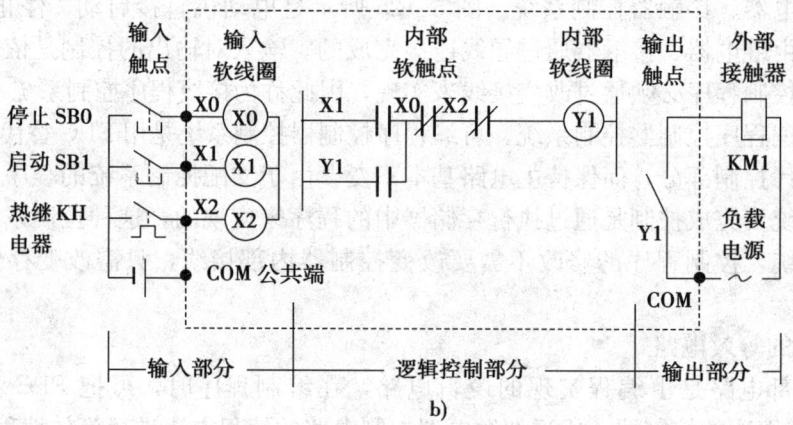

图 5—2 电动机直接启、停控制电路
a) 继电器、接触器控制系统　b) PLC 等效电路

I/O 映像区的建立，使 PLC 只和内存地址单元内信息发生关系，不仅加快程序执行速度，而且还使系统与外界隔离，提高了抗干扰能力。

4. 循环扫描的工作方式

PLC 运行用户程序是从 0000 号存储地址的第一条用户程序开始，在无中断或跳转的情况下，按存储地址号递增的顺序逐条执行用户程序，直到结束（END）指令结束一个循环，然后再从头开始，周而复始地重复，直到停机或从运行（RUN）切换到停止（STOP）工作状态。PLC 的这种执行程序的方式称为循环扫描工作方式。

PLC 有两种工作状态：运行（RUN）状态与停止（STOP）状态，其流程如图 5—3 所示。

由图可知，PUN 方式与 STOP 方式的主要差别在于：RUN 执行用户程序；STOP 不执行用户程序，一般用于程序的编制与修改、故障调试与维修。

5. PLC 的工作过程

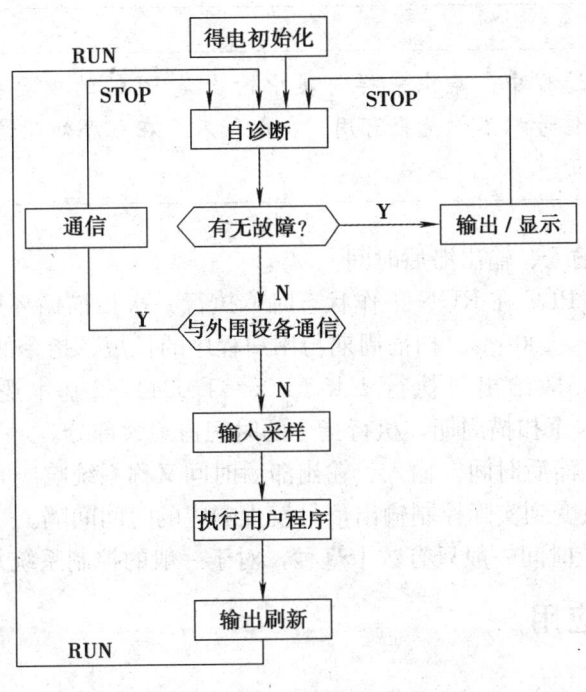

图 5—3　PLC 的工作流程

PLC 的顺序循环扫描工作过程为：

（1）初始化。PLC 得电，进行系统初始化，清除内部继电器区，复位定时器等。

（2）自诊断。对电源、内部电路、用户程序等进行检查，确保系统可靠运行。

（3）与外围设备通信。PLC 与外围设备连接时，每个扫描周期内都要与外围设备交换信息。

（4）通信信息处理。进行 PLC 之间、PLC 与计算机之间、PLC 与其他微处理器之间的通信。

（5）输入采样。输入信号经输入模块进入缓冲器等待采样，没有 CPU 采样"允许"，外部信号不能进入输入映像寄存器。进入输入采样阶段，PLC 以扫描方式，按顺序扫描输入端子，把所有外部输入电路的通/断状态读入输入映像寄存器。在程序执行阶段和输出刷新阶段，输入映像寄存器与外界隔离，其内容保持不变，直至下一个扫描周期的输入采样阶段，才重新读入新的输入信号刷新。

（6）执行用户程序。执行用户程序时，在无中断或跳转的情况下，是以循环扫描的方式从首地址开始按自上而下、从左至右的顺序逐条执行用户程序，直到 END 指令结束一个循环。

（7）输出刷新。当用户程序执行完毕后，进入输出刷新阶段，CPU 将输出映像寄存器中的内容集中转存到输出锁存器，然后传送到各相应的输出端子，以实现输出负载驱动，这才是 PLC 的实际输出。这是一种集中输出的方式（输出设备的状态要保持一个扫描周期）。

（8）循环扫描。PLC 周而复始地循环扫描，执行上述整个过程，直至停机。

> **特别提示**
>
> 用户程序执行过程中,集中采样与集中输出是 PLC 的重要特点。在采样期间,PLC 将所有的输入信号(不管是否有用)一起读入;在程序处理过程中,PLC 与外界隔开,直至输出刷新。

6. 扫描周期和输入、输出滞后时间

(1) 扫描周期。PLC 在 RUN 工作状态时,执行一次扫描循环所需的时间称为扫描周期,其典型值为 1~100 ms。扫描周期与用户程序的长短、指令的种类和 CPU 执行速度有关。PLC 厂家一般给出每执行 1 k(1 k=1 024)条基本逻辑指令所需的时间(ms)。一般说来,一个扫描周期,执行指令的时间占绝大部分。

(2) 输入、输出滞后时间。输入、输出滞后时间又称系统响应时间,是指从 PLC 的外部输入信号发生改变到实际控制输出信号发生响应的时间间隔。

PLC 的系统响应时间一般只有数十毫秒,对于一般的控制系统是无关紧要的。

三、PLC 技术应用

1. PLC 的类型

PLC 的类型很多,生产厂家也较多,较有影响的有德国西门子公司、日本欧姆龙公司及日本三菱公司。

德国西门子公司的主流产品为 S7 系列机,有 S7200(小型)、S7300(中型)及 S7400 机(大型)。

日本欧姆龙公司的主流产品为 CPM2A、CP1H、CQM1H、CJ1H(小型机)、CS1H(中型机)及 ZEN(微型机)。

日本三菱公司的主流产品为 FX 系列机及 Q 系列机。

2. PLC 的主要特点

(1) 功能丰富。PLC 有丰富的指令系统、各种各样的 I/O 接口、大容量的内存、可靠的监控系统,因而有以下基本功能:逻辑处理功能;数据运算功能;准确定时功能;高速计数功能;中断处理功能;程序与数据存储功能;联网通信功能;自检测、自诊断功能。

(2) 使用方便。用 PLC 实现对系统的控制是非常方便的。这是因为:首先,PLC 控制逻辑的建立是靠程序,用程序代替硬件接线;其次,PLC 的硬件高度集成化、模块化与系列化。因此,可编程序控制器才有"可"字,其软件可编,其硬件可变。

(3) 工作可靠。工作可靠是 PLC 的第三大特点,用 PLC 实现对系统的控制是非常可靠的。这是因为 PLC 在硬件与软件两个方面都采取了很多非常有效的根本性措施。

(4) 经济合算。PLC 具有功能丰富、使用方便、工作可靠及经济合算的特点,它既非常有用,又非常好用,同时非常耐用、省用。

3. PLC 的应用范围

基于 PLC 固有的特点,PLC 已广泛应用于顺序控制、过程控制、运动控制、信息控制和远程控制等方面。

4. FX2N 系列 PLC 的系统配置

PLC 系统配置也就是 PLC 硬件系统的构成。现主要介绍日本三菱公司的 FX2N 系列 PLC 系统配置。

(1) FX2N 系列 PLC 型号名称的含义。其中：

$$FX2N-\square\square\ \square\ \square-\square$$
$$\quad\quad\quad\ ①\ \ ②\ ③\ ④$$

①表示输入/输出的总点数：4～128。

②表示单元类型：M 为基本单元，E 为输入输出混合扩展单元，EX 为输入扩展模块，EY 为输出扩展模块。

③表示输出形式：R 为继电器输出，T 为半导体三极管输出，S 为双向晶闸管输出。

④表示特殊品种：D 为直流电源输出；Al 为交流电源；H 为大电流输出扩展模块；V 为立式端子排扩展模块；C 为接插口输入方式；F 为输入滤波时间为 1 ms 的扩展模块；L 为 TTL 输入扩展模块；S 为独立端子（无公共端）扩展模块。若无符号，则为 AC 电源、DC 输入、横式端子排、标准输出。

例如，FX2N—48 M R—D，属 FX2N 系列，有 48 个 I/O 点的基本单元，继电器输出，使用 DC24V 电源。

(2) FX2N 系列 PLC 的基本构成。FX2N 是 FX 系列中功能最强、速度最高的微型可编程序控制器，其基本指令执行时间高达 $0.08\ \mu s$。用户存储器容量可扩展到 16 k 步，最大可以扩展到 256 个 I/O 点，有 5 种模拟量输入/输出模块，高速计数器模块，脉冲输出模块，4 种位置控制模块，多种串行通信或功能扩展板，以及模拟定时器功能扩展板。FX2N 系列基本单元见表 5—1。

表 5—1　　　　　　　　　　FX2N 系列基本单元

型号			输入点数	输出点数	扩展模块可用点数
继电器输出	晶闸管输出	三极管输出			
FX2N—16MR—001	FX2N—16MS	FX2N—16MT	8	8	24～32
FX2N—32MR—001	FX2N—32MS	FX2N—32MT	16	16	24～32
FX2N—48MR—001	FX2N—48MS	FX2N—48MT	24	24	48～64
FX2N—64MR—001	FX2N—64MS	FX2N—64MT	32	32	48～64
FX2N—80MR—001	FX2N—80MS	FX2N—80MT	40	40	48～64
FX2N—128MR—001	——	FX2N—128MT	64	64	48～64

(3) FX2N 系列 PLC 的基本性能。FX2N 有 3 328 点辅助继电器、1 000 点状态继电器、200 多点定时器、200 点 16 位加计数器、35 点 32 位加/减计数器、8 000 多点 16 位数据寄存器、128 点跳步指针、15 点中断指针。

FX2N 有 128 种功能指令，如中断输入处理、修改输入滤波器时间常数、数学运算、逻辑运算、浮点数运算、数据检索、数据排序、PID（比例积分微分）运算、开方、三角函数运算、脉冲输出、脉宽调制、ASCII 码（美国信息交换标准代码）输出、BCD（二—十进制代码）与 BIN（二进制码）的相互转换、串行数据传送、校验码、比较触点等。

FX2N 内装时钟，有时钟数据的比较、加减、读出/写入指令，可用于时间控制等，其基本性能见表 5—2。

表 5—2　　　　　　　　　　FX2N 系列 PLC 的基本性能

项目		FX2N 系列
运算处理速度	基本指令	0.08 μs/指令
	应用指令	1.52～数百微秒/指令
程序语言		梯形图和指令表，可以用步进梯形指令来生成顺序控制指令
程序容量		内置 8 000 步 E²PROM，使用附加存储器盒可以扩展到 16 000 步
指令数	基本、步进指令	基本（顺控）指令 27 条，步进指令 2 条
	应用指令	128 条
I/O 设置		硬件配置最多 256 点，与用户选择有关；软件可以设输入、输出各 256 点
辅助继电器	通用辅助继电器	500 点，M0～M499
	锁存辅助继电器	2 572 点，M500～M3 071
	特殊辅助继电器	256 点，M8 000～M8 255
状态继电器	初始状态继电器	10 点，S0～S9
	回零状态继电器	10 点，S10～S19
	通用状态继电器	480 点，S20～S499
	锁存状态继电器	400 点，S500～S899
	信号报警器	100 点，S900～S999
定时器	100 ms 定时器	200 点，T0～T199
	10 ms 定时器	46 点，T200～T245
	1 ms 积算定时器	4 点，T246～T249
	100 ms 积算定时器	6 点，T250～T255
计数器	16 位通用加计数器	16 位 100 点，C0～C99
	16 位锁存加计数器	16 位 100 点，C100～C199
	32 位通用加减计数	32 位 20 点，C200～C219
	32 位锁存加减计数	32 位 15 点，C220～C234
高速计数器	1 相无启动复位输入	6 点，C235～C240
	1 相带启动复位输入	5 点，C241～C245
	2 相双向高速计数器	5 点，C246～250
	双向高速计数器	5 点，C251～C255

续表

项目		FX2N 系列
数据寄存器	通用数据寄存器	16 位 200 点，D0～D199
	锁存数据寄存器	16 位 7 800 点，D200～D7 999
	文件寄存器	7 000 点，D1 000～D7 999，以 500 个为单位设置文件寄存器
	特殊寄存器	16 位 256 点，D8 000～D8 255
	变址寄存器	16 位 16 点，V0～V7，Z0～Z7
跳步指针	跳步和子程序调用	128 点，P0～P127
	中断用	6 点输入中断，3 点定时中断，6 点计数器中断
使用 MC 和 MCR 的嵌套层数		8 点，N0～N7
常数	十进制 K	16 位：-32 768～+32 767；32 位：-2 147 483 648～+2 147 483 647
	十六进制 H	16 位：0～FFFF；32 位：0～FFFFFFFF
	浮点数	32 位：$\pm 1.175 \times 10^{-38} \sim \pm 3.403 \times 10^{38}$

第二节 PLC 的编程技术基础

→ 熟悉 PLC 编程语言
→ 掌握 PLC 内部软器件
→ 熟练掌握 PLC 指令

一、PLC 的编程语言

PLC 程序是 PLC 指令集合。PLC 程序一般由用户设计，PLC 厂家不提供。指令也叫操作（Operation），是一些二进制代码，即 PLC 执行的机器码。PLC 通过编译系统，可把文字代码或图形符号编译成机器代码。所以，用户所看到的 PLC 指令一般不是机器码，而是文字代码或图形符号。

目前，常用的文字代码编程语言有指令助记符或称指令语句表；常用的图形符号编程语言有梯形图、功能块图；有的 PLC 也可用高级语言，如 BASIC、C 语言等编程。

国际电工委员会（IEC）制定了 PLC 编程语言的国际标准 IEC61131-3。该标准规定了 5 种编程语言，包括指令表（IL）、梯形图（LD）、结构化文本（ST）、功能块图（FBD）和顺序功能图（SFC）。此标准不是强制性标准。

1. 梯形图

梯形图编程语言源自继电器电气原理图，是一种基于梯级的图形符号布尔语言，习惯称梯形图。图 5—4 所示为电动机启、停的继电器控制电路与 PLC 控制的梯形图。

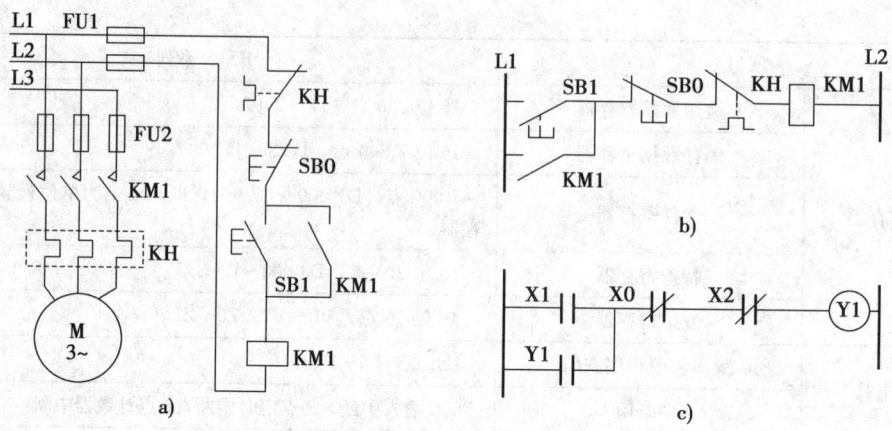

图 5—4　电路图与梯形图比较
a) 电气原理图　b) 等效电路图　c) PLC 控制梯形图

梯形图由触点、线圈或功能方框等构成。梯形图左、右垂直线称为左、右母线,右母线可省略,用于梯形图指令间的整体连接。内部小横线与小竖线,用于梯形图指令间的局部连接,它代表一个完整逻辑含义的指令组(或梯级),是设计梯形图程序的最基本单位。

每个梯级由一个或多个支路组成,右边的元件为输出元件。图 5—4c 中梯形图由一个梯级两个支路构成,有 4 个编程元件(X0、X1、X2 和 Y1)及右侧的一个输出元件 Y1。

梯形图与继电器控制电路图之间的区别:

(1) 梯形图是模拟继电器控制系统的表示方法,内部元件为"软继电器"。"软继电器"不是物理继电器,而是存储器中的一位,相应位为"1"态,表示该继电器线圈"得电"。

(2) 梯形图中流过的"电流"不是物理电流,而是"能流",它只能从左到右、自上而下流动,"能流"不允许倒流。"能流"到,线圈接通(或断开)。

(3) 梯形图中的动合、动断触点不是物理开关的触点,而是对应寄存器的位状态。PLC 认为动合触点是取位状态操作,动断触点应理解为取反操作。

(4) 梯形图中的输出线圈不是物理线圈,不能直接驱动现场执行机构。输出线圈的状态对应输出映像寄存器相应的位状态而不是电磁开关的实际状态。

(5) 编程时,PLC 内部继电器的触点原则上可无限次反复使用,而继电器控制系统的继电器触点数是有限的。

2. 指令语句表

指令表也叫助记符或助记符列表,是基于字母符号的一种语言,它用字母及数字代表各相应指令,不同厂家使用的助记符并不相同。表 5—3 所列是用三菱 FX 系列指令语句完成的图 5—4 中的程序。

表 5—3　　　　　　　　　　三菱 FX2N 指令语句表

指令地址	操作码（助记符）	操作数（参数）	说明
0	LD	X1	逻辑段开始，取 X1 动合触点
1	OR	Y1	并联 Y1 自锁触点
2	ANI	X0	串联取 X0 的动断触点
3	ANI	X2	串联取 X2 的动断触点
4	OUT	Y1	输出 Y1
5	END		程序结束

指令语句表是由若干条语句组成的程序，语句是程序的最小独立单元。PLC 的语句表达形式是由指令地址、操作码和操作数 3 部分组成。

指令地址指该指令在 PLC 程序存储区的位置。程序总是从 0 地址的指令开始顺序执行，一直执行到最后一条指令为止。由于编程工具及编程软件在传送指令时，这个地址是自动生成的，因此编程时可不考虑。

操作码用助记符（如 LD 表示取、OUT 表示输出等）用来说明 PLC 执行功能，是 PLC 指令核心。

操作数一般由标识符和参数组成，是操作码的执行对象。标识符表示操作数的类别，如 X 表示输入继电器、Y 表示输出继电器、T 表示定时器、C 表示计数器等。参数用于表达操作数的地址或预设定值。

3. 功能块

功能块（FBD）语言是一种对应于逻辑电路的图形语言。这种设计语言多用于大中型程序设计控制器、集散控制系统的程序设计及组态控制系统的程序设计。

4. 顺序功能图

顺序功能图语言是近年来发展起来的一种程序设计语言。它采用顺序功能图描述程序结构，把程序分成若干"步"（Step，S），每个"步"可执行若干动作，而"步"间的转换靠"转移"（Tran，T）条件来实现。

顺序功能图能较简单和清楚地描述并发系统和复杂系统的所有现象，它不仅是一种语言，也是一种组织控制程序的图形化方式。

5. 结构化文本语言

结构化文本语言是基于文本的高级程序设计语言。它采用一些描述语句，来描述系统中各种变量之间的种种关系，执行所需的操作，与 PASCAL 语言或 C 语言等高级语言相类似。

二、PLC 软器件（软继电器）

PLC 软器件有两大类：入出软器件和内部软器件。

1. 入出软器件

入出软器件是内存区中与输入、输出模块相映射的寄存器区域。与输入点对应的称输入软器件 X，与输出点对应的称输出软器件 Y。其元件序号见表 5—4。

表 5—4　　　　　　输入/输出软继电器元件序号（存储单元的地址号）

型号	FX2N—16M	FX2N—32M	FX2N—64M	FX2N—128M
输入	X0～X7	X0～X17	X0～X37	X0～X77
输出	Y0～Y7	Y0～Y17	Y0～Y37	Y0～Y77
点数	8 点	16 点	32 点	64 点

说明：输入、输出软继电器的序号为八进制，其余编程元件序号为十进制。具体编址，参照相关产品说明书。

2. 内部软器件

内部软器件是用于存储运算中间结果的 PLC 存储区。内部软器件有内部辅助继电器 M、状态继电器 S、计数器 C、定时器 T、数据存储器 D、变址寄存器 V/Z 和指针（P、I、N）等，都是由相应的寄存器组成的。编程元件的名称由两部分组成，第一部分用字母代表功能，如输入继电器用"X"表示，第二部分用数字表示该编程元件的序号，这些号码就是 PLC 存储单元的地址。

（1）辅助继电器 M。辅助继电器相当于中间继电器，可实现输入与输出间复杂的变换，还可用于数据处理，有 3 种。其元件序号见表 5—5。

表 5—5　　　　　　辅助继电器元件序号（存储单元的地址号）

种类	三菱 FX2N/FX2NC	
通用辅助继电器	500 点	M0～M499
锁存辅助继电器	2 572 点	M500～M3 071
特殊辅助继电器	256 点	M8 000～M8 255

通用辅助继电器共 500 点，它们没有断电保持功能。PLC 控制系统得电时复位，得电后由控制信号决定；系统失电后，自动清零。

锁存辅助继电器共 2 572 点，它们在 PLC 控制系统断电时，可保持断电前的状态，有记忆功能；系统重新得电后，即可重现断电前的状态，并在该基础上继续工作。

特殊辅助继电器共 256 点，用来表示 PLC 的工作状态、提供时钟脉冲和标志、设定 PLC 运行方式、步进顺序控制程序等。常用的特殊辅助继电器见表 5—6，最好备有相应手册，以便使用时查找。

表 5—6　　　　　　常用特殊辅助继电器

特殊辅助继电器		功能说明
M8000	运行监视继电器	PLC 开机运行后，M8 000 为 ON；停止运行时，M8 000 为 OFF
M8001	运行监视继电器	PLC 开机运行后，M8 001 为 OFF；停止运行时，M8 001 为 ON
M8002	初始脉冲继电器	当 M8000 由 OFF 变为 ON 时，自动接通一个扫描周期
M8003	初始脉冲继电器	当 M8000 由 OFF 变为 ON 时，自动断开一个扫描周期
M8005	锂电池降低继电器	电池电压下降至规定值时变为 ON
M8011	10 ms 时钟脉冲继电器	得电后，自动产生周期为 10 ms 的时钟脉冲
M8012	100 ms 时钟脉冲继电器	得电后，自动产生周期为 100 ms 的时钟脉冲

续表

特殊辅助继电器		功能说明
M8013	1 s 时钟脉冲继电器	得电后,自动产生周期为 1 s 的时钟脉冲
M8014	1 min 时钟脉冲继电器	得电后,自动产生周期为 1 min 的时钟脉冲

(2) 状态继电器 S。状态继电器 S 是用于编制顺序控制程序的编程元件(状态标志),与步进顺控指令(STL)配合使用,状态继电器 S 也可作为辅助继电器使用。

初始状态继电器 S0~S9,共 10 点。

回零状态继电器 S10~S19,共 10 点,供返回原点用。

通用状态继电器 S20~S499,共 480 点,没有断电保护功能。

锁存状态继电器 S500~S899,共 400 点,有断电保护功能。

信号报警状态继电器 S900~S999,共 100 点,用于故障诊断时的报警输出。

(3) 定时器 T。定时器 T 相当于继电器控制系统中的时间继电器,用于延(定)时控制。

FX2N 系列为用户提供 256 个定时器,其中常规定时器 246 个,积算定时器 10 个。定时器的设定值可以用常数 K,也可用数据存储器 D 的内容来设定,见表 5—7。

表 5—7　　　　　　　　　　定时器参数

种类	点数及编号	定时范围(s)
100 ms 定时器	200 点,T0~T199	0.1~3 276.7
10 ms 定时器	46 点,T200~T245	0.01~327.67
1 ms 积算定时器	4 点,T246~T249	0.001~32.767
100 ms 积算定时器	6 点,T250~T255	0.1~3 276.7

根据定时时间是否可以累计,定时器分为非积算型定时器和积算型定时器。

(4) 计数器 C。计数器 C 类似于继电电路用的计数器,用于记录输入的脉冲信号的数量,即信号从 OFF 到 ON 的次数。计数器有单向计数器和双向计数器两种。

16 位加计数器有 200 个,地址编号为 C0~C199。其中 C0~C99 为通用型,C100~C199 为断电保持型。设定值为 1~32 767,可为常数,还可用数据存储器 D 的数据来设定。

32 位加/减计数器(双向计数器)为可逆计数器,共有 35 个,编号为 C200~C234,其中 C200~C219 为通用型,C220~C234 为断电保持型。

32 位加/减计数器的计数方向由特殊辅助继电器 M8 200~M8 234 设定。当特殊辅助继电器为 ON 时,对应的计数器为减计数;反之为加计数。如果使用断电保持计数器,断电可以保持其状态信息,计数器停止计数,重新送电后立即按断电前的状态恢复工作。

(5) 数据存储器 D。数据存储器一个字可存 16 位二进制码、4 位十六进制码及 4 位 BCD 码。双字可表达浮点数(带符号位),还可用 4 个字表达双精度的浮点数(带符号位),其表达格式与 PC 计算机完全相同。

通用数据寄存器： 16 位 200 点，D0～D199。
锁存数据寄存器： 16 位 7 800 点，D200～D7 999。
文件寄存器： 7 000 点，D1 000～D7 999，以 500 个为单位设置文件寄存器。
特殊寄存器： 16 位 256 点，D8 000～D8 255。

(6) 变址寄存器 V/Z。变址寄存器，16 位 16 点，V0～V7，Z0～Z7。可单独使用 V，也可合起来使用（V 为上位数，Z 为下位数）。

(7) 标识（P、I、N）。标识也称指针，用以标识程序所标示的指令地址。

1) 跳转指针 P。128 点，P0～P127，在使用跳转指令、调子程序时使用。

2) 中断指针 I。程序中断用的指针，6 点输入中断，3 点定时中断，6 点计数器中断。

3) 嵌套层数 N。8 点，N0～N7，用以指定主控指令的编号（使用主控指令 MC 和主控复位指令 MCR 的嵌套层数）。

三、PLC 指令系统

PLC 拥有的全体指令称为 PLC 的指令系统，指令系统代表着 PLC 的性能或功能。

1. PLC 指令分类

(1) 基本逻辑指令。用于逻辑关系处理，是最常用、最基本的指令。

(2) 定时、计数类指令。用于定时、计数，也是经常要用到的指令。

(3) 数据处理类指令。用于数据运算、传送、比较、译码、编码、移位及其他有关指令。

(4) 流程控制类指令。用于控制程序执行的流程指令。

(5) 监控类指令。用于处理 PLC 或被控制对象的故障检测。

(6) 处理 I/O 类指令。用于处理 PLC 应急 I/O 刷新或数据（信息）的入或出。

(7) 通信类指令。用于处理 PLC 与 PLC、PLC 与计算机或 PLC 与智能设备间的通信。

(8) 内存管理指令：用以管理 PLC 的各个存储区，存储卡。

2. 基本逻辑指令

主要基本逻辑指令见表 5—8。

表 5—8 主要基本逻辑指令

指令名称	含义	符号	操作元件
取（装载）	取动合触点逻辑值	LD	X、Y、M、S、T、C
取反（装载）	取动断触点逻辑值	LDI	X、Y、M、S、T、C
取与	触点串联	AND	X、Y、M、S、T、C
取反与	取反触点串联	ANI	X、Y、M、S、T、C
取或	触点并联	OR	X、Y、M、S、T、C
取反或	取反触点并联	ORI	X、Y、M、S、T、C

续表

指令名称	含义	符号	操作元件
块与	块串联	ANB	无
块或	块并联	ORB	无
输出	写操作数	OUT	Y、M、S、T、C
取反	对逻辑结果取反	INV	无
置位	置位操作数	SET	Y、M、S
复位	复位操作数	RST	Y、M、S、D、V/Z、T、C
空操作	无操作	NOP	无
结束	程序结束	END	无

(1) 取指令 LD、取反指令 LDI（输入类）：

1) 取指令 LD。指读取操作数的逻辑值（0 或 1，分别代表断或通，工作或不工作）。在梯形图中，为动合触点，总是与左母线相连。

2) 取反指令 LDI。指读取操作数的反逻辑值。在梯形图中，为动断触点，总是与左母线相连。

(2) 取与指令 AND、取反与指令 ANI（串联类）

1) 取与指令 AND。指读取串联操作数的逻辑值，为动合触点。

2) 取反与指令 ANI。指读取串联操作数的反逻辑值，为动断触点。

(3) 取或指令 OR、取反或指令 ORI（并联类）。取或指令 OR、取反或指令 ORI 在触点并联时，除第一并联支路外，其余支路用 OR、ORI 指令。OR 用于并联动合触点，ORI 用于并联动断触点。图 5—5 所示为取/取反、取与/取反与、取或/取反或指令的梯形图，表 5—9 为语句表。

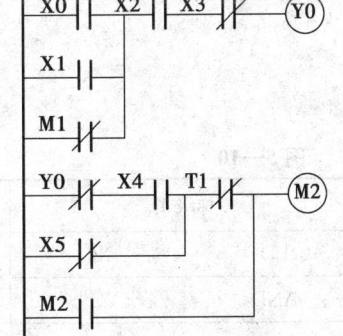

图 5—5　取/取反、取与/取反与、取或/取反或指令梯形图

表 5—9　　　　取/取反、取与/取反与、取或/取反或指令语句表

梯级1		说明	梯级2		说明
LD	X0	取	LDI	Y0	取反
OR	X1	取或	AND	X4	取与
ORI	M1	取反或	ORI	X5	取反或
AND	X2	取与	ANI	T1	取反与
ANI	X3	取反与	OR	M2	取或
OUT	Y0	输出	OUT	M2	输出

(4) 块或指令（块并联）ORB、块与指令（块串联）ANB

1) 串联电路块。两个或两个以上触点串联连接的电路称为串联电路块，简称块与。

2) 并联电路块。两个或两个以上触点并联连接的电路称为并联电路块,简称块或。块并联、块串联的梯形图如图5—6所示,语句表见表5—10。

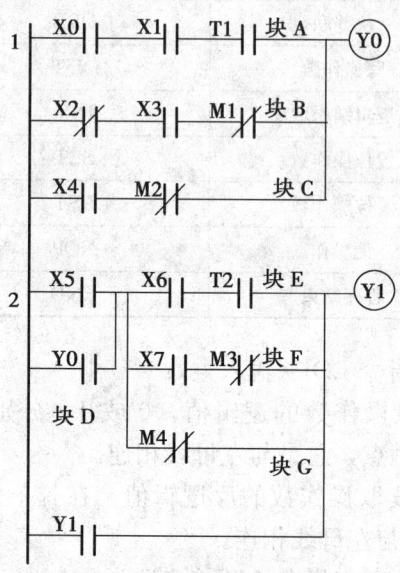

图5—6 块或、块与指令梯形图

图5—10 块或、块与指令语句表

梯级1		说明	梯级2		说明
LD	X0	块A	LD	X5	块D
AND	X1		OR	Y0	
AND	T1		LD	X6	块E
LDI	X2	块B	AND	T2	
AND	X3		LD	X7	块F
ANI	M1		ANI	M3	
ORB		块或	ORB		块E、F并
LD	X4	块C	ORI	M4	形成块G
ANI	M2		ANB		块G、D串
ORB		块或	OR	Y1	
OUT	Y0	输出	OUT	Y1	输出

说明:ORB与ANB指令均为无操作元件指令。块指令可分散使用,次数不限;也可连续使用,次数不应超过8次。

(5) 输出指令OUT、取反指令INV

1) 输出指令OUT。为写指令(输出类),它把结果值写给操作数,是对输出继电器、辅助继电器、状态继电器、定时器、计数器的线圈进行驱动的指令。梯形图符号为输出线圈。

2)取反指令 INV。将使用 INV 指令之前的运算结果取反。指令在梯形图中用一条 45°短斜线表示。INV 指令无操作元件,不能单独使用,也不能直接与左母线相连。

由于三菱 PLC 无取反输出,因此可利用取反指令 INV,先取反后输出。其梯形图如图 5—7 所示,语句表见表 5—11。

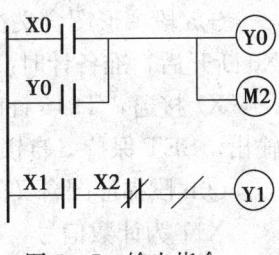

图 5—7 输出指令、取反指令梯形图

表 5—11　　　　　　输出、取反指令语句表

指令		说明	指令		说明
LD	X0	取	LD	X1	取
OR	Y0	取或	ANI	X2	取反与
OUT	Y0	输出	INV		取反
OUT	M2	输出	OUT	Y1	输出

(6)置位指令 SET、复位指令 RST

1)置位指令 SET。其功能是驱动线圈,使操作对象置"1",并维持自锁接通状态。

2)复位指令 RST。其功能是驱动线圈,使操作对象置"0",即断开复位。

复位指令可以使数据寄存器(D)、变址寄存器(V/Z)清零,使积算定时器(T)、计数器(C)清零和触点复位。其 SET、RST 指令梯形图如图 5—8 所示。

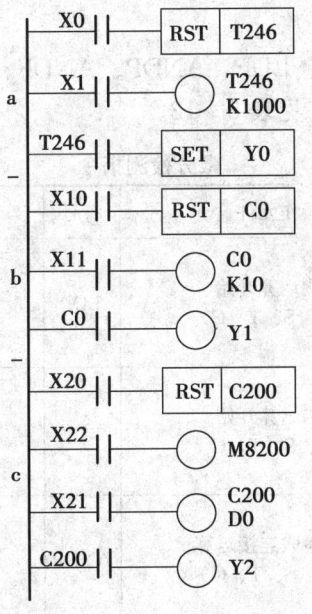

图 5—8 SET、RST 指令梯形图

①a段梯形图含义。X0接通时，T246复位并清零，触点T246断开，Y0没有输出；X0断开后，准备计时。

X1接通，T246计时，达到1 000个1 ms时钟脉冲，定时到，触点T246动作，Y0输出，SET保持（自锁）。

②b段梯形图含义。X10接通时，C0复位并清零，X10断开后，准备计数。

X11为计数信号，当C0收到10个信号后，C0接通，Y1输出。

如C0断开，Y1没有输出（比较SET Y0）。

③c段梯形图含义。X20=1，C200清零，当X20=0，C200准备工作。

X22=1，M8 200=1，为减计数，否则为加计数。

输入为X21，计数个数为D0寄存器的内容。

C200接通后，Y2输出，否则Y2没有输出。

(7) 空操作指令（NOP）、结束指令（END）

1) 空操作指令NOP。该指令是一条无动作、无目标元件、占一个程序步的指令。程序设计时插入NOP指令，可以使修改或追加指令时减少步序号的改变。

2) 结束指令END。用来标记用户程序存储区最后一个存储单元，END后的程序步PLC就不再执行，直接进行输出刷新阶段。

3. 定时和计数指令

(1) 定时、计数指令。主要用于定时及时间控制、计数及控制或存储内部工作状态管理。定时与计数指令本质上也都是一种逻辑输出指令，只是它是延时实现或达到要求数值后实现。

三菱PLC的定时器、计数器就是用输出（OUT）指令，只是其操作数用定时器或计数器，并对其赋予定时值或计数值。其置位与复位指令使用"置位指令SET与复位指令RST"。

(2) 微分检测指令（LDP、LDF、ANDP、ANDF、ORP和ORF）。微分有上升沿微分（P）及下降沿微分（F），见表5—12。

表5—12　　　　　　　　微分检测指令

指令名称	含义及操作元件	符号	梯形图符号
取脉冲上升沿	上升沿检测运算开始 X、Y、M、S、T、C	LDP	⊢↑⊣──○⊣
取脉冲下降沿	下降沿检测运算开始 X、Y、M、S、T、C	LDF	⊢↓⊣──○⊣
与脉冲上升沿	上升沿检测串联连接运算 X、Y、M、S、T、C	ANDP	⊢┤├┤↑├──○⊣

续表

指令名称	含义及操作元件	符号	梯形图符号
与脉冲下降沿	下降沿检测串联连接运算 X、Y、M、S、T、C	ANDF	
或脉冲上升沿	上升沿检测并联连接运算 X、Y、M、S、T、C	ORP	
或脉冲下降沿	下降沿检测并联连接运算 X、Y、M、S、T、C	ORF	

1) LDP、ANDP、ORP 指令。是用来检测触点状态变化的上升沿（由 OFF→ON 变化时）的指令，当上升沿到来时，使其操作对象接通一个扫描周期，又称上升沿微分指令。

2) LDF、ANDF、ORF 指令。是用来检测触点状态变化的下降沿（由 ON→OFF 变化时）的指令，当下降沿到来时，使其操作对象接通一个扫描周期，又称下降沿微分指令。

因微分检测指令多用于定时与计数流程，详细使用可参阅相关说明书。

(3) 微分输出指令（PLS、PLF）

1) 上沿微分输出指令 PLS。在输入信号上升沿到来时产生一个扫描周期的脉冲输出。

2) 下沿微分输出指令 PLF。在输入信号下降沿到来时产生一个扫描周期的脉冲输出。

图 5—9b 所示是使用 PLS/PLF 指令实现电动机启、停功能（等效于图 5—9a）的梯形图，表 5—13 是对应语句表。注意：PLS/PLF 指令目标元件是 Y 和 M，特殊辅助继电器不能作目标元件。

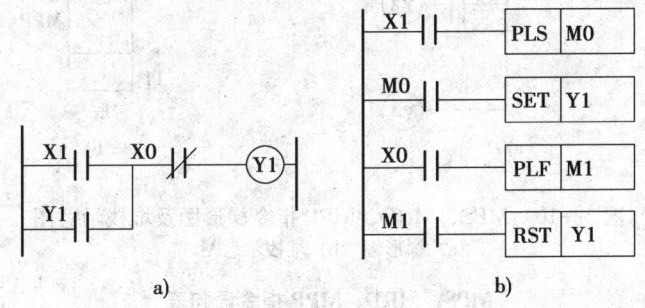

图 5—9 PLS/PLF 指令梯形图
a) 电动机启、停梯形图 b) 等效梯形图

表 5—13　　　　　　　　PLS、PLF 指令语句表

指令		说明
LD	X1	取启动指令
PLS	M0	上升沿微分输出
LD	M0	取 M0
SET	Y1	Y1 启动并自锁
LD	X0	取停止指令
PLF	M1	下降沿微分输出
LD	M1	取 M1
RST	Y1	复位 Y1，停机

4. 多路（重）输出指令

当电路中的一组支路有公共触点（连接点），又各自拥有专用触点时，可以使用多路（重）输出指令。

(1) 进栈指令 MPS、读栈指令 MRD、出栈指令 MPP。多路（重）输出指令可利用堆栈存储器，将公共触点的运算结果存储起来，方便公共触点后的编程，如图 5—10 所示，对应语句表见表 5—14。PLC 有 11 个存储运算中间结果的存储器，称为堆栈存储器，堆栈采用先进后出的数据存储方式。

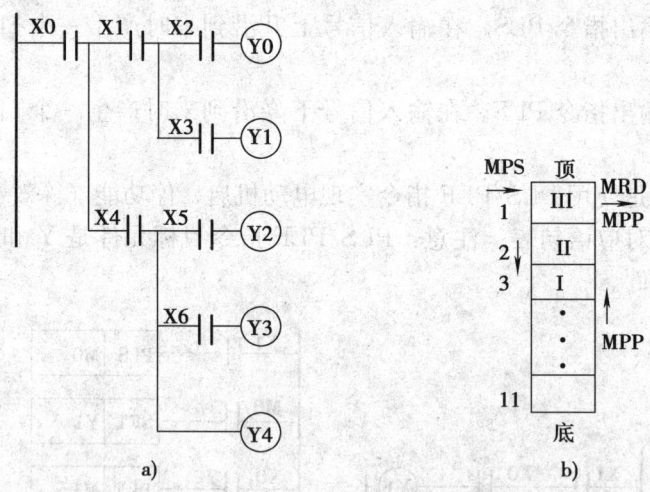

图 5—10　MPS、MRD、MPP 指令梯形图及堆栈示意图
a) 梯形图　b) 堆栈示意图

表 5—14　　　　　　　　MPS、MRD、MPP 指令语句表

指令		说明	栈顶	指令（续左）		说明	栈顶
LD	X0			AND	X4		
MPS		进栈	X0	MPS		进栈	X0+X4

续表

指令		说明	栈顶	指令（续左）		说明	栈顶
AND	X1			AND	X5		
MPS		进栈	X0+X1	OUT	Y2		
AND	X2			MRD		读栈	X0+X4
OUT	Y0			AND	X6		
MPP		出栈	X0	OUT	Y3		
AND	X3			MPP		出栈	空
OUT	Y1			OUT	Y4		
MPP		出栈	空				

1) 进栈指令 MPS。把运算结果送入堆栈的第一个存储器单元（栈顶），同时栈中所有数据顺序下移一个存储单元。图 5—10b 所示堆栈存储器中Ⅰ是第一次入栈数据，Ⅱ是第二次入栈数据，Ⅲ是第三次入栈数据。

2) 读栈指令 MRD。仅读取栈顶数据，栈中数据保持不变，可连续多次使用，但不能超过 24 次。

3) 出栈指令 MPP。弹出堆栈中栈顶数据，同时使栈中所有数据顺序上移。

(2) 主控指令 MC、主控复位指令 MCR

1) 主控指令 MC。又名公共触点串联连接指令，用于表示主控电路块的起点，该指令的操作元件为 Y、M（不含特殊辅助继电器）。

2) 主控复位指令 MCR。又名公共触点串联清除指令，用于表示主控电路块的终点，该指令的操作元件为主控指令的使用次数 N（嵌套层数指针 N 共 8 点，N0～N7），N0 为最高层，N7 为最低层。

编程时，经常有许多线圈同时受一个或一组触点控制，如图 5—11 所示。执行 MC 指令后，左母线移到主控触点的后面；执行 MCR 指令后，母线回到原来位置。对应语句表见表 5—15。

表 5—15　　　　　　　　　MC/MCR 指令语句表

指令		说明
LD	X0	母线 A
MC	N0	主控 0 层
	M100	
LD	X1	母线 B
OUT	Y0	
LD	X2	
MC	N1	主控 1 层
	M101	

续表

指令		说明
LD	X3	母线 C
OUT	Y1	
LD	X4	
OUT	Y2	
MCR	N1	退出 1 层
LD	X5	母线 B
OUT	Y3	
MCR	N0	退出 0 层
LD	X6	母线 A
OUT	Y4	

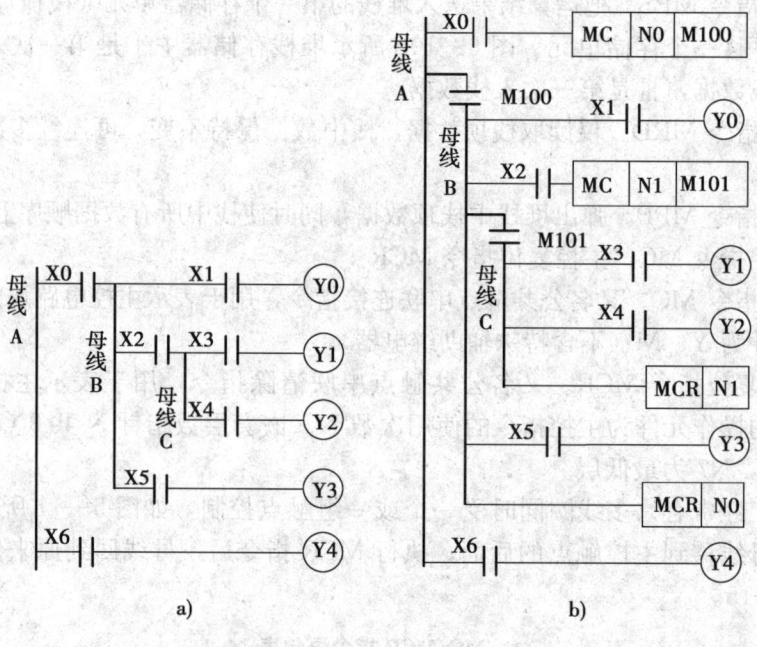

图 5—11 MC/MCR 指令梯形图
a) 主控指令梯形图　b) 等效梯形图

5. 功能指令

(1) 主程序结束指令 FEND、子程序调用指令 CALL、子程序开始标志 P、子程序结束标志 SRET。在程序设计中，常遇到一些要重复使用的指令，若把它们编成子程序，则可大大简化程序设计。

1) 主程序结束指令 FEND。子程序安排在主程序之后，END 指令之前，用主程序结束指令 FEND 界定。

2) 子程序开始标志。用跳转指针 P（128 点，P0～P127）标示，如 P1、P2、P3，等等。

3)子程序结束标志 SRET。用来标示子程序结束。

4)子程序调用指令 CALL-PN:用于调用第 N 段子程序。

子程序一旦调用,总是从子程序入口顺序运行到子程序结束,需用跳转指令才能中途退出。

(2)循环开始指令 FOR、循环结束指令 NEXT。循环指令由 FOR 和 NEXT 两条指令配对组成。FOR 为循环开始,参数 KN 指定循环次数;NEXT 为循环结束。FOR-NEXT 循环可嵌套,但层数是有限制的。

(3)跳转指令 CJ。用于跳过顺序程序某一程序段,以减少扫描时间,该指令可以向前跳转,也可向后跳转到程序的任何地方,用跳转指针 P(128 点,P0~P127)标示。若执行条件使用 M8 000,则为无条件跳转。

(4)中断允许 EI、中断禁止 DI、中断子程序返回 IRET。中断也是调子程序,但不是靠指令,而是靠中断事件,因此中断子程序也称中断服务程序。中断事件可以来自外部(外中断),也可来自内部(内中断)。

1)中断允许 EI。此指令后允许中断。

2)中断禁止 DI:程序的某部分不允许中断时,用中断禁止指令(此指令后禁止中断)。

3)中断子程序标志。用中断指针 I(6 点输入中断,3 点定时中断,6 点计数中断)标示,中断编号越小,优先级越高。

4)中断子程序返回标志 IRET:中断子程序结束,返回主程序。

(5)步进触点指令 STL、步进返回指令 RET

1)步进触点指令 STL。步进开始,操作元件为状态继电器 S0~S899。

2)步进返回指令 RET。步进程序结束返回,即 S 流程结束,返回主程序(左母线)。

STL 触点可以直接驱动 Y、M、S、T 等元件的线圈;STL 和 RET 指令是成对出现的,具体使用如图 5—12 所示,对应语句表见表 5—16。

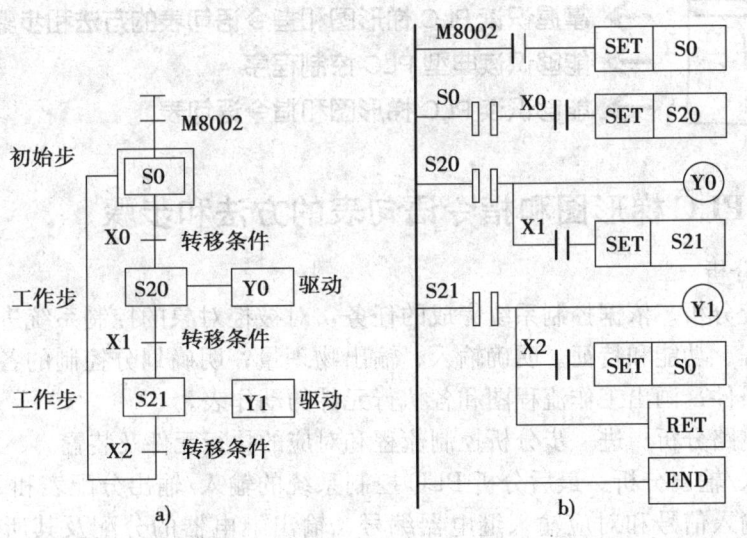

图 5—12 顺序功能图及步进程序
a)顺序功能图 b)梯形图

表 5—16　　　　　　　　　STL、SET 指令语句表

指令		说明
LD	M8 002	运行开始
SET	S0	激活步 S0
STL	S0	进入步 S0
LD	X0	转移条件
SET	S20	激活步 S20
STL	S20	进入步 S20
OUT	Y0	输出 Y0
LD	X1	转移条件
SET	S21	激活步 S21
STL	S21	进入步 S21
OUT	Y1	输出 Y1
LD	X2	转移条件
SET	S0	激活步 S0
RET		步进程序结束
END		程序结束

第三节　PLC 典型程序识读

→ 掌握识读 PLC 梯形图和指令语句表的方法和步骤
→ 能够识读典型 PLC 控制程序
→ 能够识读 PLC 梯形图和指令语句表

一、识读 PLC 梯形图和指令语句表的方法和步骤

1. 总体分析

(1) 系统分析。依据控制系统完成的任务，对被控对象的控制系统进行分析，重点分析控制过程、功能和特征。明确输入、输出物理量；明确划分控制的各阶段、各阶段之间的转换条件；画出工作流程图和各执行元件的动作表。

(2) 主电路分析。进一步分析控制流程和对应的执行元件及装置。

(3) 输入/输出分析。最后分析 PLC 控制系统的输入/输出分配表和 PLC 的 I/O 接线图，了解输入信号和对应输入继电器编号、输出继电器的分配及其所驱动的对应负载。

2. 结构分析

分析梯形图和指令语句表的编程方法；分析程序结构种类（单序列结构、选择序列结构、并行序列结构）。

3. 化整为零

无论多么复杂的梯形图和指令语句表，都是由一些基本单元构成的。

(1) 输入电器分析。从按钮、行程开关、转换开关等输入电器开始，分析这些开关、触点在设备运行过程中的不同工作状态（闭合、断开）、所达到的控制功能，这是看图过程中的一个关键。

(2) 输出控制分解。按主电路的构成情况，采用逆读法将多负载（如多电动机）电路分解为单负载电路，把梯形图和指令语句表分解成与主电路的输出负载相对应的几个基本单元，然后用顺读跟踪法，分段或分块分析。

(3) 单负载电路分解。单负载控制电路可能仍然较复杂，还需要进一步分解，直至分解为基本单元电路。

(4) 分解辅助电路。分析相关辅助电路。

4. 集零为整，综合分析

把基本单元电路串接起来，采用顺读法跟踪、分析整个电路。

二、典型 PLC 控制程序识读

1. 单按钮启、停程序

(1) 启、保、停电路。单按钮启动和停止电路在梯形图中的应用极为广泛，如图 5—13 所示，对应语句表见表 5—17。图中的启动按钮 SB0 和停止按钮 SB1 持续时间较短，因此单按钮启、停电路最主要的特点是具有自锁（记忆）功能。

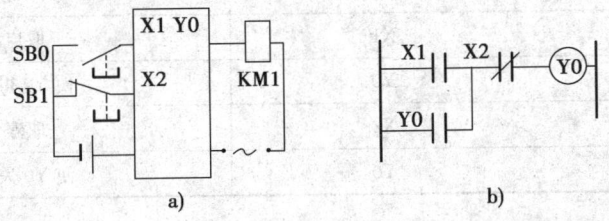

图 5—13 单按钮启、停电路
a) I/O 接线图   b) 梯形图

表 5—17　　　　　　　　　单按钮启、停程序指令语句表

指令		说明
LD	X1	启动按钮
OR	Y0	自锁
ANI	X2	停止按钮
OUT	Y0	输出 Y0

1) 启动过程。按下启动按钮 SB0，其动合触点闭合，X1 变为 "ON"；此时停止按

钮SB1的动断触点为闭合，X2为"ON"；Y0的线圈得电，Y0的动合触点闭合。松开按钮SB0，X1变为"OFF"，其动合触点断开，能流经Y0的动合触点和X2的动断触点流过Y0的线圈，Y0仍为"ON"，这就是"自锁"或"自保持功能"。

2）停止过程。按下停止按钮SB1，其动断触点断开，停止条件满足，Y0线圈失电，其动合触点Y0断开；以后即使松开停止按钮，X2的动断触点恢复接通状态，Y0仍然失电。

（2）置位与复位程序。置位与复位电路如图5—14所示，功能与单按钮启停电路相似，对应语句表见表5—18。该电路的记忆作用（自锁）是通过置位、复位指令实现的。当动合触点X1闭合时，执行置位指令SET，使Y0得电，在X1断开时，Y0继续保持得电状态；当动合触点X2闭合时，执行复位指令RST，使Y0失电。值得注意的是，在置位复位电路中，控制复位的是X2的动合触点；而在启保停电路中，使Y0变为"OFF"的是X2的动断触点。

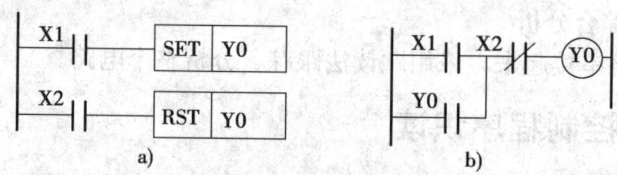

图5—14 置位与复位电路
a) 启、保、停梯形图 b) 启、保、停等效梯形图

表5—18　　　　　　　　　置位与复位程序指令语句表

指令		说明
LD	X1	取启动按钮
SET	Y0	使Y0得电并自锁
LD	X2	取停止按钮
RST	Y0	使Y0失电并复位

2. 多点启、停程序

（1）多点启、保、停电路。在实际电路中，启动信号和停止信号往往是由多个触点组成的（串联或并联）电路，即多点启、停电路。图5—15所示为多点启、停梯形图，对应语句表见表5—19。X1、X5为甲地启、停按钮；X2、X6为乙地启、停按钮；X3、X7为丙地启、停按钮；X4、X8为丁地启、停按钮。如把按钮换为其他主令电器（如行程开关等），本程序可引申为多点控制程序。

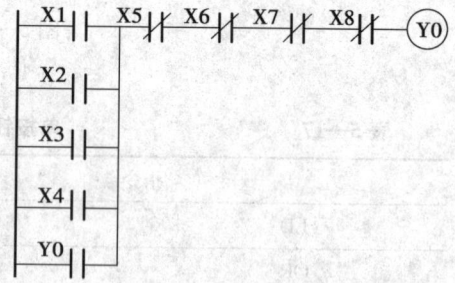

图5—15 多点启、停程序梯形图

表 5—19　　　　　多点启停程序指令语句表

指令		说明
LD	X1	甲地启动
OR	X2	乙地启动
OR	X3	丙地启动
OR	X4	丁地启动
OR	Y0	自锁
ANI	X5	甲地停止
ANI	X6	乙地停止
ANI	X7	丙地停止
ANI	X8	丁地停止
OUT	Y0	输出

（2）多点（继电器线圈）输出程序。图5—16所示是可以自锁的同时控制4个继电器线圈输出的梯形图，对应语句表见表5—20。

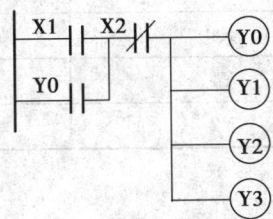

图5—16　多点输出程序梯形图

表 5—20　　　　　多点输出程序指令语句表

指令		说明
LD	X1	X1是启动按钮；X2是停止按钮
OR	Y0	使用Y0动合触点自锁
ANI	X2	Y0主控输出
OUT	Y0	
OUT	Y1	
OUT	Y2	
OUT	Y3	同时实现Y1、Y2、Y3并行输出

3. 联锁、互锁程序

（1）联锁程序。以甲"工作"作为乙"工作"的前提条件，称甲对乙的联锁，如图5—17所示，对应语句表见表5—21。X1、X2控制Y1启停，Y1停止时Y2无法启动；X3、X4控制Y2启停，只有Y1工作后，Y2才能工作，即Y2被Y1联锁。

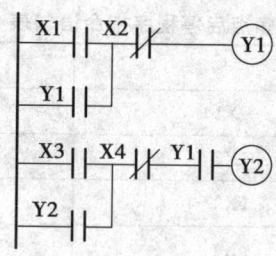

图 5—17 联锁程序梯形图

表 5—21 联锁程序指令语句表

指令		说明
LD	X1	Y1 启动按钮
OR	Y1	自锁
ANI	X2	Y1 停止按钮
OUT	Y1	输出 Y1
LD	X3	Y2 启动按钮
OR	Y2	自锁
ANI	X4	Y2 停止停按钮
AND	Y1	联锁
OUT	Y2	输出 Y2

（2）互锁程序。如果甲"工作"则乙不能同时"工作"，乙"工作"则甲不能"工作"，称甲和乙互锁，如图 5—18 所示，对应语句表见表 5—22。X1 和 X2 是启动按钮，X0 是停止按钮。由于 Y1、Y2 每次只能有一个工作，故将 Y1、Y2 的动断触点分别串联到对方的控制电路中，实现互锁。即 Y1 工作，Y2 不能工作；Y2 工作后，Y1 不能工作。

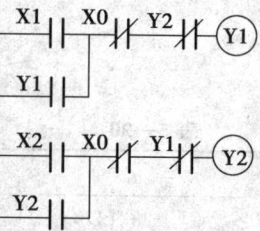

图 5—18 互锁程序梯形图

表 5—22 互锁程序指令语句表

指令		说明
LD	X1	
OR	Y1	
ANI	X0	
ANI	Y2	互锁
OUT	Y1	
LD	X2	

指令		说明
OR	Y2	
ANI	X0	
ANI	Y1	互锁
OUT	Y2	

4. 顺序启动程序

顺序启动梯形图如图 5—19 所示，对应语句表见表 5—23。初始状态时，电动机 Y1、Y2、Y3 均未工作。当"顺序启动"按钮 X0 接通，Y1 将变为"ON"，先实现启动，Y1 的触点自保持，同时定时器 T0 开始计时，延时 20 s，其触点 T0 闭合。

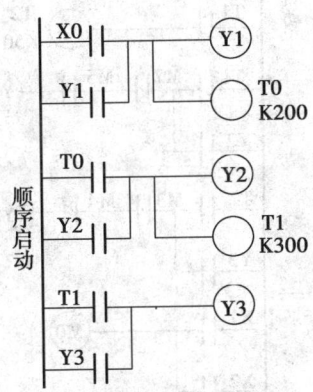

图 5—19 顺序启动程序

表 5—23　　　　　　　　　顺序启动程序指令语句表

指令		说明
LD	X0	取启动按钮
OR	Y1	自锁
OUT	Y1	Y1 启动
OUT	T0	定时 20 s
	K200	
LD	T0	取 T0
OR	Y2	自锁
OUT	Y2	Y2 启动
OUT	T1	定时 30 s
	K300	
LD	T1	取 T1
OR	Y3	自锁
OUT	Y3	Y3 启动

触点 T0 闭合，电动机 Y2 启动工作，并自锁，同时定时器 T1 开始计时，延时 30 s，其触点 T1 闭合。

触点 T1 闭合，电动机 Y3 启动工作，并自锁，即完成了"Y1、Y2、Y3 顺序启动"。

5. 顺/逆序停止程序

顺序启动、断开延时及顺/逆序停止梯形图如图 5—20 所示，对应语句表分别见表 5—24～5—27。X0 为顺序启动按钮，经过顺序启动后，电动机 Y1、Y2、Y3 均工作。

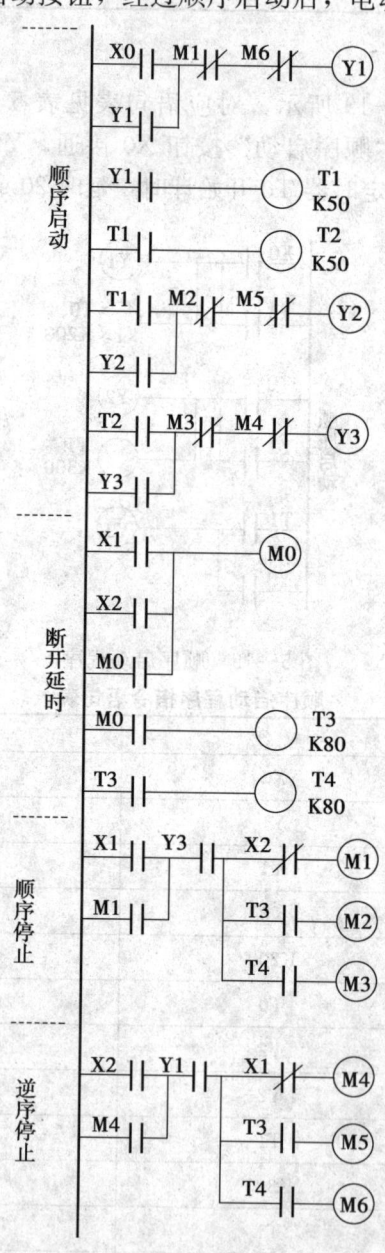

图 5—20 顺序启动、断开延时及顺/逆序停止程序梯形图

表 5—24　顺序启动语句表

指令		说明
LD	X0	顺序启动 X0
OR	Y1	
ANI	M1	（顺停触点）
ANI	M6	（逆停触点）
OUT	Y1	Y1 启动
LD	Y1	
OUT	T1	定时 5 s
	K50	
LD	T1	
OUT	T2	定时 5 s
	K50	
LD	T1	
OR	Y2	
ANI	M2	（顺停触点）
ANI	M5	（逆停触点）
OUT	Y2	Y2 启动
LD	T2	
OR	Y3	
ANI	M3	（顺停触点）
ANI	M4	（逆停触点）
OUT	Y3	Y3 启动

表 5—25　断开延时语句表

指令		说明
LD	X1	取顺停按钮
OR	X2	取逆停按钮
OR	M0	自锁
OUT	M0	输出
LD	M0	取 M0
OUT	T3	T3 定时开始
	K80	延时 8 s
LD	T3	取 T3
OUT	T4	T4 定时开始
	K80	延时 8 s

表 5—26　　　　　　　　　　　　　顺序停止语句表

指令		说明
LD	X1	顺序停止
OR	M1	自锁
AND	Y3	停后复位
MPS		入栈寄存
ANI	X2	互锁
OUT	M1	Y1 停止
MRD		读栈
AND	T3	延时
OUT	M2	Y2 停止
MPP		出栈
AND	T4	延时
OUT	M3	Y3 停止

表 5—27　　　　　　　　　　　　　逆序停止语句表

指令		说明
LD	X2	逆序停止
OR	M4	自锁
AND	Y1	停后复位
MPS		入栈寄存
ANI	X1	互锁
OUT	M4	Y3 停止
MRD		读栈
AND	T3	延时
OUT	M5	Y2 停止
MPP		出栈
AND	T4	延时
OUT	M6	Y1 停止

（1）断开延时过程。当按下"顺序停止"按钮 X1，或"逆序停止"按钮 X2，驱动中间继电器 M0 并保持自锁，定时器 T3 开始计时，延时 8 s，其动合触点 T3 闭合；动合触点 T3 闭合后，定时器 T4 开始计时，延时 8 s，其动合触点 T4 闭合。

（2）顺序停止程序。按下"顺序停止"按钮 X1（与"逆序停止"X2 互锁），中间继电器 M1 工作并自锁，M1 动断触点打开，Y1 失电，Y1 电动机停止；延时 8 s 后，T3 得电，T3 驱动 M2，M2 动断触点打开，Y2 失电，Y2 电动机停止；再延时 8 s，T4 得电，T4 驱动 M3，M3 动断触点打开，Y3 失电，Y3 电动机停止；Y3 失电后，动合触点 Y3 断开，顺序停止电路断开等待下次启动，完成电动机从 Y1 到 Y2 再到 Y3 的顺序停止。

（3）逆序停止程序。按下"逆序停止"按钮 X2，M4 工作并自锁，M4 动断触点打开，Y3 失电，Y3 电动机停止；延时 8 s 后，T3 得电，T3 驱动 M5，M5 动断触点打开，Y2 失电，Y2 电动机停止；再延时 8 s，T4 得电，T4 驱动 M6，M6 动断触点打开，Y1 失电，Y1 电动机停止；Y1 失电后，动合触点 Y1 断开，逆序停止电路断开等待下次启动，到此完成了电动机从 Y3 到 Y2 再到 Y1 的逆序停止。

6. 其他常用程序

（1）手动与自动控制程序。图 5—21a 所示为使用跳转指令 CJ 完成的手动与自动控制梯形图。"自动控制选择开关" X0 闭合，程序跳转到指针 P3 所指引的程序段，执行"自动控制程序"。完成后，顺序执行"下段程序"。当"自动控制选择开关" X0 打开时，顺序执行"手动控制程序"，完成后程序跳转到指针 P4 所指引的程序段，执行"下段程序"。

图 5—21b 所示为使用主控指令完成的手动与自动控制梯形图。"自动控制选择开关" X0 闭合，程序转移到 M100 标示的母线，执行"自动控制程序"。完成后，返回主母线，执行跳转指令，跳转到指针 P4 所指引的程序段，执行"下段程序"。当"自动控制选择开关" X0 打开时，顺序执行"手动控制程序"，完成后程序执行"下段程序"。

图 5—21c 所示为使用子程序完成的手动与自动控制程序。"自动控制选择开关" X0 闭合，程序调用子程序 P1，执行"自动控制程序"，完成后，返回主程序执行"下段程序"。"自动控制选择开关" X0 打开时，程序调用子程序 P2，执行"手动控制程序"，完成后，返回主程序执行"下段程序"。

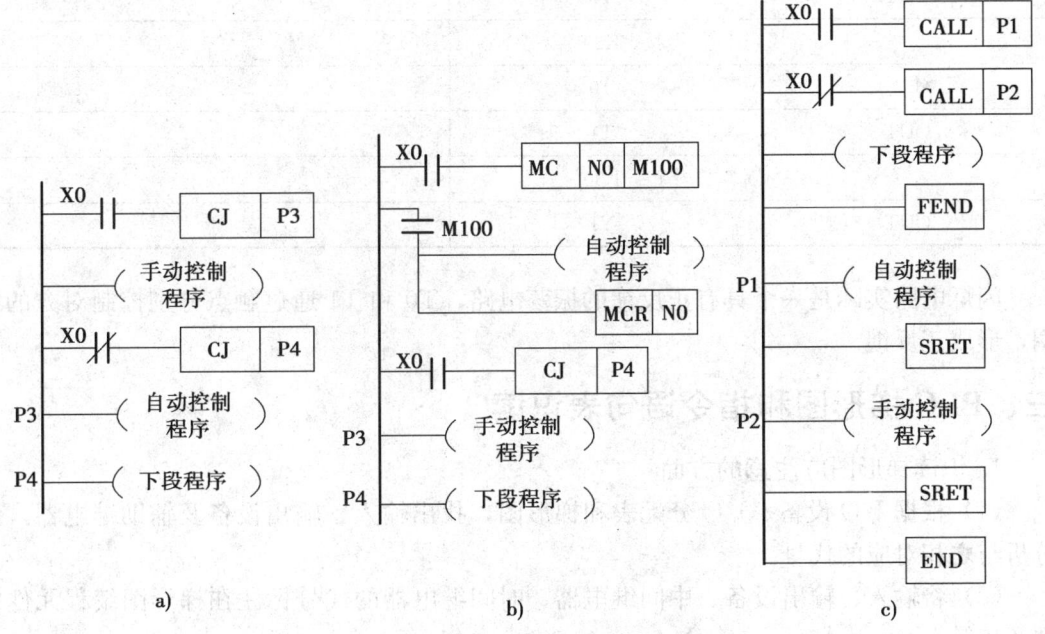

图 5—21 手动与自动控制程序梯形图
a）跳转指令 b）主控指令 c）子程序

(2) 闪烁电路。闪烁电路控制梯形图如图 5—22 所示，对应语句表见表 5—28。当 X0 为 "ON" 后，T0 得电定时开始，延时 3 s 后，T0 动合触点接通，使 Y1 得电，同时 T1 通电开始定时；T1 定时 3 s 到，T1 动断触点断开，使 T0 失电，T0 动合触点断开，Y1 变为 "OFF"，同时 T1 线圈断电，T1 动断触点复位，T0 又开始定时（上述 T1 动作到 T1 复位时间极短，为 PLC 运行的一个扫描周期，可以不计时间差）。之后 Y1 将周期性地得电和失电，直到 X0 变为 "OFF"。Y1 得电和失电的时间分别等于 T1 和 T0 的设定值。

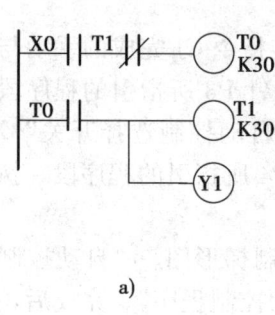
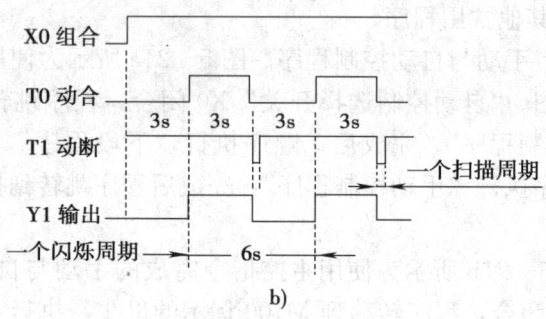

图 5—22　闪烁电路控制程序
a) 梯形图　b) 时序图

表 5—28　　　　　　　　　闪烁电路控制程序指令语句表

指令		说明
LD	X0	
ANI	T1	
OUT	T0	
	K30	
LD	T0	
OUT	T1	
	K30	
OUT	Y1	

闪烁电路实际是一个具有正反馈的振荡电路，T0 和 T1 通过触点分别控制对方的线圈，形成正反馈。

三、PLC 梯形图和指令语句表识读

1. 识读梯形图应注意的方面

（1）根据 I/O 设备、I/O 分配表和梯形图，找出输入、输出设备及辅助继电器，并分析与之相对应的代号。

（2）将输入、输出设备、中间继电器、时间继电器的代号标注在梯形图编程元件线圈及其触点旁。

（3）识读梯形图的过程同 PLC 扫描程序一样，从左到右、自上而下，按梯级顺序逐

级识图。

（4）在程序的执行过程中，同一扫描周期内，前面的逻辑运算结果影响后面的逻辑关系，后面的逻辑运算结果不影响前面的逻辑关系。

（5）上一扫描周期的所有最终运算结果，将影响下一个扫描周期各触点的通与断（除输入继电器外）。

（6）将梯形图分解成若干个基本单元，每一个基本单元可以是梯形图的一个梯级（包含一个输出元件）或几个梯级（包含几个输出元件），而每个基本单元相当于继电器接触器控制电路的一个分支电路。

（7）某编程元件得电，其所有动合触点均闭合、动断触点均断开；某编程元件失电，其所有已闭合的动合触点均断开（复位），所有已断开的动断触点均闭合（复位）。

（8）锁存继电器或锁存存储器带自保持功能，必须使用 SET、RST 指令进行置位与复位。

2. 识读指令语句表应注意的方面

（1）首先根据指令特点，对指令语句表进行结构分析，将其分成若干段（或称逻辑行）。

> **特别提示**
>
> 指令特点：
> - 各电路块一般从含有 LD、LDI 的指令开始，以 OUT 指令结束。
> - MC 和 MCR 指令与 SET 和 RST 指令，必须成对使用。
> - 定时和计数指令，分别由 OUT 指令驱动输出，为双语句指令，且必须紧跟设定值，设定值可由常数直接指定，也可由数据寄存器 D 的数据间接指定。
> - ORB、ANB 指令，应分清电路的串并联关系，先按电路块从 LD/LDI 指令开始，到下一条 LD/LDI 指令或 ORB/ANB 指令之前结束，将电路分成若干块，然后分析各电路块之间的串、并联关系。

（2）分段原则，一般以一个或几个梯级作为一段。根据输入继电器 Xi（i 为输入继电器的编号）与 OUT 指令最靠近的且以 LD Xi 或 LDI Xi 指令开始的指令行（对应梯形图上与左母线相连的一条逻辑支路）作为分段的起点；以 OUT 指令结束的指令行（对应梯形图与右母线相连的逻辑支路）作为分段的终点（含设定值）。

（3）应结合梯形图识读指令语句表，或者按识读梯形图的方法识读指令语句表。

3. 识读两台电动机延时顺序启动、延时逆序停止梯形图和指令语句表

（1）分析 I/O 设备。启动按钮 SB0、输入 X0；停止按钮 SB1、输入 X1；电动机 M1 输出 Y0、接触器 KM0；电动机 M2 输出 Y1、接触器 KM1。

（2）分析梯形图。把图 5—23 所示的两台电动机延时顺启、延时逆停程序用梯形图 5—23b 分成 3 大块，①、②为输入信号单元，③、④为电动机启动单元，⑤、⑥为电动机停止单元。

1）输入信号处理单元。梯级①、②为输入信号处理单元，分别为电动机启动行和

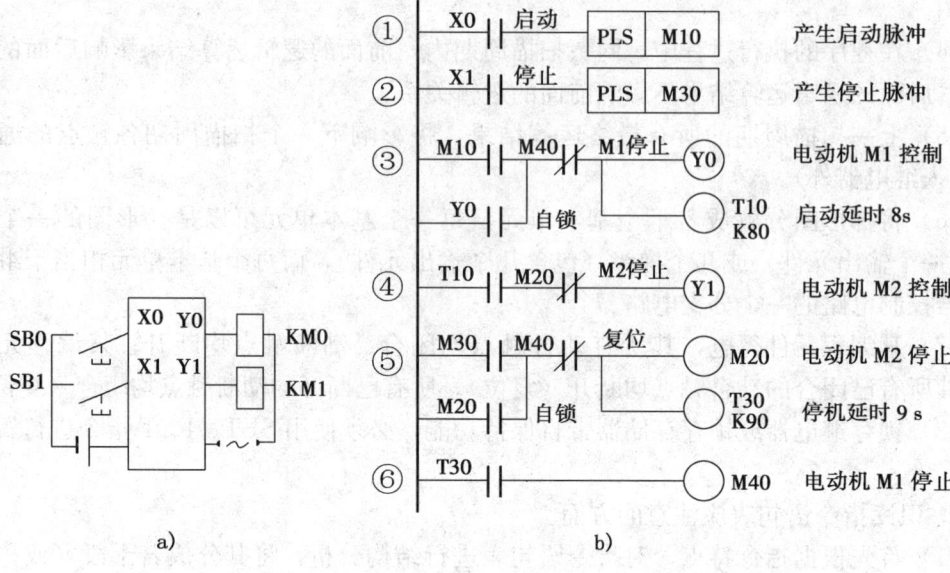

图 5—23 两台电动机延时顺启、延时逆停程序
a) I/O 接线图 b) 梯形图

电动机停止行。

按启动按钮 SB0,接通 X0 及 M10,产生一个扫描周期的启动脉冲,动合触点 M10 瞬间闭合,程序进入梯级③(电动机 M1 启动)。

按停止按钮 SB1,接通 X1 及 M30,产生一个扫描周期的停止脉冲,动合触点 M30 瞬间闭合,程序进入梯级⑤(电动机 M2 停止)。

2)启动控制单元。梯级③④为电动机启动控制单元。

M10 接通,此时 M40 动断触点为闭合状态,能流经动合触点 M10、动断触点 M40 后驱动输出继电器 Y0 和定时器 T10。

Y0 得电,Y0 有两个动合触点,一个在梯形图梯级③,起自锁作用;另一个在 I/O 输出端,负责控制电动机 M1 的启停(Y0 闭合,外部电路 KM0 得电,M1 电动机启动)。

定时器 T10 得电,计时开始,K80 为时间设定值,$t = 80 \times 0.1 = 8$ s 后(T10 为 100 ms 定时器,设定值 K 为 100 ms,即 0.1 s),定时器动合触点 T10 闭合,梯级④开始工作。

T10 闭合,此时 M20 动断触点为闭合状态,能流经过动合触点 T10、动断触点 M20 后驱动输出继电器 Y1,Y1 的动合触点闭合,外部电路 KM1 得电,M2 电动机启动。

3)电动机停止控制单元。梯级⑤、⑥为电动机停止控制单元。

停机时,按下 SB1,接通 X1 及 M30,动合触点 M30 接通,M40 动断触点为闭合状态,能流经过动合触点 M30、动断触点 M40 后驱动中间继电器 M20 和定时器 T30。

M20 得电,M20 有一个动合触点和一个动断触点,动合触点 M20 在梯级⑤,起自锁作用,动断触点 M20 在梯级④,为电动机 M2 停机控制。M20 得电,动断触点 M20 断开,梯级④断电,输出继电器 Y1 线圈失电,电动机 M2 停机。

定时器 T30 得电，计时开始，K90 为时间设定值，$t=90\times0.1=9$ s 后，定时器动合触点 T30 闭合，梯级⑥开始工作。

动合触点 T30 闭合，能流经过动合触点 T30 后驱动 M40，M40 有两个动断触点，一个在梯级③，另一个在梯级⑤。梯级③M40 动断触点断开，梯级③失电，输出继电器 Y0 线圈失电，电动机 M1 停机（注意，Y0 失电为下一个扫描周期），计时器 T10 失电，触点复位。

梯级⑤M40 动断触点断开，梯级⑤失电，M20 失电，M20 触点复位，计时器 T30 失电，触点复位，程序结束，等待下次电动机启动。

（3）分析语句表，见表 5—29。

表 5—29　　　　两台电动机延时顺序启动、延时逆序停止语句表

段	梯级	指令		功能说明
一、输入信号单元	①	LD	X0	读取启动按钮 X0 信息（输入）
		PLS	M10	产生一个扫描周期的启动脉冲
	②	LD	X1	读取停止按钮 X1 信息（输入）
		PLS	M30	产生一个扫描周期的停止脉冲
二、电动机启动单元	③	LD	M10	读取启动脉冲
		OR	Y0	或运算，自锁
		ANI	M40	与运算，电动机 M1 停止控制
		OUT	Y0	输出 Y0，电动机 M1 控制继电器 KM0，M1 启动
		OUT	T10	定时器，延时启动电动机 M2
			K80	定时 8 s
	④	LD	T10	读取电动机 M2 延时启动信号
		ANI	M20	与运算，电动机 M2 停止控制
		OUT	Y1	输出 Y1，电动机 M2 控制继电器 KM1，M2 启动
三、电动机停止单元	⑤	LD	M30	读取停止脉冲
		OR	M20	或运算，自锁
		ANI	M40	与运算，复位控制
		OUT	M20	输出 M20，梯级④断电，Y1 断电，电动机 M2 停机
		OUT	T30	定时器，延时停止电动机 M1
			K90	定时 9 s
	⑥	LD	T30	读取电动机 M1 延时停止信号
		OUT	M40	输出 M40，梯级③⑤断电，Y0 断电，电动机 M1 停机
结束		END		程序结束，进入下一个扫描周期

（4）编程结构分析。该电路采用一般编程方法。利用微分脉冲指令产生的启动、停止脉冲信号，进行电动机的启、停控制。

启动脉冲 M10 实现电动机 M1 先启动，再通过定时器 T10 延时，实现延时启动电动机 M2，从而完成两台电动机顺序延时启动。

停止脉冲 M30 通过 M20 实现电动机 M2 先停机，再通过定时器 T30 延时，控制 M40，实现电动机 M1 延时停机，最终完成两台电动机逆序延时停止。

(5) PLC 用户程序循环扫描工作过程

1) 启动工作过程（X0=1 时执行）梯形图如图 5—24a 所示。
2) 停止工作过程（X1=1 时执行）梯形图如图 5—24b 所示。

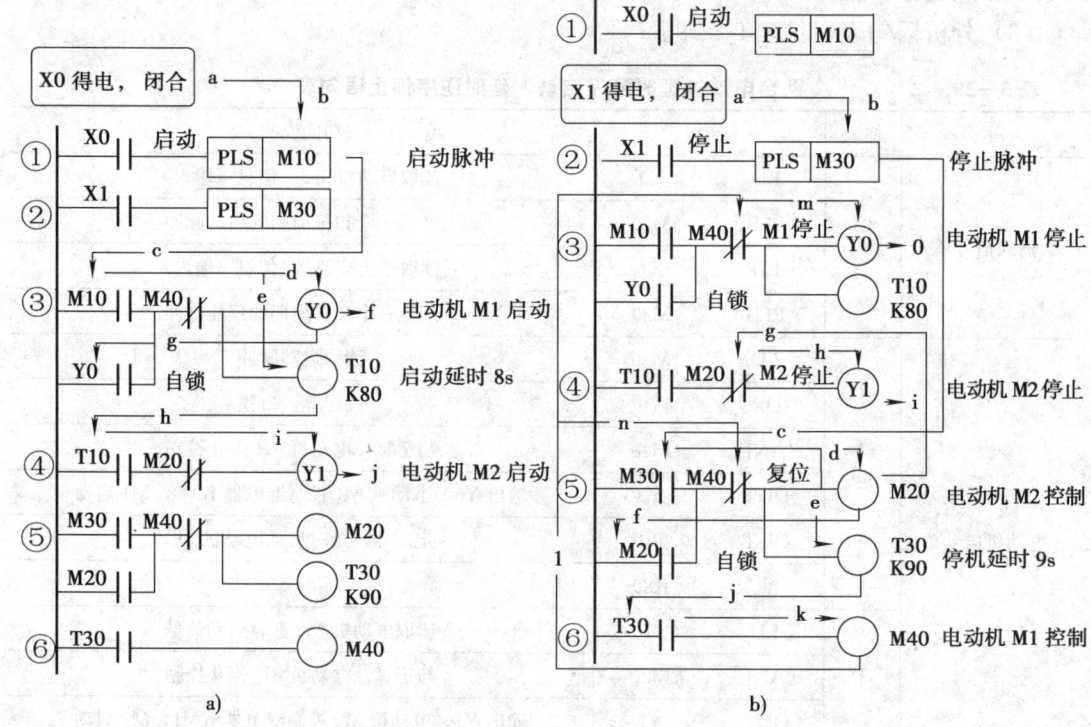

图 5—24 PLC 工作过程梯形图
a) 启动工作过程 b) 停止工作过程

第四节 PLC 控制程序的设计

→ 熟悉 PLC 程序设计的原则和步骤
→ 能够使用 PLC 编程器和编程软件进行 PLC 程序设计

一、PLC 编程器和编程软件

1. PLC 编程器

PLC 编程器有简易编程器及图形编程器两种。

(1) 简易编程器。简易编程器是最常用的程序设计工具，可通过电缆连接于 PLC 上，它有两种工作方式，即在线（联机）和脱机（不联机）。脱机工作时，要先把程序存储于编程器的内存中，联机后再传给 PLC。简易编程器的面板通常由 3 部分组成：

1) LCD 显示部分。有两行，每行可显示 16 个字符，相当于微型计算机的显示器，用以显示信息。

2) 模式切换开关。用以控制 PLC 的工作状态，可使 PLC 处于编程、监控或运行状态。

3) 键盘部分。约有 40 个按键。

简易编程器体积小、质量轻，携带方便，可进行 PLC 编程、调试等有关操作，很适合于现场使用。但简易编程器只支持助记符语言编程，显示屏小，功能也有限。

(2) 图形编程器。图形编程器可显示图形，既可用助记符语言编程，还可用梯形图语言编程。它的外设备较多，可打印程序、数据，还可接软驱动器，用其在软盘上存储文件。由于图形编程器价格非常高，加上近年来个人计算机飞速发展及 PLC 程序设计软件的不断完善，这种图形编程器基本上已被 PLC 编程软件取代。

2. PLC 编程软件

编程软件是指在个人计算机上运行的，由 PLC 厂家提供，用于 PLC 编程的工具软件，可实现编程器无法完成的多种控制。使用方法可参阅相关说明书。

二、PLC 控制程序的设计

PLC 用户程序设计是用户根据控制要求，使用 PLC 厂家提供的程序编制语言编写应用程序。

1. 程序设计原则

(1) 程序设计原则

1) 正确性原则。PLC 的控制是靠执行用户程序来实现的，因此要求用户程序符合控制要求。

2) 合理性原则。PLC 用户程序要求简洁、易懂，避免繁琐、重复，逻辑混乱。

3) 可靠性原则。PLC 用户程序要求运行可靠、故障少，提示明显，易于维修。

4) 适应性原则。PLC 用户程序要求程序易于修改，调试方便。

5) 优化性原则。PLC 用户程序要求输入、输出滞后时间越短越好。

(2) 梯形图编程规则

1) 梯形图的编程要求

①梯形图按行从上至下编写，每一行从左至右顺序编写。

②梯形图每一逻辑行必须从左母线开始，右母线结束（右母线可以省略）。

③梯形图由梯级组成，每个输出元件构成一个梯级，每个梯级可由多个支路组成。

④梯形图的最右侧必须连接输出元件，输出元件用椭圆形或圆形线圈表示。

⑤梯形图的触点有两种，即动合触点和动断触点，触点可以反复使用，次数不限。

⑥梯形图的触点可以任意串、并联，而输出线圈只能并联，不能串联。

⑦梯形图程序必须用“END”结束。

2）梯形图编程技巧

①同一编号的输出元件在一个程序中只能使用一次，即不得形成双线圈输出，双线圈输出容易引起误操作；不同编号的输出元件可以并行输出，如图 5—25 所示。

②线圈不能直接与左母线相连，如需要可通过特殊辅助继电器 M8 000（常为 ON）来连接，如图 5—26 所示。

a)　b)

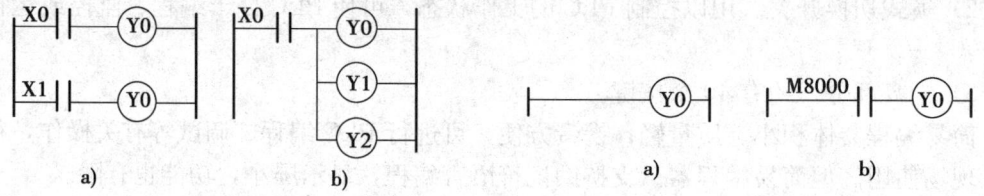

图 5—25　双线圈输出与并行输出

a）双线圈输出　b）并行输出

a)　b)

图 5—26　线圈与母线的连接

a）不正确　b）正确

单元 5

③适当安排编程顺序，以减少程序步数，使程序简洁明了。例如，在几个串联回路并联时，应将触点最多的串联回路放在梯形图的最上面，如图 5—27 所示。

④有几个并联回路相串联时，应将触点最多的并联回路放在梯形图的左前面，如图 5—28 所示。

a)　b)

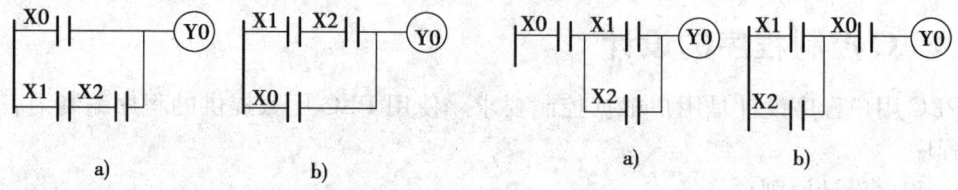

图 5—27　串联电路安排

a）安排不当　b）安排合理

a)　b)

图 5—28　并联电路安排

a）安排不当　b）安排合理

⑤不能编程的电路应进行等效变换后再编程，如图 5—29 所示的桥式电路。

a)　b)

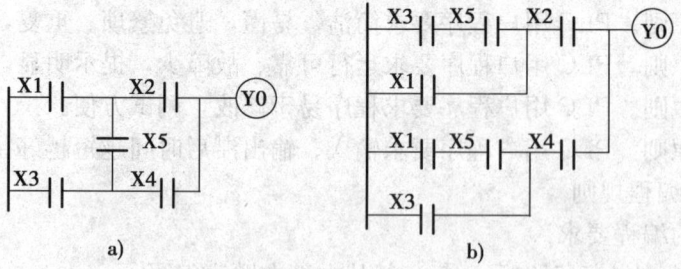

图 5—29　桥式电路等效变换

a）桥式电路　b）等效梯形图

⑥线圈右侧的触点应放在线圈的左边才能编程,如图 5—30 所示。

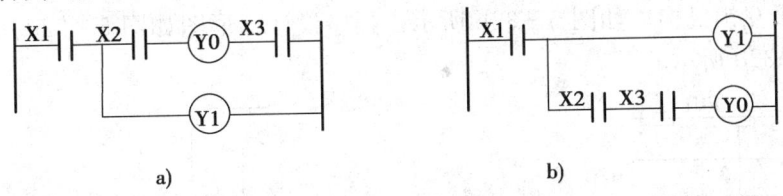

图 5—30　线圈右侧触点的处理
a) 不正确　b) 正确

⑦对于复杂电路,即使用块指令也难以编程时,可重复使用某些触点简化电路,如图 5—31 所示。

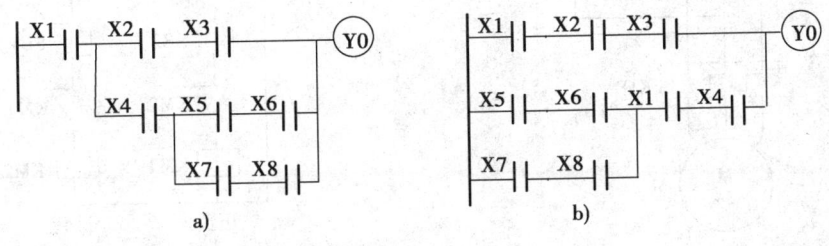

图 5—31　复杂电路的编程
a) 复杂电路　b) 等效梯形图

(3) 语句表编程规则与技巧。语句表是由段组成的,每段用 LD/LDI 指令开始,触点的串、并联用 AND/OR 指令,用输出 OUT 指令结束。语句表编程时,务必按从左到右、自上而下的顺序进行。适当的编程顺序可以减少程序步数,串联触点多的电路放在上部;并联触点多的电路靠近左母线;对于不可编程的电路必须重新安排,以便正确应用 PLC 的基本指令编程。巧妙使用块指令、主控触点指令 MC/MCR 和 MPS/MRD/MPP 指令。

2. 程序设计步骤

(1) 弄清工艺。
(2) 设定硬件。
(3) 分配 I/O。
(4) 设计程序。
(5) 调试程序。
(6) 存储程序。

三、程序设计实例

1. 三相感应电动机 PLC 控制程序

(1) 具有软、硬件互锁的三相感应电动机的正反转控制。如图 5—32a 所示为主电路,改变电动机定子绕组电源相序,可实现电机的正、反转。主电路采用两只接触器

KM1（正转）和 KM2（反转）分别控制电动机 M。为避免误操作，导致电源相间短路，控制电路加设互锁机构，如图 5—32b 所示；程序设计梯形图如图 5—32c 所示；I/O 接线图如图 5—32d 所示。

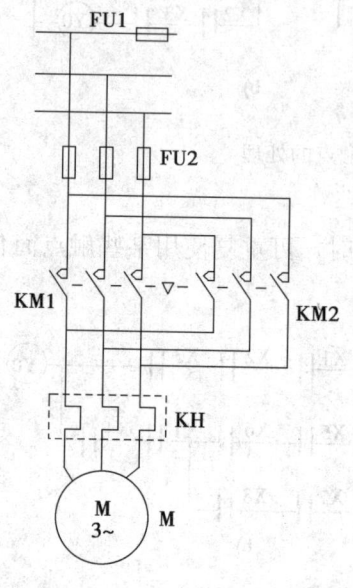

a)

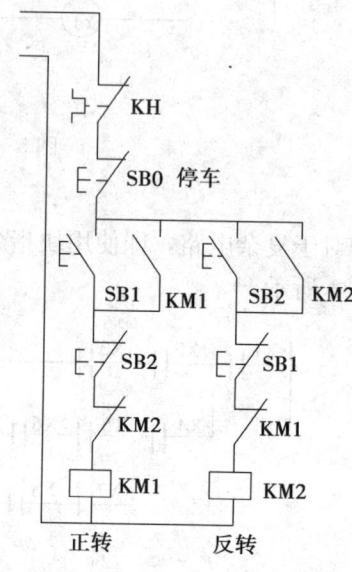

b)

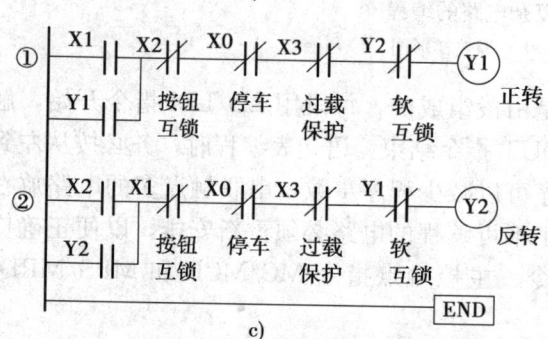

c)

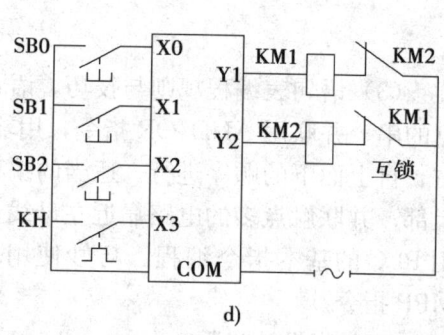

d)

图 5—32 三相感应电动机正、反转控制
a）主电路 b）继电器控制电路 c）梯形图 d）I/O 接线图

PLC 程序设计可按如下步骤进行：

1）配置 PLC 的输入、输出设备，列出 I/O 点分配，见表 5—30。

表 5—30　　　　　　　输入、输出设备及 I/O 配置

输入设备		PLC 输入软器件	输出设备		PLC 输出软器件
代号	功能		代号	功能	
KH	过载继电器	X3	KM1	正转接触器	Y1
SB0	停止按钮	X0	KM2	反转接触器	Y2
SB1	正转按钮	X1			
SB2	反转按钮	X2			

2) 画出 PLC 的 I/O 接线图，如图 5—32d 所示。
3) 根据控制要求，画出相应的梯形图，如图 5—32c 所示。
4) 根据梯形图，写出对应的指令语句表，见表 5—31。

表 5—31　　　　　三相感应电动机的正、反转控制指令语句表

梯级	指令		功能	控制项	梯级	指令		功能	控制项
①	LD	X1	正转按钮启动	正向转动	②	LD	X2	反转按钮启动	反向转动
	OR	Y1	自锁			OR	Y2	自锁	
	ANI	X2	X1 与 X2 按钮互锁			ANI	X1	X1 与 X2 按钮互锁	
	ANI	X0	停止按钮			ANI	X0	停止按钮	
	ANI	X3	过载保护			ANI	X3	过载保护	
	ANI	Y2	Y1 与 Y2 软互锁			ANI	Y1	Y1 与 Y2 软互锁	
	OUT	Y1	正转运行控制			OUT	Y2	反转运行控制	
						END		程序结束	结束

5) 用编程器输入程序及调试程序。

（2）三相感应电动机行程控制。如图 5—33a 所示为电动机行程控制示意图，图 5—33b 所示为 I/O 接线图，图 5—33c 所示为控制电路图，图 5—33d 所示为程序设计梯形图。

1) 配置 PLC 的输入、输出设备，列出 I/O 点分配，见表 5—32。
2) 画出 PLC 的 I/O 接线图。
3) 根据控制要求，画出相应的梯形图。

表 5—32　　　　　输入、输出设备及 I/O 配置

输入设备		PLC 输入软器件	输出设备		PLC 输出软器件
代号	功能		代号	功能	
KH	过载继电器	X3	KM1	正转接触器	Y1
SB0	停止按钮	X0	KM2	反转接触器	Y2
SB1	正转按钮	X1			
SB2	反转按钮	X2			
SQ1	正向限位开关	X4			
SQ2	反向限位开关	X5			
SQ3	正向极限限位开关	X6			
SQ4	反向极限限位开关	X7			

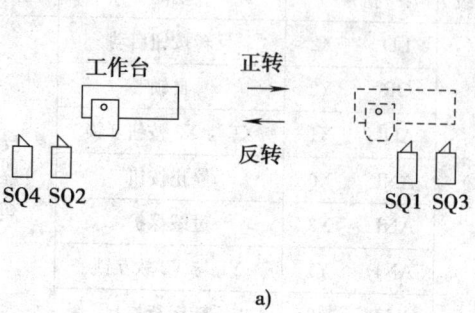
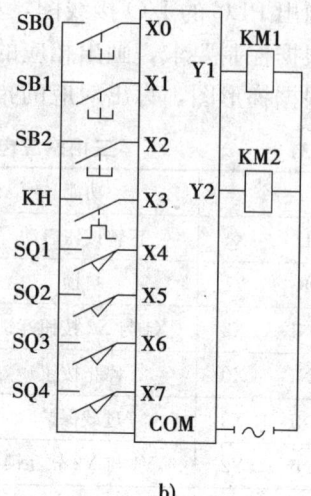
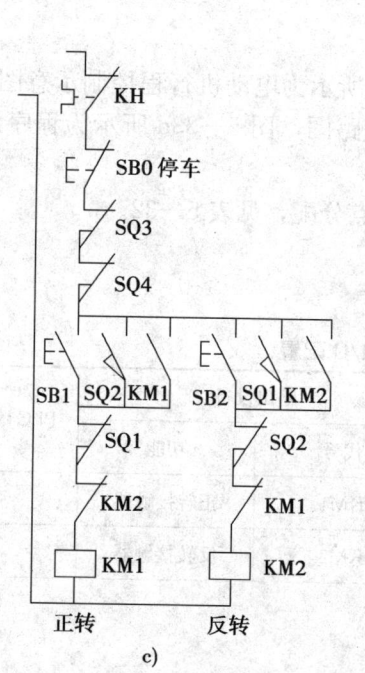
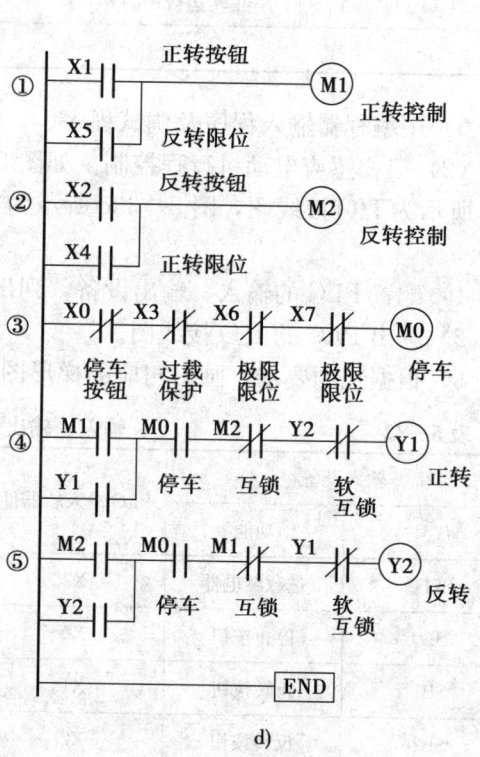

图 5—33 三相感应电动机行程控制
a) 行程控制示意图　b) I/O 接线图　c) 继电器控制电路图　d) 梯形图

4) 根据梯形图,写出对应的指令语句表,见表 5—33。

表 5—33　　　　三相感应电动机行程控制指令语句表

梯级	指令		功能	控制项	梯级	指令		功能	控制项
①	LD	X1	正转按钮启动	正转	④	LD	M1	正转启动	正向转动
	OR	X5	反向限位开关			OR	Y1	自锁	
	OUT	M1	正转启动控制			AND	M0	停止控制	
②	LD	X2	反转按钮启动	反转		ANI	M2	M1与M2软互锁	
	OR	X4	正向限位开关			ANI	Y2	Y1与Y2软互锁	
	OUT	M2	反转启动控制			OUT	Y1	正转运行	
③	LDI	X0	停止按钮	停止控制	⑤	LD	M2	反转启动	反向转动
	ANI	X3	过载保护			OR	Y2	自锁	
	ANI	X6	正向极限开关			AND	M0	停止控制	
	ANI	X7	反向极限开关			ANI	M1	M1与M2软互锁	
	OUT	M0	停止控制			ANI	Y1	Y1与Y2软互锁	
						OUT	Y2	反转运行	
						END		程序结束	结束

5) 用编程器输入程序及调试程序。

(3) 三相感应电动机 Y—△降压启动控制。如图 5—34a 所示为主电路,可实现电动机的 Y—△降压启动,其控制回路如图 5—34b 所示,I/O 接线图如图 5—34c 所示,程序设计梯形图如图 5—34d 所示。

1) 配置 PLC 的输入、输出设备,列出 I/O 点分配,见表 5—34。

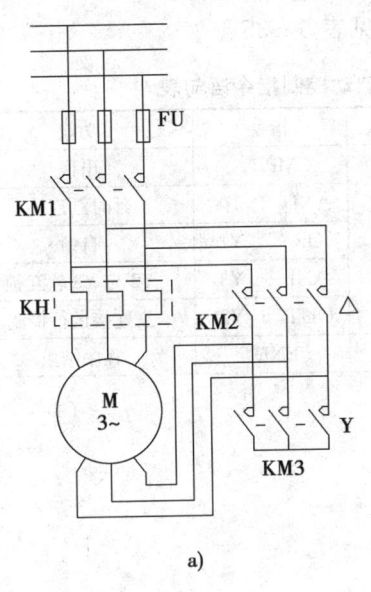

a)

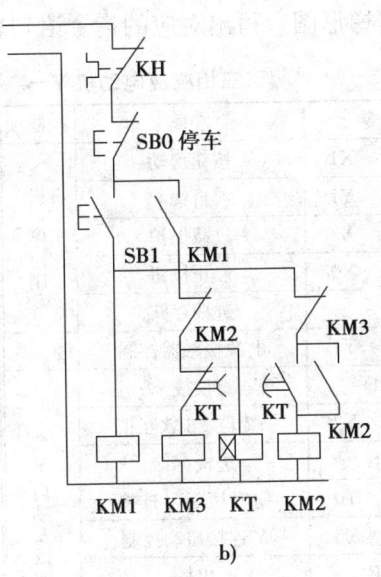

b)

电工（高级）

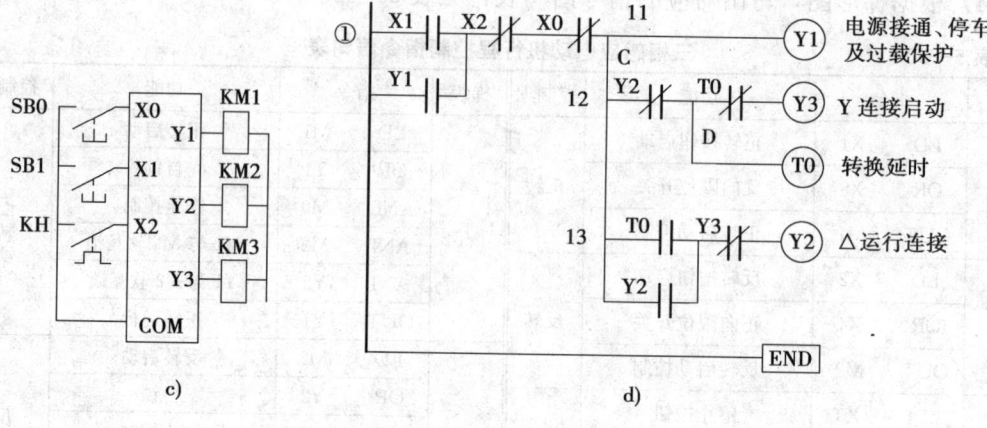

图 5—34　三相感应电动机 Y—△降压启动控制
a) 主电路　b) 继电器控制电路　c) I/O 接线图　d) 梯形图

表 5—34　　　　　　　　　　输入、输出设备及 I/O 配置

输入设备		PLC 输入软器件	输出设备		PLC 输出软器件
代号	功能		代号	功能	
KH	过载继电器	X2	KM1	电源接触器	Y1
SB0	停止按钮	X0	KM2	△连接接触器	Y2
SB1	启动按钮	X1	KM3	Y 连接接触器	Y3

2）画出 PLC 的 I/O 接线图。

3）根据控制要求，画出相应的梯形图。

4）根据梯形图，写出对应的指令语句表，见表 5—35。

表 5—35　　　　　　　三相感应电动机 Y—△降压启动控制指令语句表

梯级	指令		功能	控制项	梯级	指令		功能	控制项
⑩	LD	X1	按钮启动	启、停控制	⑬	MPP		出栈	△运行
	OR	Y1	自锁			AND	T0	延时△连接	
	ANI	X2	过载保护			OR	Y2	自锁	
	ANI	X0	停止按钮			ANI	Y3	Y2 与 Y3 软互锁	
	MPS		进栈存储			OUT	Y2	△连接运行控制	
⑪	OUT	Y1	电源接触器控制			END		程序结束	结束
	MRD		读栈	Y 启动及延时					
	ANI	Y2	Y2 与 Y3 软互锁						
	MPS		进栈存储						
⑫	ANI	T0	定时切断 Y 连接						
	OUT	Y3	Y 连接启动控制						
	MPP		出栈						
	OUT	T0	延时						
	K	30	3 s						

5）用编程器输入程序及调试程序。

2. C650 型普通车床的 PLC 控制程序

（1）主电路设计要点。如图 5—35a 所示，该机床共配置 3 台电动机 M1、M2 和 M3。主电动机 M1（功率为 30 kW）完成主轴主运动和刀具进给运动，采用直接启动，可正、反向旋转及电气制动停车；M1 还具有点动功能。电动机 M2 提供切削液，采用直接启、停方式，由接触器 KM4 的主触点控制其接通与断开。快速移动电动机 M3 由交流接触器 KM5 控制，根据需要也可随时手动控制启、停。

电动机 M1 控制电路说明如下：

由正转控制接触器 KM1 和反转控制接触器 KM2 的两组主触点构成电动机 M1 的正、反转电路。

电流表 PA 经电流互感器 TA 接在主电动机 M1 的主路上，以监视电动机绕组工作时的电流变化。为防止电流表被启动电流冲击损坏，利用中间继电器 KA 的动断触点在启动的短时间内将电流表暂时短接。

接触器 KM3 的主触点控制限流电阻 R 的接入和切除，在进行点动时，为防止启动电流造成电动机过载而串入限流电阻 R，以保证电路设备正常工作。

速度继电器 KS 的速度检测部分与电动机的主轴相连，在停车制动过程中，当主电动机转速接近零时，其动合触点可将控制电路中反接制动的相应电路切断，完成停车制动。

（2）配置 PLC 的输入、输出设备，列出 I/O 点分配，见表 5—36。

表 5—36　　　　　　　　输入、输出设备及 I/O 配置

输入设备		PLC 输入软器件	输出设备		PLC 输出软器件
代号	功能		代号	功能	
SB0	M1 停止按钮	X0	KM1	M1 正转接触器	Y0
SB1	M1 点动按钮	X1	KM2	M1 反转接触器	Y1
SB2	M1 正转按钮	X2	KM3	短接电阻接触器	Y2
SB3	M1 反转按钮	X3	KM4	M2 接触器	Y3
SB4	M2 停止按钮	X4	KM5	M3 接触器	Y4
SB5	M2 启动按钮	X5	KA	接入电流表继电器	Y5
SQ	M3 限位开关	X6			
KH1	M1 过载继电器	X7			
KH2	M2 过载继电器	X10			
KS1	正转速度继电器	X11			
KS2	反转速度继电器	X12			

（3）画出 PLC 的 I/O 接线图。I/O 接线图如图 5—35b 所示。

（4）根据控制要求，画出相应的梯形图，如图 5—36 所示。

（5）根据梯形图，写出对应的指令语句表，见表 5—37。

电工（高级）

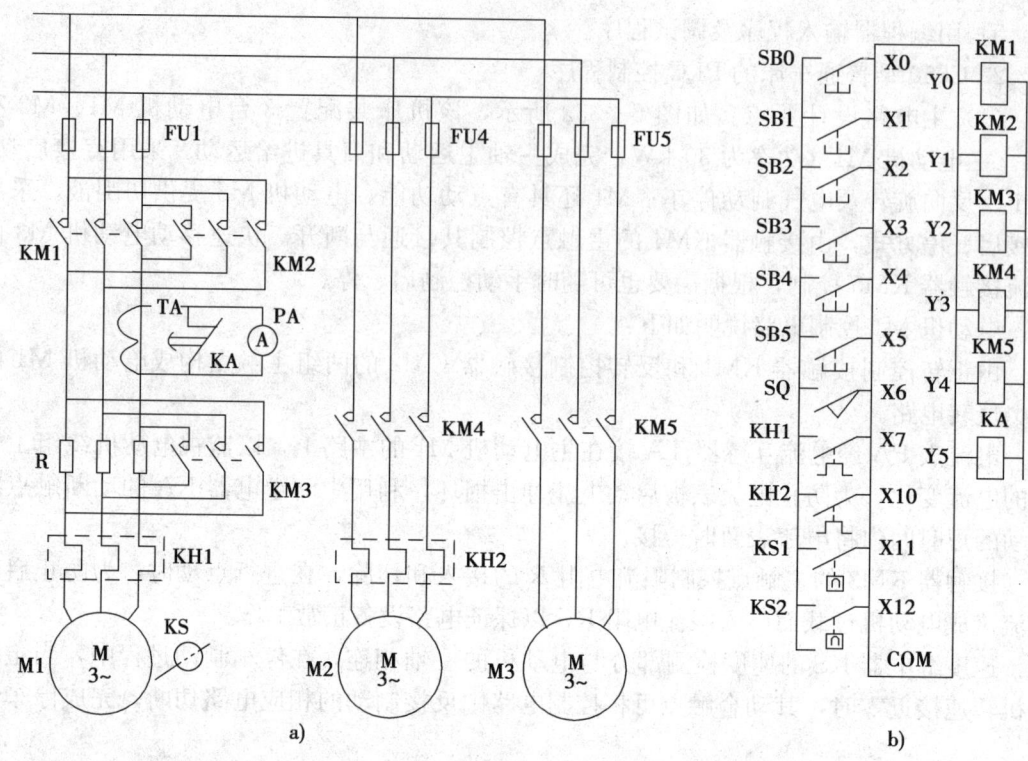

图 5—35 C650 型普通车床主电路及 I/O 接线图
a) 主电路   b) I/O 接线图

表 5—37　　　　　　　C650 型普通车床控制程序指令语句表

梯级	指令		功能	说明
①	LD	X0	M1 点动、正反转、反接制动、停车控制的辅助继电器 M103	按下停止按钮 SB0，X0 得电，动合触点 X0 闭合
	OR	X1		按下点动按钮 SB1，X1 得电，动合触点 X1 闭合
	LD	M103		辅助继电器 M103 得电，动合触点 M103 闭合，自锁
	ANI	M101		正转启动辅助继电器 M101 未得电，动断触点 M101 闭合
	ANI	M102		反转启动辅助继电器 M102 未得电，动断触点 M102 闭合
	ORB			电路块并联
	OUT	M103		输出，使 M1 停机控制辅助继电器 M103 得电
②	LDI	X0	执行 MC 指令，M1 启动或停车	停止按钮 SB0 未按下，X0 未得电，动断触点 X0 保持闭合
	ANI	X7		未过载，X7 未得电，动断触点 X7 保持闭合
	MC	M110		M110 得电，动合触点 M110 闭合，母线移至触点之后

— 182 —

续表

梯级	指令		功能	说明
③	LD	X1	M1 正转点动控制	按下点动按钮 SB1，X1 得电，动合触点 X1 闭合
	ANI	Y1		M1 反转接触器 Y1 未得电，动断触点 Y1 闭合，互锁
	ANI	Y2		短接电阻接触器 Y2 动断触点保持闭合，互锁
	OUT	M100		电动机 M1 正转点动辅助继电器 M100 得电
④	LD	X2	正转启动辅助继电器 M101 控制	按下正启按钮 SB2，X2 得电，动合触点 X2 闭合
	OR	M101		辅助继电器 M101 得电，动合触点 M101 闭合，自锁
	ANI	X3		反启 SB3 未按，X3 未得电，动断触点 X3 闭合，互锁
	ANI	M102		反转启动辅助继电器 M102 未得电，动断触点 M102 闭合，互锁
	OUT	M101		电动机 M1 正转启动辅助继电器 M101 得电
⑤	LD	M101	正转延时控制	正转辅助继电器 M101 得电，动合触点 M101 闭合
	OUT	T1		启动正转延时定时器
		K5		定时 0.5 s
⑥	LD	T1	M1 正转接触器 KM1 控制	T1 定时 0.5 s 后，动合触点 T1 闭合
	OR	M100		并联 M100 动合触点，点动控制
	OR	T4		并联 T4 动合触点，反接制动延时控制
	ANI	Y1		串联反转输出继电器 Y1 的动断触点，反转联锁
	OUT	Y0		输出继电器 Y0 得电，通过 KM1，使电动机正转
⑦	LD	X3	反转启动辅助继电器 M102 控制	按下反启按钮 SB3，X3 得电，动合触点 X3 闭合
	OR	M102		反转辅助继电器 M102 得电，动合触点 M102 闭合，自锁
	ANI	X2		正启 SB2 未按，X2 未得电，动断触点 X2 闭合，互锁
	ANI	M101		正转启动辅助继电器 M101 未得电，动断触点 M101 闭合，互锁
	OUT	M102		电动机 M1 反转启动辅助继电器 M102 得电
⑧	LD	M102	反转延时控制	反转辅助继电器 M102 得电，动合触点 M102 闭合
	OUT	T2		启动反转延时定时器
		K5		定时 0.5 s
⑨	LD	T2	M1 反转接触器 KM2 控制	T2 定时 0.5 s 后，动合触点 T2 闭合
	OR	T3		并联 T3 动合触点，正转反接制动延时控制
	ANI	Y0		串联正转输出继电器 Y0 的动断触点，正转联锁
	OUT	Y1		输出继电器 Y1 得电，通过 KM2，使电动机反转

续表

梯级	指令		功能	说明
⑩	LD	M101	短接电阻 R 延时接入	正转辅助继电器 M101 得电，动合触点 M101 闭合
	OR	M102		反转辅助继电器 M102 得电，动合触点 M102 闭合
	OUT	T5		启动定时器 T5
		K10		定时 1 s
	OUT	Y2		输出继电器 Y2 得电，通过 KM3，短接电阻 R
⑪	LD	T5	电流表控制	T5 定时 1 s 后，动合触点 T5 闭合
	OUT	Y5		输出继电器 Y5 得电，通过 KA，接入电流表
⑫	LD	M103	正转反接制动延时控制	停机辅助继电器 M103 得电，动合触点 M103 闭合
	AND	X11		正转时，正转速度继电器 X11 得电，动合触点 X11 闭合
	ANI	M101		正转启动辅助继电器 M101 未得电，动断触点 M101 闭合
	ANI	Y0		串联正转输出继电器 Y0 动断触点，Y0 失电，动断触点 Y0 闭合
	OUT	T3		启动定时器 T3
		K5		定时 0.5 s
⑬	LD	M103	反转反接制动延时控制	停机辅助继电器 M103 得电，动合触点 M103 闭合
	AND	X12		反转时，反转速度继电器 X12 得电，动合触点 X12 闭合
	ANI	M102		反转启动辅助继电器 M102 未得电，动断触点 M102 闭合
	OUT	T4		启动定时器 T4
		K5		定时 0.5 s
⑭	MCR	M110	主控结束	主控结束，返回主母线
⑮	LD	X5	电动机 M2 控制	按下启动按钮 SB5，X5 得电，动合触点 X5 闭合
	OR	Y3		输出继电器 Y3 得电，动合触点 Y3 闭合，自锁
	ANI	X4		M2 停止按钮 SB4
	ANI	X10		M2 热继电器 KH2
	OUT	Y3		输出继电器 Y3 得电，通过 KM4，电动机 M2 启动
⑯	LD	X6	电机 M3 控制	行程开关 SQ
	OUT	Y4		输出继电器 Y4 得电，通过 KM5，电动机 M3 启动，快进
⑰	END		程序结束	

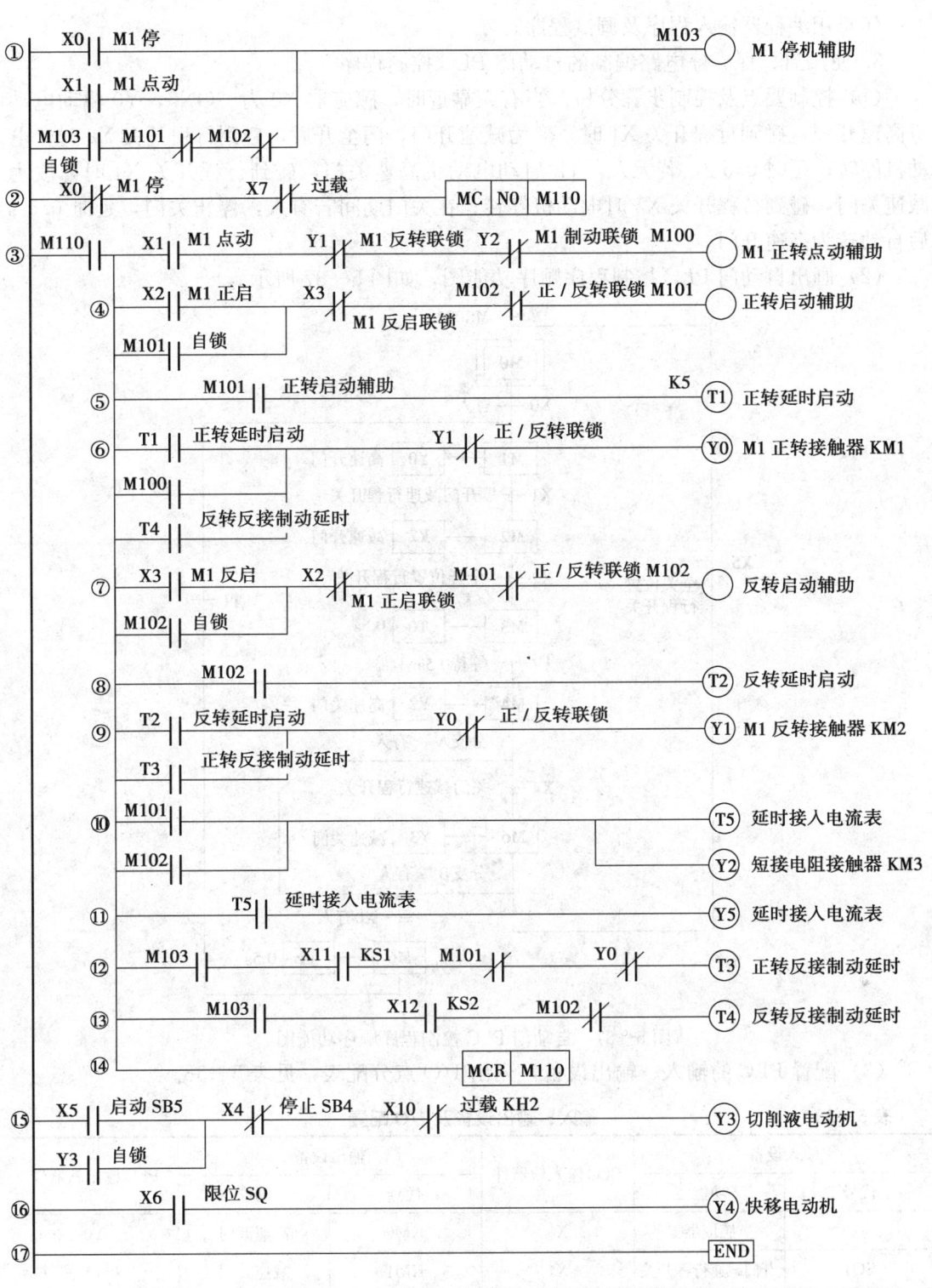

图 5—36　C650 型普通车床控制程序梯形图

(6) 用编程器输入程序及调试程序。

3. 使用启、保、停电路编制的自动门 PLC 控制程序

(1) 控制要点及控制步骤分析。当有人靠近时,感应器 X0 为 "ON",Y0 驱动电动机高速开门,碰到行程开关 X1 时,变为减速开门,门全开后,碰到行程开关 X2 时,电动机停转;延时 0.5 s,若无人,Y2 启动电动机高速关门,碰到行程开关 X4 时,改为减速关门,碰到行程开关 X5 时电动机停转;在关门期间若有人,停止关门,延时 0.5 s 后自动转为高速开门。

(2) 画出自动门 PLC 控制程序顺序功能图,如图 5—37 所示。

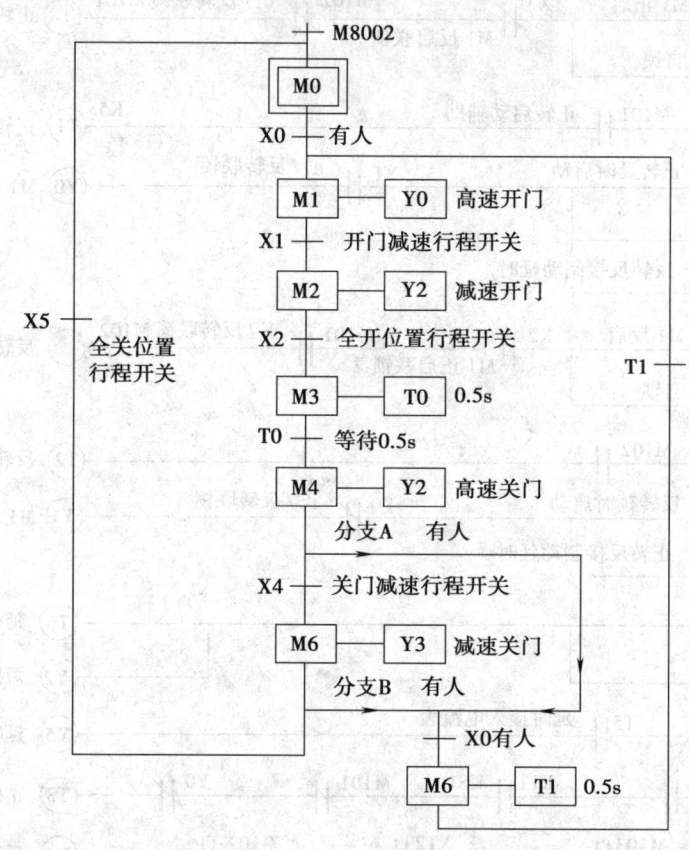

图 5—37 自动门 PLC 控制程序顺序功能图

(3) 配置 PLC 的输入、输出设备,列出 I/O 点分配表,见表 5—38。

表 5—38   输入、输出设备及 I/O 配置

输入设备		PLC 输入软器件	输出设备		PLC 输出软器件
代号	功能		代号	功能	
X0	感应器	X0	KM0	高速开门	Y0
SQ1	开门减速行程开关	X1	KM1	减速开门	Y1
SQ2	全开位置行程开关	X2	KM2	高速关门	Y2

续表

输入设备		PLC 输入软器件	输出设备		PLC 输出软器件
代号	功能		代号	功能	
SQ4	关门减速行程开关	X4	KM3	减速关门	Y3
SQ5	全关位置行程开关	X5			

(4) 根据控制要求，画出相应的梯形图，如图 5—38 所示。

(5) 用编程器输入程序及调试程序。

图 5—38 自动门 PLC 控制程序梯形图

第五节 PLC控制系统的安装、调试与维护

→ 了解PLC控制系统的安装环境
→ 能够进行PLC控制系统的安装与调试

一、安装环境

安装环境主要指PLC对外部条件的要求指标，如温度、湿度、电源、耐压、耐振性等。由于PLC是专为生产现场而设计的一种自动控制装置，本身对环境的要求很低，即能在条件比较恶劣的生产现场中长期稳定、可靠地运行。这方面的指标许多国家都制定了严格的标准。

1. 硬件指标

制造商在产品说明书中都会列出硬件指标的具体内容，三菱FX系列硬件指标见表5—39。

表5—39　　　　　　　PLC硬件指标及使用环境

项目		内容
硬件指标	环境温度	0～55℃
	环境湿度	35%～89%RH（不结露）
	抗振	JIS C0911标准，10～55 Hz，0.5 mm（最大2 g），3轴方向各2 h
	抗冲击	JIS C0912标准，10 g，3轴方向各3次
	抗噪声干扰	用噪声仿真器产生电压为1 000V_{P-P}噪声脉冲宽度为1 μs
	耐压	各端子与接地端之间交流1 500 V，1 min不击穿
	绝缘电阻	各端子与接地端之间5 MΩ以上
	接地	第三种接地，不能接地时，亦可悬空
使用环境		禁止易燃、易爆和腐蚀性气体
		禁止导电灰尘、严重尘埃及导电体颗粒
		严禁强电磁波
		严禁液体

2. 电源指标

FX系列PLC采用开关电源，开关电源输出DC5V、DC12V、DC24V共3种电压等级的直流电，DC5V供内部使用，DC12V用以驱动输出继电器，DC24V提供给用户以作扩展电源。具体指标见表5—40。

表 5—40　　　　　　　　　　电源部分技术参数

项目		FX2N—16M	FX2N—32M
电源电压		交流 100～240 V，50/60 Hz（120/240 V 电源系统）	
瞬间断电允许时间		对于 10 ms 以下的瞬间断电，控制动作不受影响	
电源熔丝		250 V，2 A，Φ5 mm×20 mm	
电力消耗（V·A）		30	40
传感器电源	无扩展部件	直流 24 V 250 mA 以下	
	有扩展部件	直流 24 V 100 mA 以下（扩展 16 点时）	

二、安装调试

1. PLC 安装

一般在 PLC 使用说明书中对安装时应注意的事项都有较详细的说明，使用时应按照说明书中的要求来安装，这里只简述一些通常应注意的事项：

(1) PLC 安装应牢固可靠。

(2) PLC 安装后应便于接线和调试。

(3) 满足 PLC 对环境的要求。

(4) 防止装配中残留的导线头或铁屑等导电体进入 PLC。

(5) 防止电击或雷击的接地保护应可靠。

2. PLC 接线

在对 PLC 进行外部接线前，必须仔细阅读 PLC 使用说明书，这关系到 PLC 能否正常而可靠地工作、是否会损坏 PLC 或其他电气装置、是否会影响 PLC 的寿命等。下面列出一些容易出现而必须予以注意的问题：

(1) 接线是否正确无误。

(2) 是否有良好的接地。

(3) 供电电压、频率是否与 PLC 所要求的一致。

(4) 输入或输出的公共端应当接电源的正极还是负极。

(5) 传感器的漏电流是否会引起 PLC 状态误判。

(6) 是否有过载、短路。

(7) 防止强电场或动力电缆对控制电缆的干扰。

3. PLC 程序调试

(1) 程序调试目的。PLC 程序调试（Debug）俗称找"虫子"，其含义就是测试程序、查找错误、改正错误，直到程序合乎要求，并能圆满地实现程序的功能为止。

(2) 程序调试的内容。PLC 程序调试的内容有：语法检查，语义检查，输入、输出检查，逻辑效果测试及各个功能测试等。

1) 语法检查。在脱机状态不用与 PLC 联机便可进行。在用编程软件送入指令时，一般就会进行语法检查。一旦语法出错，将有提示。语法错误多是由对指令理解不正确，或指令的操作数使用不当造成的。在进行程序编译时，编程软件还会进行全面的语法检查。

2) 语义检查。这项检查比较难，语义错误的特点是语法正确，但不能产生所期望的结果。语义检查可按指令类型分组进行，以确保所使用的指令及其操作数能达到预期的目的。

3) 输入、输出检查。这是更大范围的调试。主要是观测输入与输出之间的对应关系是否与预期的相同。

4) 逻辑效果测试及各个功能测试。这是全面的测试，通过这些测试，务必要查清程序能否达到用户的使用要求。

(3) 程序调试的方式。PLC程序调试的方式有：脱机调试，仿真调试，联机调试及现场调试。

1) 脱机调试。脱机调试是指编程器不与PLC主机联机，使PLC编程器处于编程状态，键入一条条指令操作码及操作数，并进行语法检查，直到纠正所有的语法错误为止。脱机调试也指在计算机上运行PLC厂家提供的编程软件，不与实际的PLC主机联机而进行的调试。

2) 仿真调试。在计算机上，用模拟软件进行，不仅可检测语法错误，还可检测语义错误。

3) 联机调试。不一定在工业现场，但必须与PLC主机联机。它也是"真刀真枪"的调试，可发现及纠正的程序错误更多些。

4) 现场调试。这是指到工业现场进行的程序最后调试，而且，只有这一步调试通过，编程的工作才能算是成功。

(4) PLC程序现场调试步骤。现场调试参与的人员较多，要组织好，并提前准备好调试大纲。要依据大纲，按部就班地一步步推进。开始调试时，设备可先不运转，甚至也不要通电。可随着调试的进展，逐步通电、开机、加载，直到按额定条件运转。其具体过程步骤如下：

1) 检查接线、核对地址。要逐点进行，确保正确无误。可不带电核对，那就是查线，比较麻烦；也可带电查对，加上信号后或产生输出后，看PLC上的指示灯的变化。

2) 检查模拟量输入、输出。看输入模块、输出模块设定是否正确，工作是否正常。必要时，还可用标准仪器检查输入、输出的精度。

3) 检查与测试指示灯。控制面板上如有指示灯，应先对指示灯的显示进行检查。一方面，查看指示灯状态；另一方面，查逻辑关系是否正确。

4) 检查手动动作及手动控制逻辑关系。完成了以上调试，继而可进行手动动作及手动控制逻辑关系的调试。先查看有关各个手动控制的输入点是否与相应的输出对应动作一致，然后再看各个手动控制相应逻辑关系是否能够实现。

5) 半自动工作。如系统可自动工作，先调半自动工作能否实现。调试时可一步步推进，直到完成整个控制周期。哪个步骤或环节出现问题，就着手解决哪个步骤或环节的问题。

6) 自动工作。在完成半自动调试后，可进一步开展自动工作调试。要多观察几个工作循环，以确保系统能正确无误地连续工作。

7) 模拟量调试、参数确定。PLC 控制系统调试首先要调通上述逻辑控制项目，然后着手进行模拟量调试、脉冲量控制，最后确定合适的控制参数。这个过程比较长，参数应作多种选择，最后选出最优的。

8) 异常条件检查。完成上述所有调试，整个调试基本也就完成了。但最好再进行一些异常条件检查，看看出现异常情况或一些难以避免的非法操作时是否会出现问题。如果出现问题，也应予以解决。

注意：在现场调试中，程序的变动包括功能的增减、变化是难免的。程序是否好用，最终也只能通过现场调试才能确定。所以，要重视现场调试，并力争通过现场调试，使程序进一步完善。

三、日常维护

1. PLC 日常维护的内容

日常维护的主要内容有：被控制设备维护、输入/输出点维护、连接线维护、PLC 仪器设备维护、电源维护、工作环境维护、运行程序维护、PLC 程序文件及相关资料备份等，本章不赘述。

2. PLC 的故障自诊断

PLC 本身具有一定的自诊断功能，从 PLC 面板上指示灯的状态可以大体判断 PLC 系统的运行情况。

(1) POWER。电源指示灯，当 PLC 的电源接通，该指示灯亮。

(2) RUN。运行指示灯，当 PLC 处于运行状态，RUN 指示灯亮。

(3) BATT. V。机内锂电池电压指示灯，如果该指示灯亮说明锂电池电压不足，应该更换。

(4) PROG. E。程序出错指示灯，该指示灯闪烁，说明出现程序类型的错误。

(5) 输入或输出指示灯。PLC 有正常输入时，对应输入点的指示灯亮；若 PLC 有输出且输出继电器动作，则对应输出点的指示灯亮。

PLC 不会因外部故障而自动停机，只有当故障扩大造成无法运行时才会停机。因此，在 PLC 控制程序设计时，应编制一些诊断程序，以便对异常的逻辑关系进行报警并及时停机。

单元测试题

一、单项选择题（下列每题的选项中，只有 1 个是正确的，将其代号填写在横线空白处）

1. FX$_{2N}$ 系列 PLC 基本逻辑指令的作用是_____。
  A. 用于逻辑关系处理   B. 用于定时、计数
  C. 用于数据运算、传送   D. 用于控制程序流程

2. FX$_{2N}$ 系列 PLC 取（装载）指令的符号是_____。
  A. LDI   B. AND

C. LD
D. ANI

3. PLC置位指令SET的功能是_____。
   A. 驱动线圈，使操作对象置"1"，并保持断开状态
   B. 驱动线圈，使操作对象置"1"，并维持自锁接通状态
   C. 驱动线圈，使操作对象置"0"，即断开复位
   D. 驱动线圈，使操作对象置"0"，即自锁接通状态

4. 电动机控制中互锁程序的含义是_____。
   A. 若要实现互锁，只要将Y1、Y2的动合触点分别串联到对方的控制电路中即可
   B. 甲、乙的工作状态必须相反，比如正转和反转
   C. 如果甲"工作"或"停止"，则乙必须同时"工作"或"停止"
   D. 如果甲"工作"，则乙不能同时"工作"

5. 以下关于PLC初始状态继电器的叙述，正确的是_____。
   A. S500~S899，共400点
   B. S0~S9，共10点
   C. S10~S19，共10点
   D. S20~S499，共480点

二、判断题（下列判断正确的在括号内打"√"，错误的打"×"）

1. 大多数PLC采用工作稳定、抗干扰能力强的高质量开关稳压电源。（   ）
2. PLC还向外围设备提供直流24 V、36 V、48 V等稳压电源，用于传感器等供电，从而简化外围装置。（   ）
3. PLC对输入、输出模块有两个主要的要求，一是要有良好的通用能力；二是能满足工业控制现场各类信号的匹配要求。（   ）
4. 简易编程器体积小，携带方便，必要时也可用于简单的图形编程，但需联机操作，适合小型PLC或现场调试。（   ）
5. 按存储地址001号递增的顺序逐条执行用户程序，直到END指令结束一个循环，然后再从头开始，周而复始地重复，PLC的这种执行程序的方式称为循环扫描工作方式。（   ）

三、简答题

1. PLC编程语言的主要种类有哪些？
2. FX$_{2N}$系列PLC数据处理指令的主要种类有哪些？
3. 简述PLC语句表编程的规则与技巧。
4. 简述PLC识读指令语句表应注意的几个方面。
5. 简述PLC程序现场调试步骤。

四、技能操作题

【第1题】 设计M2电动机延时M1电动机3 s启动、M1电动机延时M2电动机5 s断开程序的梯形图与语句表

1. 操作准备

工具、材料准备如下表：

序号	名称	型号与规格	单位	数量
1	PLC主机	FX2N—32M	台	1
2	编程器	FX—20P	台	1
3	模拟接线板	自制	套	1
4	模拟电动机		台	2
5	常用电工工具	—	套	1
6	万用表	—	只	1
7	导线	—	m	若干

2．操作要求

（1）完成两台电动机顺序延时启动、逆序延时停止的程序设计。

（2）依据设计绘制梯形图，编写指令语句表。

（3）完成现场I/O接线，程序输入，现场程序调试。

3．操作时限

操作时限为45 min。

4．配分及评分标准

序号	考核项目	考核内容	配分	评分标准
1	工作前准备	选择工器具、材料	3	漏、错一项扣1分
		穿戴正确，符合安全要求	3	不按规定一项扣1分
		注意事项口述	4	每错、漏一项扣1分
2	工作过程	分析电气工作原理	5	每错一项扣2分
		绘制继电器控制图	5	每错一项扣2分
		配置I/O	5	每错一项扣2分
		绘制梯形图	10	每错一项扣3分
		编写指令语句表	10	每错一项扣3分
		用编程器输入程序	7	每错一项扣2分
		现场模拟外设接线	8	每错一项扣2分
		现场调试程序	10	每错一项扣2分
3	工作验收	完成程序现场调试	6	未完成扣3分，不正确不得分
		完成顺序启动	8	未完成扣4分，不正确不得分
		完成逆序停止	8	未完成扣4分，不正确不得分
4	安全文明	按现场安全文明规定	8	每违规一项扣3分
		合计	100	

【第2题】 设计三相感应电动机串联电阻降压启动和反接制动控制程序的梯形图与语句表

电工（高级）

1. 操作准备

工具、材料准备如下表：

序号	名称	型号与规格	单位	数量
1	PLC主机	FX2N—32M	台	1
2	编程器	FX—20P	台	1
3	模拟接线板	自制	套	1
4	模拟电动机		台	2
5	常用电工工具	—	套	1
6	万用表		只	1
7	导线	—	m	若干

2. 操作要求

（1）完成电动机串联电阻降压启动和反接制动控制的程序设计。
（2）依据设计绘制梯形图、编写指令语句表。
（3）完成现场 I/O 接线，程序输入，现场程序调试。

3. 操作时限

操作时限为 60 min。

4. 配分及评分标准

序号	考核项目	考核内容	配分	评分标准
1	工作前准备	选择工器具、材料	3	漏、错一项扣1分
		穿戴正确，符合安全要求	3	不按规定一项扣1分
		注意事项口述	4	每错、漏一项扣1分
2	工作过程	分析电气工作原理	5	每错一项扣2分
		绘制继电器控制图	5	每错一项扣2分
		配置 I/O	5	每错一项扣2分
		绘制梯形图	10	每错一项扣3分
		编写指令语句表	10	每错一项扣3分
		用编程器输入程序	7	每错一项扣2分
		现场模拟外设接线	8	每错一项扣2分
		现场调试程序	10	每错一项扣2分
3	工作验收	完成程序现场调试	6	未完成扣3分，不正确不得分
		完成减压启动	8	未完成扣4分，不正确不得分
		完成反接制动	8	未完成扣4分，不正确不得分
4	安全文明	按现场安全文明规定	8	每违规一项扣3分
		合计	100	

单元测试题答案

一、单项选择题

1. A 2. C 3. B 4. D 5. B

二、判断题

1. √ 2. × 3. × 4. × 5. ×

三、简答题

略。

四、技能题

第1题 参考梯形图与语句表分别见图5—39和表5—41。

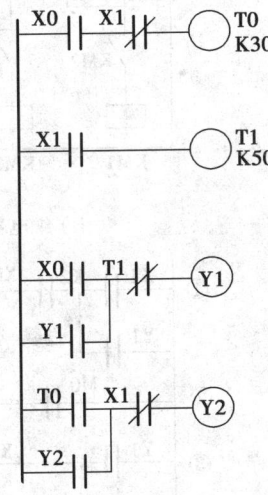

图 5—39 梯形图

表 5—41 指令语句表

指令		功能
LD	X0	延时接通定时
ANI	X1	$K30 = 30 \times 0.1 = 3$ s
OUT	T0	
	K30	
LD	X1	延时断开定时
OUT	T1	$K50 = 50 \times 0.1 = 5$ s
	K50	
LD	X0	
OR	Y1	瞬动延断
ANI	T1	
OUT	Y1	
LD	T0	
OR	Y2	延动瞬断
ANI	X1	
OUT	Y2	

第2题 参考梯形图与语句表

（1）输入、输出设备及I/O配置分别见图5—40和表5—42。

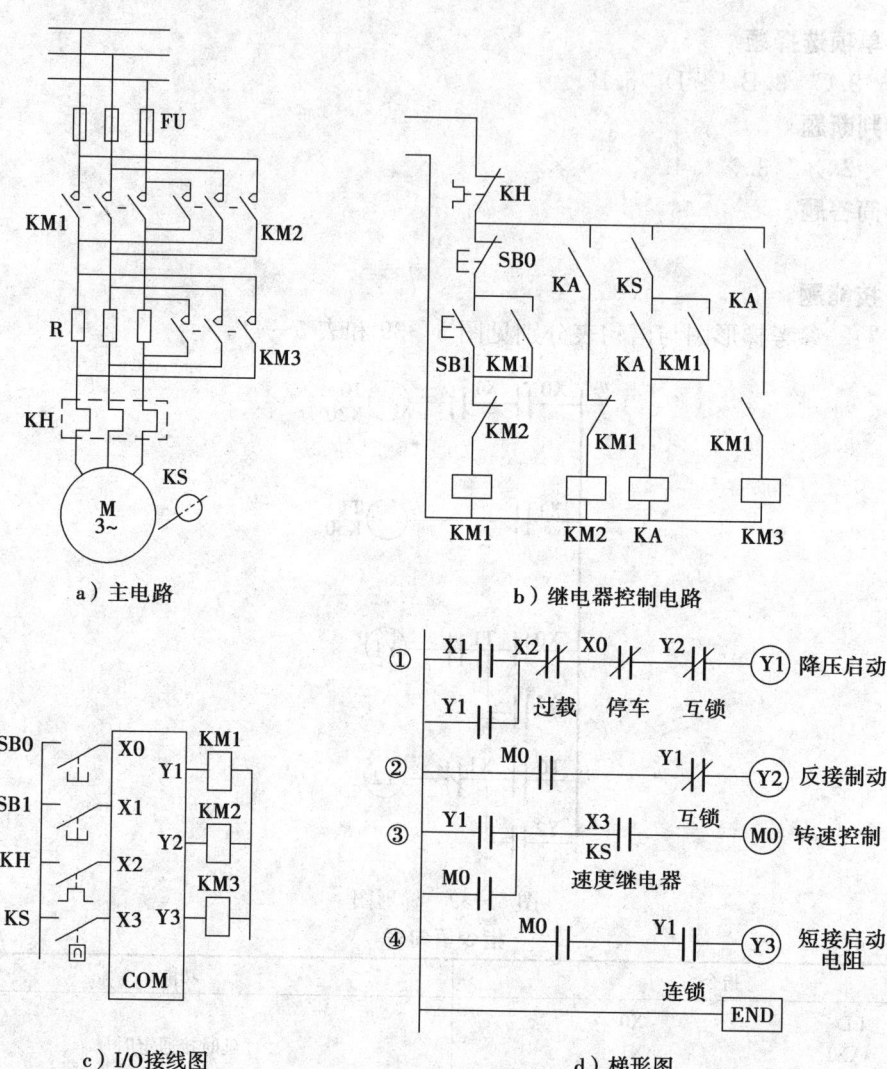

图5—40 三相感应电动机串联电阻降压启动和反接制动控制程序

表5—42　　　　　　　　　　输入、输出设备及I/O配置

输入设备		PLC输入软器件	输出设备		PLC输出软器件
代号	功能		代号	功能	
SB0	停止按钮	X0	KM1	运行接触器	Y1
SB1	启动按钮	X1	KM2	反接制动接触器	Y2
KH	过载继电器	X2	KM3	短接电阻接触器	Y3
KS	速度继电器	X3			

(2) 三相感应电动机串联电阻降压启动和反接制动控制指令语句表见表 5—43。

表 5—43 三相感应电动机串联电阻降压启动和反接制动控制指令语句表

梯级	指令		功能	控制项	梯级	指令		功能	控制项
①	LD	X1	按钮启动	降压启动	③	LD	Y1	电动机启动联锁	转速辅助
	OR	Y1	自锁			OR	M0	自锁	
	ANI	X2	过载保护			AND	X3	速度继电器	
	ANI	X0	停止按钮			OUT	M0	转速控制继电器	
	ANI	Y2	Y1与Y2互锁		④	LD	M0	转速继电器控制	运行
	OUT	Y1	电动机降压启动			AND	Y1	电动机启动联锁	
②	LD	M0	转速继电器控制	反接制动		OUT	Y3	短接启动电阻	
	ANI	Y1	Y1与Y2互锁			END		程序结束	结束
	OUT	Y2	反接制动						

理论知识考核试卷（一）

一、单项选择题（下列每题的选项中，只有1个是正确的，请将其代号填写在横线空白处。每题1分，共20分）

1. 变压器温度升高，绝缘电阻值将_____。
   A. 升高　　　　　B. 降低　　　　　C. 不变　　　　　D. 成比例增大
2. 在单相变压器的两个绕组中，与电源连接的一侧叫做_____。
   A. 一次绕组　　　B. 二次绕组　　　C. 高压绕组　　　D. 低压绕组
3. 互感器的二次绕组必须一端接地，其目的是_____。
   A. 防雷　　　　　　　　　　　　　B. 保护人身和设备安全
   C. 连接牢固　　　　　　　　　　　D. 防盗
4. 电动机铭牌上的接法标注为 380 V/220 V，Y/△，表明当电源线电压为 380 V 时，电动机就接成_____。
   A. Y　　　　　　　B. △　　　　　　C. Y/△　　　　　D. △/Y
5. 纯电感电路的电压与电流频率相同，电流的相位滞后于外加电压 U 为_____。
   A. 60°　　　　　　B. 30°　　　　　　C. 90°　　　　　　D. 180°
6. DT862 型电能表，其含义为_____有功电能表，设计序号为 862。
   A. 三相四线　　　B. 三相三线　　　C. 三相五线　　　D. 两相三线
7. 跌落式熔断器的额定电流必须_____熔丝元件的额定电流。
   A. 大于或等于　　B. 小于或等于　　C. 小于　　　　　D. 大于
8. 电能计量柜是专用的，_____不得装在里面。
   A. 电能表　　　　B. 互感器　　　　C. 高压断路器　　D. 联合接线盒
9. 对计量屏、安装于墙壁的计量箱，应分别使电能表水平中心线距地面_____。
   A. 0.8~2.0 m，1.6~2.0 m　　　　　B. 0.6~1.8 m，1.8~2.0 m
   C. 0.5~1.5 m，1.6~2.0 m　　　　　D. 0.6~1.8 m，1.6~2.0 m
10. 电压互感器的二次回路应专设，_____kV 以下计量点不要装设熔断器、切换开关等。
    A. 10　　　　　　B. 35　　　　　　C. 6.3　　　　　　D. 3.5
11. 电压互感器_____，和这一相有关的线电压就为零。
    A. Vv 或 YNyn 接线二次断路　　　B. Vv 或 YNyn 接线一次断路
    C. Vv 接线二次极性反　　　　　　D. YNyn 接线一次极性接反
12. 三相异步电动机的_____保护一般用于定子绕组的相间短路保护。
    A. 过时负荷　　　B. 短路　　　　　C. 缺相　　　　　D. 失压

13. 容量在_____ kW 及以上的电动机需装设过载（过负荷）保护。
    A. 10　　　　B. 20　　　　C. 30　　　　D. 40
14. 下列原因中不是引起电动机转速低于额定转速的是_____。
    A. 电源电压过低　　　　　　　B. 转子笼条或端环断裂
    C. 电动机转子回路电阻过小　　D. 三角形连接的绕组错接为星形连接
15. 启动多台三相异步电动机时，可以_____。
    A. 一起启动　　　　　　　　　B. 由小容量到大容量逐台启动
    C. 由大容量到小容量逐台启动　D. 无顺序地依次将各台电动机启动
16. 机床故障检测时采用最多的测量方法是_____。
    A. 逻辑分析法　　　　　　　　B. 跨线接法
    C. 万用表电压测量法　　　　　D. 校验灯测量法
17. X62W 型铣床控制电路的电源由_____提供。
    A. 三相总电源 380 V 电压　　　B. 变压器 TC1 输出 110 V 电压
    C. 24 V 电压　　　　　　　　　D. 220 V 电压
18. FX_{2N} 系列 PLC 基本逻辑指令的作用是_____。
    A. 用于逻辑关系处理　　　　　B. 用于定时、计数
    C. 用于数据运算、传送　　　　D. 用于控制程序流程
19. PLC 置位指令 SET 的功能是_____。
    A. 驱动线圈，使操作对象置"1"，并保持断开状态
    B. 驱动线圈，使操作对象置"1"，并维持自锁接通状态
    C. 驱动线圈，使操作对象置"0"，即断开复位
    D. 驱动线圈，使操作对象置"0"，即自锁接通状态
20. 以下关于 PLC 初始状态继电器的叙述，正确的是_____。
    A. S500～S899，共 400 点　　　B. S0～S9，共 10 点
    C. S10～S19，共 10 点　　　　 D. S20～S499，共 480 点

二、判断题（下列判断正确的请在括号内打"√"，错误的打"×"。每题 1 分，共 20 分）

1. 在电容器串联电路中，电容量较小的电容器所承受的电压较高。（　）
2. 在对称三相电路中，负载作星形连接时，线电压是相电压的 3 倍，线电压的相位超前相应的相电压 30°。（　）
3. 在选择电动机时，应根据负载机械特性选择电动机的容量。（　）
4. 电源的电压降低时，若负载不变将造成电动机的转速降低。（　）
5. 为了防止配电变压器绝缘老化，上层油温一般不要经常超过 85 ℃。（　）
6. 测量电容器绝缘电阻后，先停止摇动，然后取下测量引线。（　）
7. 电能表驱动元件的主要作用是产生转动力矩。（　）
8. 在规定的使用条件下，电压互感器的误差应在规定的限度之内，这个规定的限度称为电压互感器的准确度。（　）
9. 在电压互感器的 Vv 接线中，两个单相电压互感器之间存在磁的联系。（　）

10. 当用户配电所采用双电源供电时，只在主电源回路设置计量装置。（   ）
11. 110 kV 以上电压等级的电力用户，宜装设分体式电能计量柜。（   ）
12. 小容量的电动机一般用熔断器作过载保护装置。（   ）
13. 三相异步电动机的电源电压降低，若负载不变将造成电动机的转速降低。（   ）
14. 交流电机常用的绕组形式可分为单层绕组和双层绕组两大类。（   ）
15. 当机床发生电气故障后，可直接更换故障元器件，缩短故障时间。（   ）
16. 铣床主轴旋转与工作台进给应为有先后顺序控制的联锁关系，即进给运动要在铣刀旋转之后才能进行，进给运动提前停止后，铣刀才能停止旋转，否则易造成铣刀与工件相碰事故。（   ）
17. 数控机床常见的电气故障主要有数控软系统故障、数控硬系统故障、伺服系统故障、检测装置故障等。（   ）
18. 大多数 PLC 采用工作稳定、抗干扰能力强的高质量开关稳压电源。（   ）
19. PLC 对输入/输出模块有两个主要的要求，一是要有良好的通用能力，二是能满足工业控制现场各类信号的匹配要求。（   ）
20. 按存储地址 001 号递增的顺序逐条执行用户程序，直到 END 指令结束一个循环，然后再从头开始，周而复始地重复，PLC 的这种执行程序的方式称为循环扫描工作方式。（   ）

三、计算题（第1题7分，第2题8分，共15分）

1. 有一台三相异步电动机，铭牌上标明频率 f 为 50 Hz，极数为 2，转差率 s 为 0.03。试问该电动机在额定运行时转速是多少？

2. 有一只三相三线电能表，在 U 相电压回路断线的情况下运行了 4 个月，功率因数约为 0.8，求更正系数 G_x。

四、画图题（第1题7分，第2题8分，共15分）

1. 画出三相三线电能表经电流互感器的接线图。
2. 画出单相桥式整流滤波电路图。

五、简答题（共30分）

1. 单相异步电动机分为哪几种类型？(5分)
2. 三相异步电动机在什么情况下需装设过载（过负荷）保护？(5分)
3. 机床电气装置检修质量标准是什么？(10分)
4. 简述 PLC 程序现场调试步骤。(10分)

理论知识考核试卷（二）

一、单项选择题（下列每题的选项中，只有1个是正确的，请将其代号填写在横线空白处。每题1分，共20分）

1. 电压互感器的一次绕组应与被测电路_____。
   A. 串联 B. 并联 C. 混联 D. 串并联

2. 安装互感器的作用是_____。
   A. 准确计量电量 B. 加强线损管理
   C. 扩大电能表量程 D. 计算负荷

3. 变压器一次绕组的1匝导线与二次绕组的1匝导线所感应的电势_____。
   A. 相等 B. 不相等 C. 大 D. 小

4. 容量在_____kW及以上的电动机需装设失压（零压）和欠压（低电压）保护。
   A. 10 B. 20 C. 30 D. 40

5. 电动机铭牌上的接法标注为380 V/220 V，Y/△，说明当电源线电压为220 V时，电动机就接成_____。
   A. Y B. △ C. Y/△ D. △/Y

6. 纯电容电路的电压与电流频率相同，电流的相位超前于外加电压 U 为_____。
   A. 60° B. 30° C. 90° D. 180°

7. DS862型电能表，其含义为_____有功电能表，设计序号为862。
   A. 三相四线 B. 三相三线 C. 三相五线 D. 两相三线

8. 高供低计的用户，计量点到变压器低压侧的电气距离不宜超过_____。
   A. 15 m B. 25 m C. 20 m D. 30 m

9. 装在计量屏（箱）内及电能表板上的开关、熔断器等设备应垂直安装，上端、下端分别接_____。
   A. 电源、负荷 B. 负荷、电源
   C. 负荷、负荷 D. 电源、电源

10. 电压互感器二次回路导线截面不应小于_____ mm^2，并应采用_____导线。
    A. 2.5；聚氯乙烯 B. 4.0；橡胶
    C. 2.5；铜芯绝缘 D. 2.0；软

11. Vv接线一次断路，若一次V相断线，那么 U_{uv}、U_{vw} 就只有断路前正常值的_____。

A. $1/\sqrt{3}$ B. $1/\sqrt{2}$ C. $1/3$ D. $1/2$

12. 单台交流电动机线路上熔体的额定电流，应等于电动机额定电流的_____倍。

  A. 1.5～2.5 B. 3 C. 4 D. 5

13. 下列故障现象中_____，不是由于三相异步电动机在运行中断相造成的。

  A. 绕组过热，温升上升很快 B. 三相电流严重不平衡

  C. 电动机转速下降 D. 电动机维持转速上升

14. 交流电动机三相电流不平衡的原因是_____。

  A. 三相负载过重 B. 定子绕组发生相间短路

  C. 定子绕组发生匝间短路 D. 传动机械被卡住

15. 清洗拆卸下的电动机轴承时，应使用_____。

  A. 甲苯 B. 绝缘漆 C. 清水 D. 煤油

16. CY6140 型车床型号含义中的 C 指_____。

  A. 车床 B. 卧式

  C. 第一主参数 D. 普通

17. X62W 型铣床控制电路的电源由_____提供。

  A. 三相总电源 380 V 电压 B. 变压器 TC1 输出 110 V 电压

  C. 24 V 电压 D. 220 V 电压

18. FX_{2N} 系列 PLC 取（装载）指令的符号是_____。

  A. LDI B. AND C. LD D. ANI

19. 电动机控制中互锁程序的含义是_____。

  A. 若要实现互锁，只要将 Y1、Y2 的动合触点分别串联到对方的控制电路中即可

  B. 甲、乙的工作状态必须相反，比如正转和反转

  C. 如果甲"工作"或"停止"，则乙必须同时"工作"或"停止"

  D. 如果甲"工作"，则乙不能同时"工作"

20. 以下关于 PLC 初始状态继电器的叙述，正确的是_____。

  A. S500～S899，共 400 点 B. S0～S9，共 10 点

  C. S10～S19，共 10 点 D. S20～S499，共 480 点

二、**判断题**（下列判断正确的请在括号内打"√"，错误的打"×"。每题 1 分，共 20 分）

1. 对称三相星形连接电路，线电压最大值是相电压有效值的 3 倍。（　　）

2. 在对称三相电路中，负载作三角形连接时，线电流是相电流的 3 倍，线电流的相位滞后相应的相电流 30°。（　　）

3. 额定功率相同的三相异步电动机，转速低的转矩大，转速高的转矩小。（　　）

4. 变压器油箱密封处渗漏，可能是由于螺钉松紧不均匀或螺钉太松。（　　）

5. 电压互感器二次侧不允许开路。（　　）

6. 电气连接点接触不良时，会产生电火花。（　　）
7. 配电箱盘后配线要横平竖直，排列整齐，绑扎成束，用卡钉固定牢固。（　　）
8. 电压互感器额定容量应满足 $0.3S_n < S < S_n$。（　　）
9. 为防止电压互感器一、二次绕组之间绝缘击穿，高电压窜入低压侧造成人身伤亡或设备损坏，电压互感器二次侧必须设保护性接地点。（　　）
10. 高层建筑及住宅小区中的商业等其他用电，应按不同用电类别分装电能计量装置。（　　）
11. 35 kV 电压等级的电力用户，应安装符合 GB/T 16934 规定的整体式电能计量柜（或高压计量箱）。（　　）
12. 三相异步电动机短路保护，一般用于定子绕组的相间短路保护。（　　）
13. 对于一台电动机，其熔体的额定电流可等于2倍电动机额定电流。（　　）
14. 因为电动机启动电流很大，所以要限制连续启动间隔时间和次数。（　　）
15. 车床的主轴电动机 M1 由热继电器 KH1 作过载保护，熔断器 FU 作短路保护、无失压和欠压保护。（　　）
16. Z3040 型钻床具有"开门断电"功能，开机前应合上 QF3 并将摇臂配电箱门盖好，方能合上总电源开关 QF1、QF2。（　　）
17. 数控机床常见的电气故障主要有数控软系统故障、数控硬系统故障、伺服系统故障、检测装置故障等。（　　）
18. PLC 可向外围设备提供直流 24 V、36 V、48 V 等稳压电源，用于传感器等供电，从而简化外置。（　　）
19. 简易编程器体积小，携带方便，必要时也可用于简单的图形编程，但需联机操作，适合小型 PLC 或现场调试。（　　）
20. 按存储地址 001 号递增的顺序逐条执行用户程序，直到 END 指令结束一个循环，然后再从头开始，周而复始地重复，PLC 的这种执行程序的方式称为循环扫描工作方式。（　　）

三、计算题（第1题7分，第2题8分，共15分）

1. 有一低压动力用户，装有一台三相异步电动机，功率 P_N 为 48 kW，功率因数为 0.85，效率以 100% 计，供电电压为 380 V，电能计量装置采用经电流互感器接入式，变比为 $K_I = 100/5$，请通过计算在标定电流分别为 1 A、5 A 的两块电能表中选择一块。

2. 某用户装有一块三相四线电能表，并装有3台 200/5 电流互感器，其中一台电流互感器因过载烧坏，用户在供电局因故未到场时自行更换为 300/5 的电流互感器，供电局半年后才发现。假设三相负荷平衡，求更正系数 G_x。

四、画图题（第1题7分，第2题8分，共15分）

1. 画出三相三线电能表直接接入式接线图。
2. 画出三相异步电动机 Y—△降压启动接线图。

五、简答题（共 30 分）

1. 简述单相异步电动机的基本结构。(5 分)
2. 简述三相异步电动机绕组断路故障的检查方法。(10 分)
3. 简述数控机床安全操作注意事项。(10 分)
4. PLC 编程语言有哪些主要种类？(5 分)

理论知识考核试卷（一）答案

一、单项选择题
1. B 2. A 3. B 4. A 5. C 6. A 7. A 8. C 9. D 10. B 11. A 12. B 13. C 14. C 15. C 16. C 17. B 18. A 19. B 20. B

二、判断题
1. √ 2. √ 3. √ 4. √ 5. √ 6. × 7. √ 8. √ 9. × 10. × 11. × 12. × 13. √ 14. √ 15. × 16. √ 17. √ 18. √ 19. × 20. ×

三、计算题

1. 解：极数为2，则极对数 p 为1。其转速为

$$n_1 = \frac{60f}{p} = \frac{60 \times 50}{1} = 3\,000 \text{ r/min}$$

$$n = (1-s)n_1 = (1-0.03) \times 3\,000 = 2\,910 \text{ r/min}$$

答：该电动机额定运行时转速是 2 910 r/min。

2. 解：U 相断线时，实际功率表达式为

$$P_{错误} = U_{WV}I_W\cos(30°-\varphi) = UI\left(\frac{\sqrt{3}}{2}\cos\varphi + \frac{1}{2}\sin\varphi\right) = \frac{1}{2}UI(\sqrt{3}+\tan\varphi)\cos\varphi$$

更正系数为

$$G_x = \frac{P_{正确}}{P_{错误}} = \frac{\sqrt{3}UI\cos\varphi}{\frac{1}{2}UI(\sqrt{3}+\tan\varphi)\cos\varphi} = 2\sqrt{3}/(\sqrt{3}+\tan\varphi)$$

当 $\cos\varphi = 0.8$ 时，$\varphi = 36°87'$，$\tan\varphi = 0.75$，则：

$$G_x = 2\sqrt{3}/(\sqrt{3}+0.75) = 1.40$$

答：更正系数为 1.40。

四、画图题

1. 三相三线电能表经电流互感器的接线图如下：

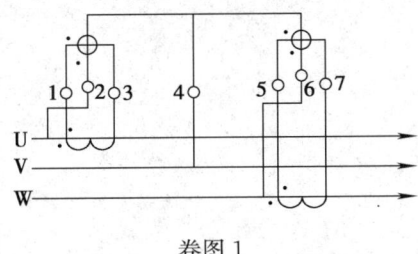

卷图 1

2. 单相桥式整流滤波电路图如下：

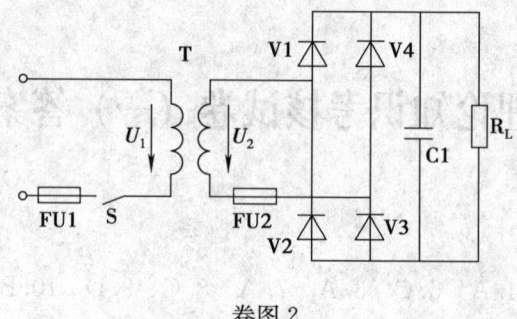

卷图 2

五、简答题
略。

理论知识考核试卷（二）答案

一、单项选择题

1. B 2. C 3. A 4. C 5. B 6. C 7. B 8. C 9. A 10. C 11. D 12. A 13. D 14. C 15. D 16. A 17. B 18. C 19. D 20. B

二、判断题

1. × 2. √ 3. √ 4. √ 5. × 6. √ 7. √ 8. × 9. √ 10. √ 11. × 12. √ 13. √ 14. √ 15. × 16. √ 17. √ 18. × 19. × 20. ×

三、计算题

1. 解：

$$I_1 = \frac{P_N}{\eta\sqrt{3}U\cos\varphi} = \frac{48\,000}{1\times\sqrt{3}\times 380\times 0.85} = 85.8 \text{ A}$$

$$K_1 = \frac{100}{5} = 20$$

$$I_2 = \frac{I_1}{K_1} = \frac{85.8}{20} = 4.29 \text{ A}$$

答：应选择标定电流为 5 A 的电能表。

2. 解：以电流互感器二次侧功率为参照。根据给定条件电流互感器烧坏以前的有功功率为

$$P_{正确} = 3U_{相}\,I_{相}\cos\varphi/40$$

电流互感器烧坏以后的有功功率为

$$P_{错误} = U_{相}\,I_{相}\cos\varphi/40 + U_{相}\,I_{相}\cos\varphi/40 + U_{相}\,I_{相}\cos\varphi/60 = U_{相}\,I_{相}\cos\varphi/15$$

更正系数为

$$G_x = \frac{P_{正确}}{P_{错误}} = (3/40) \div (1/15) = 1.125$$

答：更正系数为 1.125。

四、画图题

1. 三相三线电能表直接接入式接线图如下：

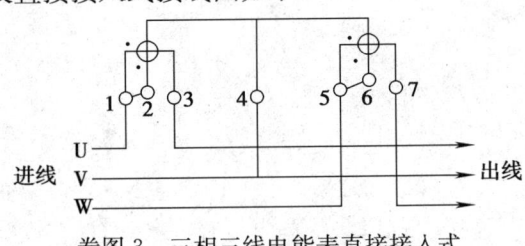

卷图 3　三相三线电能表直接接入式

2. 三相异步电动机 Y—△降压启动接线图如下：

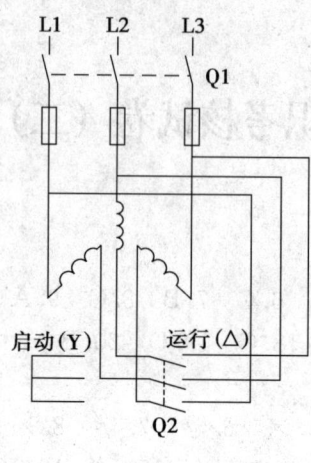

卷图 4

五、简答题
略。

操作技能考核试卷（一）

第一题 三相三线制电能计量装置的安装接线（30分）

1. 操作准备

序号	名称	型号与规格	单位	数量
1	万用表	500	只	1
2	十字旋具	—	把	1
3	一字旋具	—	把	1
4	活动扳手	—	把	1
5	尖嘴钳	—	把	1
6	钢丝钳	—	把	1
7	剥线钳	—	把	1
8	安全帽	—	个	1
9	工作服	—	套	1

2. 操作要求

（1）在电能计量安装模拟盘柜上操作。

（2）不带电作业。

3. 操作时限

操作时限为40 min。

4. 技术标准

（1）弯圈直径不大于螺栓直径0.5 mm。

（2）扎带间距不大于50～100 mm。

（3）转弯半径不大于30 mm。

5. 配分及评分标准

序号	考核项目	考核内容	配分	评分标准	扣分	得分
1	准备	材料准备齐全	5	（1）材料准备错、漏一项扣1分 （2）工作服、安全帽、绝缘鞋不符合要求，扣2分/处		

续表

序号	考核项目	考核内容	配分	评分标准	扣分	得分
2	安装计量装置	元件布置合理、整齐、牢固、匀称、安装符合规定	20	(1) 电能表、互感器安装不牢固，扣2分/处 (2) 电能表、互感器布置不合理，扣2分/处 (3) 电能表、互感器布置不整齐，扣2分/处		
3	布线、接线工艺	(1) 选料正确、下料适当	5	(1) U、V、W、N相色线选择错，扣2分/处 (2) 下料长度超5 cm，扣0.5分/处		
		(2) 线头弯圈、转向合理	20	(1) 弯圈直径比螺栓直径大0.5～1.0 mm，扣1分/处 (2) 剥绝缘伤金属线，扣1分/处 (3) 弯圈有开口、碰到绝缘、转向错误，扣1分/处		
		(3) 接线正确、走线合理	20	(1) 接线错误或漏接，扣2分/处 (2) 导线转弯不符合规范，扣0.5分/处 (3) 布线、走线不合理，扣2分/处		
		(4) 扎线工艺	15	(1) 漏扎扎带，扣1分/处 (2) 扎带间距（50～100 mm）及与转弯处距离不符合规定，扣1分/处		
		(5) 布线整体是否对称美观	5	不美观扣1～5分		
4	安全文明生产	正确选择、使用工器具，完工后工器具、材料、场地收拾干净	10	(1) 未正确选择、使用工器具，扣1分/处 (2) 元件损坏或破坏，扣2分/处 (3) 工器具、材料整理、场地未收拾干净，扣2分/处		
	合计		100			

注：实际得分为合计总分乘以30%。

第二题 单相异步电动机的测试与接线（30分）

1. 操作准备

序号	名称	型号与规格	单位	数量	备注
1	电工常用工具		套	1	
2	万用表		只	1	
3	单相异步电动机	电容式	台	1	
4	启动电容器		个	1	与电动机配套
5	绝缘电阻表		块	1	
6	切换开关		只	1	

2. 操作要求

（1）正确测量单相异步电动机绕组对外壳的绝缘电阻，绝缘电阻应大于 1 MΩ，并记录在"单相异步电动机的检测记录表"中。

（2）正确测量单相异步电动机 3 根引出线（设为 1、2、3）之间的直流电阻，并判断绕组的连接关系，并记录在"单相异步电动机的检测记录表"中。

（3）用万用表电阻挡检测启动电容器的好坏，记于"单相异步电动机的检测记录表"中。

（4）扳动电动机转轴，检查转子转动是否灵活，转动时有无杂音，有无转子与定子相擦的感觉。

（5）能正确按卷图 5 连接线路，观察电动机在启动和运转时是否有不正常的噪声和振动，电动机连续运行 10 min，并经常用手触摸电动机外壳，感觉其温度是否有不正常升高。

（6）切换开关位置，观察电动机换向情况。

（7）通电时，如果出现电动机不能启动、有异常噪声、发热等异常情况，应及时切断电源，查找原因，并作相应处理。

3. 操作时限

操作时限为 120 min。

4. 配分及评分标准

序号	考核项目	考核内容	配分	评分标准	扣分	得分
1	操作准备	着装及工具准备	10	（1）穿戴不整齐或未穿工作服，扣2分 （2）工具准备不齐全或未做检查，扣3分		
2	绝缘电阻的测量	测量单相异步电动机绕组对外壳的绝缘电阻	15	（1）数据测量不准确，扣5分/项 （2）测量表计使用不当，扣5分/次		
3	判断绕组的连接关系	测量单相异步电动机三根引出线之间的直流电阻	15	（1）数据测量不准确，扣5分/项 （2）测量表计使用不当，扣5分/次		
4	启动电容器的检测	测试并判断启动电容器的好坏	15	（1）测试不准确，扣15分 （2）判断错误，扣10分		
5	接线	根据接线图正确连线	10	线路出现短路或断路，扣5分/处		
6	通电试车	观察电动机在启动和运转时是否正常，并观察电动机换向情况	10	试车不成功，扣10分		
7	调试	能对出现的故障作相应处理	15	故障处理不成功，扣15分		
8	安全文明生产	按现场安全文明规定	10	工位不清理，工具、材料摆放不整齐，扣5~10分		
		合计	100			

注：实际得分为合计总分乘以 30%。

单相异步电动机的检测记录表

绝缘电阻（MΩ）			
引线直流电阻（Ω）	1—2之间	2—3之间	3—1之间
启动电容器（μF）	正向		判断电容器是否完好
	反向		

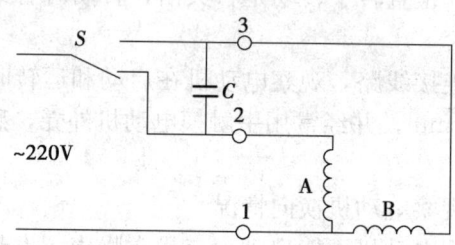

卷图5　电容运行式单相异步电动机的接线图

第三题　设计 M2 电动机延时 M1 电动机 3 s 启动、M1 电动机延时 M2 电动机 5 s 断开程序的梯形图与语句表（40分）

1. 操作准备

序号	名称	型号与规格	单位	数量
1	PLC 主机	FX_{2N}—32M	台	1
2	编程器	FX—20P	台	1
3	模拟接线板	自制	套	1
4	模拟电动机	—	台	2
5	常用电工工具	—	套	1
6	万用表	—	只	1
7	导线	—	m	若干

2. 操作要求

（1）完成两台电动机顺序延时启动、逆序延时停止程序的设计。

（2）依据设计绘制梯形图、编写指令语句表。

（3）完成现场 I/O 接线、程序输入、现场程序调试。

3. 操作时限

操作时限为 45 min。

4. 配分及评分标准

操作技能考核试卷(一)

序号	考核项目	考核内容	配分	评分标准	扣分	得分
1	工作前准备	选择工器具、材料	3	漏、错一项扣1分		
		穿戴正确，符合安全要求	3	不按规定扣1分		
		注意事项口述	4	每错、漏一项扣1分		
2	工作过程	分析电气工作原理	5	每错一项扣2分		
		绘制继电器控制图	5	每错一项扣2分		
		配置I/O	5	每错一项扣2分		
		绘制梯形图	10	每错一项扣3分		
		编写指令语句表	10	每错一项扣3分		
		用编程器输入程序	7	每错一项扣2分		
		现场模拟外围设备接线	8	每错一项扣2分		
		现场调试程序	10	每错一项扣2分		
3	工作验收	完成程序现场调试	6	未完成扣3分，不正确不得分		
		完成顺序启动	8	未完成扣4分，不正确不得分		
		完成逆序停止	8	未完成扣4分，不正确不得分		
4	安全文明	按现场安全文明规定	8	每违规一项扣3分		
		合计	100			

注：实际得分为合计总分乘以40％。

操作技能考核试卷（二）

第一题 三相三线制有功电能表的接线检查（30 分）

1. 操作准备

序号	名称	型号与规格	单位	数量
1	相序表	500 V	只	1
2	钳形相位伏安表	—	只	1
3	旋具	—	套	1
4	验电笔	低压	只	1
5	第二种工作票	—	张	若干
6	手套	—	副	1
7	安全帽	—	个	1
8	工作服	—	套	1

2. 操作要求

（1）在电能计量柜上带电检查计量错误。

（2）个人单独完成。

3. 操作时限

操作时限为 40 min。

4. 技术标准

电压、电流值保留仪表能显示的小数位；相量角度偏差不超过 5°。

5. 配分及评分标准

序号	考核项目	考核内容	配分	评分标准	扣分	得分
1	准备工作	（1）根据工作任务和现场实际情况正确填写第二种工作票 （2）穿着规范 （3）工作前，应先对计量装置柜体进行验电，验电步骤正确	8	（1）工作任务、地点、人员、时间等填写错误或缺漏，扣 1 分/项；安全措施填写不规范扣 1 分，不正确扣 2.5 分 （2）着装不规范（帽、衣服、裤子、鞋子），扣 1 分/处 （3）工作前，未对计量装置柜体进行验电，扣 2 分；验电步骤不正确，扣 1 分		

操作技能考核试卷（二）

续表

序号	考核项目	考核内容	配分	评分标准	扣分	得分
2	检查步骤	（1）检查电压、电流接线	10	（1）仪表挡位或量程选择错误，扣2.5分/次；测量方法错，扣2.5分/次；测量不准确或小数位保留不够，扣1分/类；单位符号错误或缺漏，扣1分/类 （2）记录表填写错误或缺漏，扣2分/处		
		（2）使用相序表正确测定相序	5	相序测定错误或记录表填写错误，扣2分		
		（3）测定电压、电流的相位角	10	（1）未正确检查，扣1分/项 （2）仪表挡位选择错误，扣2分/次；测量接线错误，扣2分/次；测量不准确，扣2分/类；单位符号错误或缺漏，扣1分 （3）记录表填写错误或缺漏，扣2分/处		
		（4）根据测定的电压、电流相位角，正确画出相量图	15	（1）电压、电流相量缺，扣3分/处 （2）相量、相位角及其下标标注错误或缺漏，扣2分/类 （3）相量符号不规范，扣1分/项 （4）相量角度偏差超过5°，扣1分/处		
		（5）根据相量图分析判断，写出错误接线的接线方式、判断结论	10	（1）错误接线的接线方式、判断结论描述错误或缺漏，扣2分/类 （2）符号标注不正确或不完整，扣1分/项		
		（6）根据错误接线判断结论，画出电能表、电压、电流互感器及一、二次绕组接线等错误接线图	12	（1）未画出错误接线图，扣12分 （2）电能表及电压、电流互感器等图画错误或缺漏，扣3分/处 （3）一、二次绕组接线图连接错误或缺漏，扣3分/处 （4）相别、极性、电源流向、高压熔断管、接地标识等漏标注或标注错误，扣2分/类		
		（7）根据相量图和错误接线判断结论，正确写出错误接线功率表达式，并化简	10	（1）表达式未写或错误，扣10分 （2）公式推导过程错误，扣3分 （3）公式未化简，扣2分 （4）符号标注不正确或不完整，扣1分/处		
		（8）正确列出更正系数计算公式，正确化简计算公式，准确计算更正系数	10	（1）未写公式（$G=P/P'$），扣2分 （2）无分元件错误功率表达式，扣5分；功率表达式错误，扣10分 （3）无公式推导过程，扣2分；推导错误或未化简，扣2分 （4）计算结果错误，扣2分；计算结果保留有效位数不正确，扣1分 （5）符号标注不正确或不完整，扣1分/类		

序号	考核项目	考核内容	配分	评分标准	扣分	得分
3	安全文明生产	（1）不能出现可能损坏仪器、工具的操作 （2）电流二次回路严禁开路，电压二次回路不得短路 （3）不得出现严重危及人身安全的操作 （4）工作完毕，应清理现场	10	（1）出现可能损坏仪器的操作，扣2.5分/次；工具掉落地面，扣1分/次 （2）电流二次回路开路或电压二次回路短路，扣10分 （3）出现严重危及人身安全的操作，扣10分 （4）工作完毕，未清理现场，扣2.5分		
		合计	100			

注：其中一步结果错误，则检查步骤的其余项目均不得分。
实际得分为合计总分乘以30%。

第二题 CY6140型车床电气控制线路故障检修（30分）

1. 操作准备

序号	名称	型号与规格	单位	数量
1	卧式车床	CY6140	台	1
2	万用表	—	只	1
3	验电笔		只	1
4	常用电工工具	—	套	1
5	导线		m	若干

2. 操作要求

（1）掌握CY6140型车床主轴电动机电气控制原理及常见电气故障的分析与检修方法。

（2）掌握CY6140型车床冷却泵电动机、快速移动电动机电气控制原理及常见电气故障的分析与检修方法。

（3）掌握CY6140型车床照明、信号控制电路电气控制原理及常见电气故障的分析与检修方法。

3. 操作时限

操作时限为120 min。

4. 配分及评分标准

序号	考核项目	考核内容	配分	评分标准	扣分	得分
1	工作前准备	选择工器具、材料	3	漏、错一项扣1分		
		穿戴正确，符合安全要求	3	不执行规定扣1分		
		注意事项口述	4	每错、漏一项扣1分		

2. 操作要求

(1) 完成电动机串联电阻降压启动和反接制动控制程序的设计。

(2) 依据设计绘制梯形图、编写指令语句表。

(3) 完成现场 I/O 接线，程序输入，现场程序调试。

3. 操作时限

操作时限为 60 min。

4. 配分及评分标准

序号	考核项目	考核内容	配分	评分标准	扣分	得分
1	工作前准备	选择工器具、材料	3	漏、错一项扣1分		
		穿戴正确，符合安全要求	3	不按规定扣1分		
		注意事项口述	4	每错、漏一项扣1分		
2	工作过程	分析电气工作原理	5	每错一项扣2分		
		绘制继电器控制图	5	每错一项扣2分		
		配置 I/O	5	每错一项扣2分		
		绘制梯形图	10	每错一项扣3分		
		编写指令语句表	10	每错一项扣3分		
		用编程器输入程序	7	每错一项扣2分		
		现场模拟外设接线	8	每错一项扣2分		
		现场调试程序	10	每错一项扣2分		
3	工作验收	完成程序现场调试	6	未完成扣3分，不正确不得分		
		完成降压启动	8	未完成扣4分，不正确不得分		
		完成反接制动	8	未完成扣4分，不正确不得分		
4	安全文明	按现场安全文明规定	8	每违规一项扣3分		
		合计	100			

注：实际得分为合计总分乘以 40%。

续表

序号	考核项目	考核内容	配分	评分标准	扣分	得分
2	工作过程	分析主轴电动机电气工作原理	10	每错一项扣2分		
		分析冷却泵电动机电气工作原理	10	每错一项扣2分		
		分析快移电动机电气工作原理	10	每错一项扣2分		
		分析照明、信号电路电气工作原理	5	每错一项扣3分		
		检修主轴电动机电气故障	10	每错一项扣3分		
		检修冷却泵电动机电气故障	10	每错一项扣2分		
		检修快移电动机电气故障	10	每错一项扣2分		
		检修照明、信号电路电气故障	5	每错一项扣2分		
3	工作验收	完成程序现场调试	5	未完成扣3分，不正确不得分		
		完成顺序启动	5	未完成扣3分，不正确不得分		
		完成逆序停止	5	未完成扣3分，不正确不得分		
4	安全文明	现场安全	5	每违规一项扣3分		
		合计	100			

注：实际得分为合计总分乘以30%。

第三题 设计三相感应电动机串联电阻降压启动和反接制动控制程序的梯形图与语句表（40分）

1. 操作准备

序号	名称	型号与规格	单位	数量
1	PLC主机	FX2N—32M	台	1
2	编程器	FX—20P	台	1
3	模拟接线板	自制	套	1
4	模拟电动机		台	2
5	常用电工工具	—	套	1
6	万用表	—	只	1
7	导线	—	m	若干